Stefan Hering

PC TOOLS 6.0

Ein praxisgerechtes Nachschlagewerk

STEFAN HERING

PC TOOLS 6.0

EIN PRAXISGERECHTES NACHSCHLAGEWERK

Die Deutsche Bibliothek – CIP-Einheitsaufnahme

Hering, Stefan:
PC Tools 6.0: ein praxisgerechtes Nachschlagewerk /
Stefan Hering. – Braunschweig: Vieweg, 1991

Das in diesem Buch enthaltene Programm-Material ist mit keiner Verpflichtung oder Garantie irgendeiner Art verbunden. Der Autor und der Verlag übernehmen infolgedessen keine Verantwortung und werden keine daraus folgende oder sonstige Haftung übernehmen, die auf irgendeine Art aus der Benutzung dieses Programm-Materials oder Teilen davon entsteht.

Umschlaggestaltung: Schrimpf + Partner, Wiesbaden

Buchbinderische Verarbeitung: W. Langelüddecke, Braunschweig

ISBN 978-3-528-04744-3 ISBN 978-3-663-13990-4 (eBook)
DOI 10.1007/978-3-663-13990-4

Inhaltsverzeichnis

1 Einführung

Dieser Anwenderleitfaden enthält eine Beschreibung aller Funktionen des Programmpaketes PCTools Version 6.0. Es ist so aufgebaut, daß es in erster Linie dem geübten Anwender als Nachschlagewerk dienen wird. Darüberhinaus bietet es ebenfalls dem Anfänger durch seine knappe und systematisch gegliederte Form eine wichtige Orientierungshilfe bei der Einarbeitung und beim Umgang mit PCTools. Nicht zuletzt mit Hilfe des umfangreichen Schlüsselverzeichnisses findet der Anwender immer die zu seinen Problemen passenden Lösungen.

Die PCTools sind in der vorliegenden Version 6.0 im Vergleich zu vorherigen Ausgaben erheblich erweitert worden. Folgende Funktionen und Programme sind neu hinzugekommen:

DISKFIX: Behebt Fehler bei Datenträgern und erhöht auf diese Weise die Datensicherheit beträchtlich.

VERGLEICHEN: Der komfortable Vergleich von zwei Dateien ist nun auch mit PCTools möglich.

BETRACHTER: Ohne PCShell verlassen zu müssen, können Sie sich Arbeitsdateien verschiedener weitverbreiteter Anwenderprogramme ansehen.

Außerdem unterstützt das Programm nun Novell-Netzwerke vollständig. Fax-Karten können ebenfalls mit Hilfe der PCTools gesteuert werden. Schließlich können Sie eine Datenübertragung zwischen einem Laptop und Ihrem Heimrechner vornehmen. Da diese neuen Möglichkeiten, die zweifellos alle reizvoll sind, nur für eine Minderheit der PCTools-Benutzer von Interesse ist, werden die Erläuterungen so knapp wie möglich gehalten.

1.1 Gliederung

Der Programmierleitfaden ist in vier Abschnitte eingeteilt:

Einführung (Abschnitt 1)

Im vorliegenden ersten Abschnitt werden die Bedienung der PCTools (Abschnitt 1.2) vorgestellt, die Installation beschrieben (Abschnitt 1.3) und die zentralen Begriffe (Abschnitt 1.4) erläutert, die für den Umgang mit PCTools nützlich und hilfreich sind.

PCShell (Abschnitt 2)

Nach der Übersicht über die verschiedenen Funktionen (Abschnitt 2.1) werden in diesem Abschnitt die einzelnen Menüs vorgestellt (Abschnitt 2.2). Dazu gehören das Datei-Menü, das Datenträger-Menü, das Optionen-Menü, das Programm-Menü und das Spezial-Menü. Außerdem wird die Bedienung der Programme PC-CACHE und DISKFIX erläutert.

DESKTOP (Abschnitt 3)

Zunächst erhalten Sie über die verschiedenen Programme eine kurze Übersicht (Abschnitt 3.1). Dann werden die Programme von DESKTOP vorgestellt (Abschnitt 3.2). Es sind dies:

- NOTIZBLOCK,
- GLIEDERUNG,
- DATENBANK,
- TERMINPLANER,
- TELEKOMMUNIKATION,
- BACKTALK,
- MAKROS,
- ZWISCHENABLAGE,
- TASCHENRECHNER und HILFSPROGRAMME.

Schlüsselverzeichnis (Abschnitt 4)

Mit diesem umfangreichen Befehls- und Sachwortverzeichnis - das den Nachschlagecharakter des Anwenderleitfadens erhöht - können alle Fragen des Anwenders beantwortet werden. Sie werden an alle wichtigen Stellen verwiesen, die bei der Auflösung Ihrer Fragen wichtig sind.

1.2 Die Bedienung der PCTools

Die PCTools können sowohl mit der Maus als auch (nach alter Väter Sitte) über die Tastatur bedient werden. In beiden Fällen ist die Bedienung sehr komfortabel und einfach, so daß der Anwender sich bereits nach einer kurzen Einarbeitungszeit im Programmpaket gut zurechtfindet. In Abschnitt 1.2 soll einerseits die Bedienung mit der Maus und andererseits die Tastaturbedienung vorgestellt werden.

1.2.1 Mausbedienung

Grundsätzlich weicht die Mausbedienung der PCTools nicht von der Arbeit mit der Maus bei anderen Programmen ab. Auch hier bewegen Sie den Mauszeiger auf die übliche Art und Weise und können durch Mausklicks Menüpunkte aufrufen, Befehle ausführen oder andere Fenster aktivieren. Dabei sind folgende Bedienungshinweise zu beachten:

Befehle, Dateien, Menüpunkte

Befehle und *Dateien* können Sie durch *Anklicken* auslösen bzw. markieren, während Sie *Menüpunkte* dadurch aktivieren können, daß Sie den Mauszeiger auf die *erste Zeile des Bildschirms* (die sogenannte Menüleiste) bewegen und den gewünschten Menünamen anklicken. Das Programm öffnet nun das Menü und Sie können durch Anklicken des Funktionsnamens den entsprechenden Befehl aufrufen. Wenn Sie keine der Funktionen des Menüs aktivieren wollen, klicken Sie eine beliebige leere Stelle innerhalb des Fensters an - KLICK - und das Menü verschwindet wieder.

Fenster

Wenn mehrere Fenster geöffnet sind, können Sie ein anderes Fenster ebenfalls durch Anklicken einer beliebigen leeren Stelle innerhalb dieses Fensters aktivieren. Um ein Fenster ganz zu verschieben, müssen Sie den oberen Rand des Fensters anklicken und bei gehaltener Maustaste das gesamte Fenster verschieben. Wenn Sie die linke Maustaste wieder loslassen, verbleibt das Fenster in der neuen Position. Um ein Fenster in seiner Größe zu verändern, müssen Sie die rechte untere Ecke des Fensters anklicken und bei niedergedrückter Maustaste eben diese Ecke verschieben. Allerdings muß die rechte untere Ecke des Fensters folgendermaßen aussehen, da eine Größenänderung ansonsten nicht möglich ist:

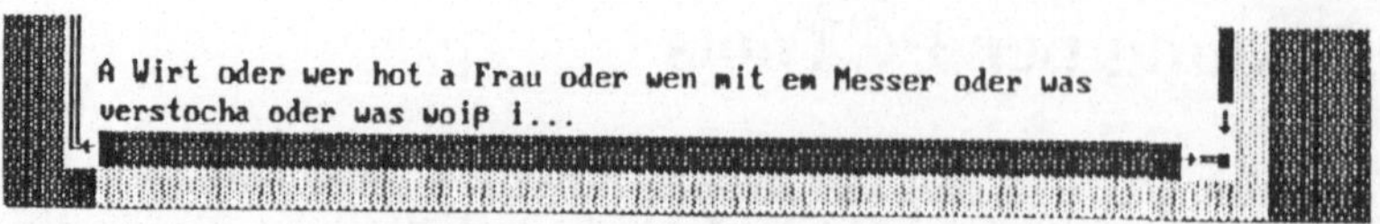

Bild 1-1 In der Größe veränderbares Fenster

In DESKTOP gibt es die Möglichkeit, ein Programmfenster und damit das Programm durch Anklicken der linken oberen Ecke zu verlassen. Ihre Arbeit wird vor dem Verlassen des Programms automatisch gespeichert. Die linke obere Ecke muß dabei genauso aussehen wie die rechte untere, das sogenannte Schließfeld muß also sichtbar sein.

Mit Hilfe der Roll-Balken können Sie sich innerhalb des Fensters schneller fortbewegen. Dabei gibt es zwei Möglichkeiten der Benutzung. Sie können erstens die zwei Pfeile an den beiden Enden der Roll-Balken anklicken oder die Markierung an dem Roll-Balken, der die aktuelle Position innerhalb des Fensters anzeigt, bei niedergedrückter Maustaste verschieben. Es gibt sowohl horizontale als auch vertikale Roll-Balken. Ein horizontaler sieht folgendermaßen aus:

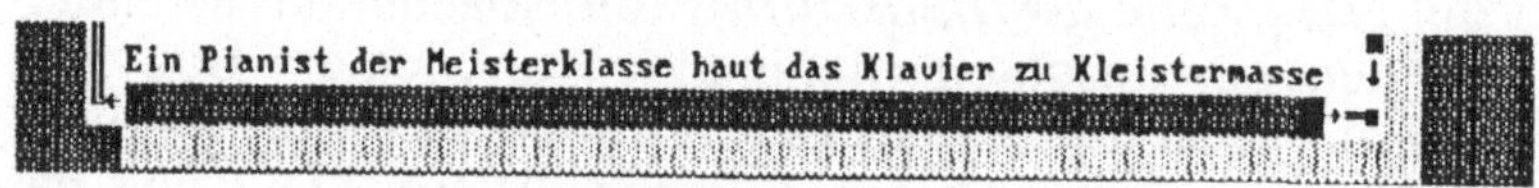

Bild 1-2 Horizontale Rolleiste

1.2.2 Tastaturbedienung

Falls Sie etwas gegen "graue Mäuse" haben oder wenn Ihr Schreibtisch nicht genügend "Lebensraum" für ein solches Nagetier bietet, müssen Sie die PCTools weiterhin mit der Tastatur bedienen, was allerdings auch komfortabel und unproblematisch ist.

Befehle, Dateien, Menüpunkte

Befehle können durch Drücken und Niederhalten der <Alt>-Taste und des farblich hervorgehobenen Buchstabens im Befehlsnamen aufgerufen werden. Dateien werden mit Hilfe der Cursortasten angesteuert und dann mit <RETURN> markiert. Um Funktionen aufzurufen, müssen Sie zunächst mit <Alt> und dem farblich hervorgehobenen Buchstabens des Menüs das betreffende Menü öffnen. Nun kann die Funktion wieder mit Hilfe des farblich gekennzeichneten Buchstabens aktiviert werden. Eine andere Möglichkeit wäre, sich mit den Cursortasten in der Funktionsliste fortzubewegen und dann die gewünschte Funktion mit <RETURN> aufzurufen.In seltenen Fällen müssen Sie eventuell Optionen innerhalb einer Funktion auch mit Hilfe der Zahlentasten markieren.

Bei der Eingabe von Daten drücken Sie am Ende Ihrer Eingabe einfach <RETURN>, um mit dem Funktionsablauf fortzufahren. Die Benutzung des Befehlsfensters, das sich in den meisten Fällen in der linken unteren Ecke des Fensters befindet, nimmt in einem solchen Falle mehr Zeit in Anspruch. Grundsätzlich können Sie Funktionen immer mit der <Esc>-Taste abbrechen. Wenn Sie PCShell beenden wollen, müssen Sie ebenfalls <Esc> drücken und dann mit BEENDEN (also durch Drücken von "*B*") das Programm endgültig verlassen.

Fenster

Wenn Sie bei mehreren geöffneten Fenstern das Fenster wechseln wollen, kann dies mit der <Tab>-Taste geschehen. Das Fenster mit dem Dopplrahmen ist immer das gerade aktuelle. Mit <Tab> wird dann das nächste Fenster aktiviert. Fenster verschieben oder Fenster in ihrer Größe verändern können Tastaturbesitzer nur mit Hilfe des Fenster-Menüs. Um sich schneller in einem Fenster fortbewegen zu können, müssen Sie von den Tasten <PgUp> und <PgDn> Gebrauch machen.

1.3 Installation von PCTools

Alle Programme der PCTools sind auf sechs 5 1/4"- bzw. auf drei 3 1/2"-Disketten untergebracht. Da ein großer Teil der Dateien auf diesen Disketten in komprimierter (platzsparender) Form vorliegt, sind die Programme nicht von der Diskette aus aufrufbar. Aus diesem Grunde müssen sie entkomprimiert und auf Festplatte geschrieben werden. Genau das nimmt PCSetup vor.

Die Installation läuft in folgenden Schritten ab:

1. Legen Sie die erste Programmdiskette in das Laufwerk A ein, und rufen Sie das Programm PCSetup, das Ihnen die Installation ermöglicht, auf. Das Programm öffnet ein Fenster, das Ihnen drei Möglichkeiten bietet (s. Bild 1-3).

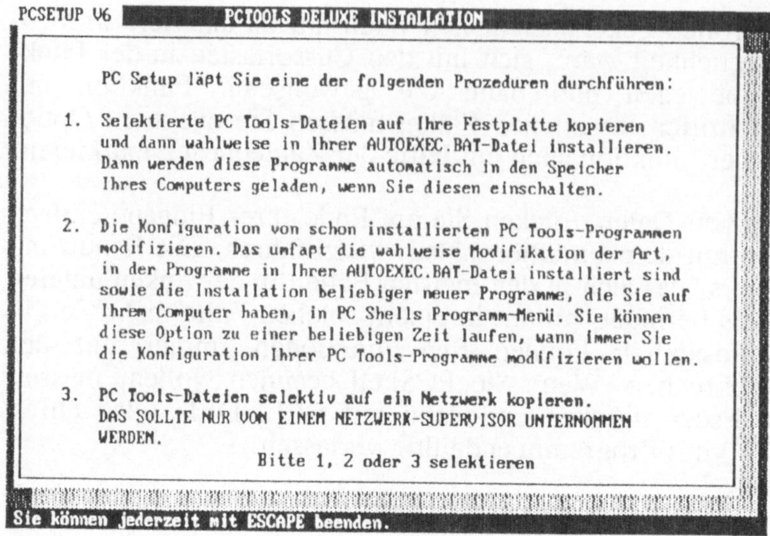

Bild 1-3 Die drei Installationsmöglichkeiten

2. Bei einer Erstinstallation müssen Sie von Möglichkeit 1 Gebrauch machen. Möglichkeit 2 kann nachträglich eine frühere Installation verändern, während Möglichkeit 3 die Installation für den Netzwerkbetrieb vornimmt. Im vorliegenden Fall wählen wir zur Erstinstallation Möglichkeit 1 aus. Die anderen beiden Menüpunkte weisen in der Bedienung kaum Unterschiede auf, so daß sie nicht extra beschrieben werden.

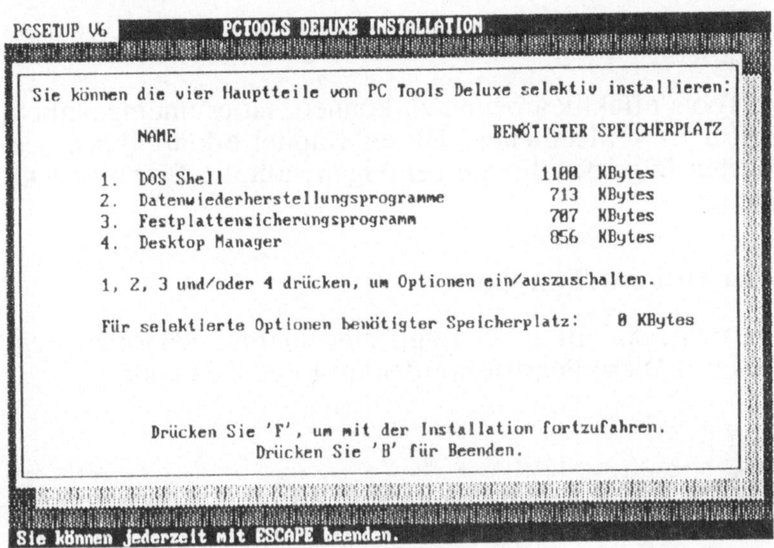
PCSETUP V6 PCTOOLS DELUXE INSTALLATION

Sie können die vier Hauptteile von PC Tools Deluxe selektiv installieren:

NAME	BENÖTIGTER SPEICHERPLATZ
1. DOS Shell	1100 KBytes
2. Datenwiederherstellungsprogramme	713 KBytes
3. Festplattensicherungsprogramm	707 KBytes
4. Desktop Manager	856 KBytes

1, 2, 3 und/oder 4 drücken, um Optionen ein/auszuschalten.

Für selektierte Optionen benötigter Speicherplatz: 0 KBytes

Drücken Sie 'F', um mit der Installation fortzufahren.
Drücken Sie 'B' für Beenden.

Sie können jederzeit mit ESCAPE beenden.

Bild 1-4 Die vier Hauptteile der PCTools

3. Nun können Sie entscheiden, welche der vier Hauptteile der PCTools Sie installieren wollen (s. Bild 1-4). In der Spalte hinter dem Namen ist der Platzbedarf angegeben. Diese sind im einzelnen:
   - *"DOS Shell":* Großteil der PCShell-Funktionen.
   - *"Datenwiederherstellung":* Rettung gelöschter Dateien.
   - *"Festplattensicherung":* Backup der Festplatte.
   - *"Desktop Manager":* Alle DESKTOP-Programme.

4. In der Folgezeit beschreibt PCSetup die Arbeit aller Programme des PCTools-Programmpaketes. Jedes Mal haben Sie die Wahl zwischen drei Möglichkeiten: Sie können entweder das betreffende Programm kopieren und in AUTOEXEC.BAT einbinden, das Programm nur kopieren oder das Programm überhaupt nicht beachten. Wenn Sie Programme der PCTools in AUTOEXEC.BAT einbinden, wird diese Datei verändert. Für den Fall, daß Sie später wieder auf die alte AUTOEXEC.BAT zurückgreifen wollen, wird die alte Version in AUTOEXEC.SAV umbenannt.

5. Endlich haben Sie es geschafft: Nach mühseligen Kämpfen gegen die Unbill Ihres Systems haben Sie endlich auch einen Platz für PCTools auf Ihrer Festplatte gefunden.

1.4 Zentrale Begriffe

Um mit den PCTools effektiv arbeiten zu können, ist es unumgänglich, sich einige Begiffe zu verdeutlichen. Dieses Kapitel erklärt Ihnen deshalb die wichtigsten Begriffe, die Sie benötigen, um die PCTools vollständig zu verstehen.

1.4.1 Aufbau der Diskette/Festplatte

Eine Diskette besteht, wie Bild 1-5 zeigt, aus Spuren, Sektoren, Segmenten und Clustern. Diese Begriffe werden im folgenden erklärt.

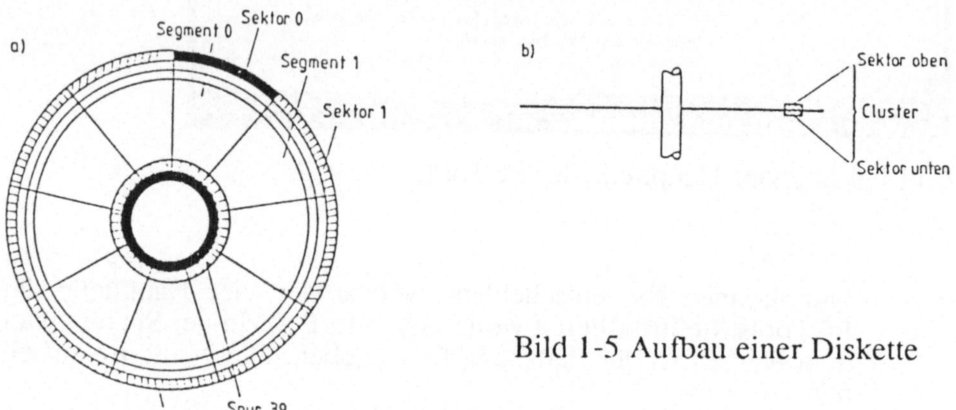

Bild 1-5 Aufbau einer Diskette

Cluster

Cluster sind nach den Sektoren die nächst größere Verwaltungseinheit. Ein Cluster besteht deshalb aus einem oder aus mehreren Sektoren. Cluster erfüllen eine wichtige Aufgabe; denn Dateien sind in Clustern organisiert, d. h. beim Laden und Speichern von Dateien wird auf die Cluster zurückgegriffen und nicht auf Sektoren.

Die Anzahl der Sektoren pro Cluster ist von der Speicherkapazität abhängig. Bild 1-5 zeigt auch einen Cluster, bestehend aus zwei übereinander liegenden Sektoren, wie dies bei 360 kB-Disketten und 720kB-Disketten der Fall ist.

```
360 kB:   2 Sektoren = 1 Cluster
720 kB:   2 Sektoren = 1 Cluster
1,2 MB:   1 Sektor   = 1 Cluster
1,44 MB:  1 Sektor   = 1 Cluster
```

Segmente

Die Diskette/Festplatte wird in *kuchenähnliche Kreissegmente* unterteilt. Auch hier hängt die Anzahl der Kreisausschnitte von der Kapazität der Diskette ab:

```
360 kB:      9 Segmente
720 kB:      9 Segmente
1,2 MB:     15 Segmente
1,44 MB:    18 Segmente
```

Sektoren

Die Spuren werden durch die oben beschriebenen Segmente in einzelne Sektoren unterteilt (s. Bild 1-5). Diese werden auch als *Blöcke* bezeichnet. Die Sektoren (bzw. Blöcke) werden gemäß Bild 1-6 durchnumeriert.

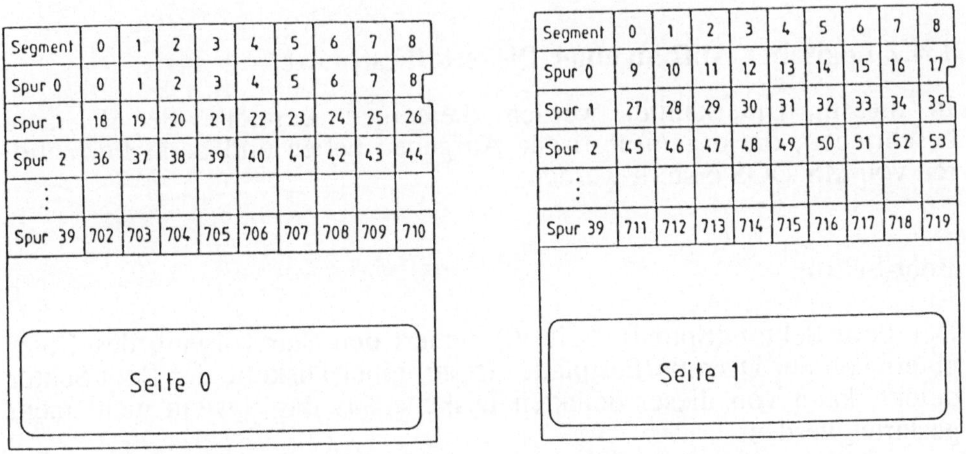

Segment	0	1	2	3	4	5	6	7	8
Spur 0	0	1	2	3	4	5	6	7	8
Spur 1	18	19	20	21	22	23	24	25	26
Spur 2	36	37	38	39	40	41	42	43	44
⋮									
Spur 39	702	703	704	705	706	707	708	709	710

Seite 0

Segment	0	1	2	3	4	5	6	7	8
Spur 0	9	10	11	12	13	14	15	16	17
Spur 1	27	28	29	30	31	32	33	34	35
Spur 2	45	46	47	48	49	50	51	52	53
⋮									
Spur 39	711	712	713	714	715	716	717	718	719

Seite 1

Bild 1-6 Numerierung der Sektoren

Die Diskettengröße bestimmt die Anzahl der Sektoren (Blöcke):

```
360 kB:      720 Sektoren
720 kB:     1440 Sektoren
1,2 MB:     2400 Sektoren
1,44 MB:    2880 Sektoren
```

Spuren

Spuren sind *konzentrische Kreise* um den Mittelpunkt der Diskette bzw. der Festplatte. Sie sind im Gegensatz zur Schallplatte in sich geschlossen. Die Spuren werden, beginnend bei Spur 0, von außen nach innen durchnumeriert. Die Anzahl der Spuren hängt von der Diskettenkapazität ab:

```
360  kB:    40 Spuren
720  kB:    80 Spuren
1,2  MB:    80 Spuren
1,44 MB:    80 Spuren
```

Zylinder

Eine Festplatte besteht nicht wie eine Diskette aus einer einzigen Platte, sondern aus mehreren; diese sind übereinander angeordnet. Alle *übereinanderliegenden* Spuren dieser Scheiben bilden einen Zylinder. Die Anzahl der Platten hängt von der Festplattenkapazität ab.

1.4.2 Logischer Aufbau einer Diskette/Festplatte

In diesem Unterkapitel werden diejenigen Bereiche der Diskette beschrieben, die organisatorische Aufgaben haben und beim Formatieren von MS-DOS erstellt werden.

Boot-Sektor

Der Boot Sektor (Spur 0, Seite 0) steuert den Startvorgang des Computers von der Diskette/Festplatte. Ist auf einer Diskette der Boot Sektor defekt, kann von dieser defekten Diskette aus das System nicht mehr gestartet werden.

Dateiattribute

Jede Datei besitzt bestimmte Eigenschaften, die normalerweise unsichtbar für den Benutzer sind, da sie vom DIR-Befehl nicht ausgegeben werden. Mit der Funktion ATTRIBUTÄNDERUNG des Datei-Menüs kann man sie sich allerdings ansehen und verändern. Mögliche Attribute sind:

Archiv-Dateien (Archive): Von diesen Dateien wurde in ihrem momentanen Zustand noch keine Kopie erstellt.

Versteckte Dateien (Hidden): Diese Dateien können vom DIR-Befehl nicht sichtbar gemacht werden, existieren aber trotzdem und können wie jede andere Datei auch aufgerufen werden. Man kann sie allerdings weder löschen noch verändern. ATTRIBUTE CHANGE zeigt diese Dateien nichtsdestotrotz auf dem Bildschirm an.

Read-Only-Dateien (Read Only): Dateien mit diesem Attribut können zwar gelesen und ausgeführt werden, aber man kann sie nicht verändern oder löschen. Sie sind im Verzeichnis sichtbar.

System-Dateien (System): Die Systemdateien sind versteckt und können nur gelesen werden. Ein Beispiel hierfür ist z. B. die Datei "IBMDOS.COM" bzw. "MSDOS.COM". Sie ist auf jeder formatierten und bootfähigen Diskette enthalten

File Allocation Table (FAT)

In der FAT kann das Betriebssystem nachlesen, aus welchen Clustern sich die gespeicherten Dateien zusammensetzen.

Um jeden Cluster der Diskette einer Datei zuordnen zu können, muß für jeden Cluster ein Eintrag in der FAT vorhanden sein. Je größer die Speicherkapazität der Diskette ist, desto größer muß deshalb auch die FAT sein.

Beim Laden einer Datei entnimmt das Betriebssystem dem Verzeichnis den *Startcluster* der Datei und liest diesen ein. Dann schaut es in der FAT bei dem Eintrag nach, der dem Startcluster zugeordnet ist. An dieser Stelle steht die Nummer des nächsten Clusters, der zu der Datei gehört. MS-DOS liest diesen ein und schaut wieder beim entsprechenden Eintrag in der FAT nach, der wieder auf den nächsten Cluster verweist usw. Das Betriebssystem liest diese Einträge so lange, bis alle Cluster einer Datei eingelesen sind. Beim Eintrag des zuletzt eingelesenen Clusters steht eine "End of File" (EOF)-Markierung. Diese Markierung zeigt, daß das Ende der Datei erreicht ist und sorgt dafür, daß der Lesevorgang beendet wird. Freie Cluster enthalten in der FAT keinen Eintrag und sind zur Speicherung freigegeben. Wenn Sie eine Datei löschen, werden die Cluster dieser Datei ebenfalls wieder freigegeben. Aus diesem Grunde sollten Sie, wenn Sie versehentlich eine Datei gelöscht haben, ihre Rettungsaktion so früh wie möglich durchführen, da einzelne Cluster der Datei sonst überschrieben werden und die Datei dann kaum noch korrekt wiederhergestellt werden kann.

Jede Diskette bzw. Festplatte hat übrigens nicht nur eine FAT, sondern mindestens zwei. Das hat einen einfachen Grund: Würde durch einen Unfall die einzige FAT der Diskette zerstört werden, wäre die gesamte Diskette unbrauchbar, da das Laufwerk auf die Daten nicht mehr zugreifen könnte. Zum Glück kann in einem solchen Falle das Betriebssystem auf die Kopie der FAT zugreifen.

Partitionen

Bei Festplatten ist es möglich, die Gesamtkapazität auf mehrere logische Festplatten, von denen jede mit einem eigenen Laufwerksbuchstaben versehen wird, zu verteilen. MS-DOS behandelt jedes dieser Teile (Partitionen) wie eine eigenständige Festplatte. Die sogenannte "*Partition Table*" verwaltet die einzelnen Partitionen und sorgt dafür, daß sich die Teillaufwerke nicht ins Gehege kommen.

Sektorbelegung

Nicht alle Sektoren können zur Datenspeicherung verwendet werden, denn das Hauptverzeichnis, die FATs und der Bootsektor brauchen auch ihren Platz. Die Aufteilung des Raumes ist dabei bei den verschiedenen Formaten sehr unterschiedlich:

```
360kB-Diskette:
           Sektor 0:      Bootsektor
       Sektoren 1-4:      FAT+Kopie
      Sektoren 5-11:      Hauptverzeichnis
    Sektoren 12-719:      frei zur Datenspeicherung

720kB-Diskette:
           Sektor 0:      Bootsektor
       Sektoren 1-6:      FAT+Kopie
      Sektoren 7-13:      Hauptverzeichnis
   Sektoren 14-1439:      frei zur Datenspeicherung

1,2 MB-Diskette:
           Sektor 0:      Bootsektor
      Sektoren 1-14:      FAT+Kopie
     Sektoren 15-28:      Hauptverzeichnis
   Sektoren 29-2399:      frei zur Datenspeicherung

1,44 MB-Diskette:
           Sektor 0:      Bootsektor
      Sektoren 1-18:      FAT+Kopie
     Sektoren 19-32:      Hauptverzeichnis
   Sektoren 33-2879:      frei zur Datenspeicherung
```

Verzeichnisse

Im Verzeichnis sind in 32 Byte folgende Informationen über jede Datei, die im Verzeichnis steht, gespeichert:

```
Bytes 0-7:   Name der Datei
Bytes 8-10:  Namenserweiterung
Byte 11:     Attribute
Bytes 12-21: DOS-spezifisch
Bytes 22-23: Zeit
Bytes 24-25: Datum
Bytes 26-27: Startcluster
Bytes 28-31: Größe
```

Zusätzlich enthält jedes Verzeichnis noch den Verweis auf das übergeordnete Verzeichnis und Informationen über untergeordnete Verzeichnisse. Die Verzeichnisse werden ähnlich normalen Dateien verwaltet. Sie enthalten nur keine Angaben über Größe, Zeit und Datum. Außerdem ist im Attribut-Byte vermerkt, daß es sich um ein Verzeichnis handelt. Der Startcluster entspricht dann dem Cluster, in dem das entsprechende Unterverzeichnis beginnt.

1.4.3 Sonstige Begriffe

In diesem Abschnitt sind alle diejenigen Begriffe erläutert, die keinem der beiden anderen Bereiche zugeordnet werden können, aber dennoch wichtig sind.

Fragmentierung

Eine Datei setzt sich aus mehreren Clustern zusammen. Wird eine Datei gelöscht, die sich nicht ganz am Ende der Diskette befindet, entsteht eine Lücke aus wiederbeschreibbaren Clustern auf der Diskette/Festplatte. MS-DOS ist immer bemüht, diese Lücken zu füllen. Wenn Sie dann wieder eine Datei abspeichern, wird das Betriebssystem zuerst alle Lücken mit dieser Datei füllen. Das führt dazu, daß sie auf die ganze Diskette verteilt wird und nicht mehr zusammenhängend gespeichert ist. Diesen Vorgang nennt man *Fragmentierung*. Die Fragmentierung der Datendateien auf einer Diskette hat viele Nachteile: Der Schreib/Lesekopf muß sich die Cluster, die zu dieser Datei gehören, einzeln zusammensuchen und sich auf der ganzen Diskette bewegen, was die Ladezeit erheblich erhöht. Außerdem muß dem Computer mitgeteilt werden, aus welchen Clustern sich die Datei zusammensetzt; denn es genügt nicht mehr, den Anfangs- und den Endcluster der Datei anzugeben. Die Aufgabe, den Datenträger in Ordnung zu halten, erfüllt die FAT.

Hotkey

Als Hotkey bezeichnet man eine Tastenkombination, mit deren Hilfe man ein Programm direkt aufrufen kann. Die Eingabe des Dateinamens entfällt damit, was Zeit spart. Hotkeys können nur bei resident geladenen Programmen Verwendung finden und dienen in den meisten Fällen dazu, die betreffende Anwendung aus einem anderen, laufenden Programm heraus zu aktivieren. Ein Hotkey, der in PCTools verwendet wird, ist der Tastenschlüssel <Ctrl>+Leertaste. Mit seiner Hilfe wird DESKTOP aufgerufen.

Löschen

Das Löschen einer Datei ist eigentlich gar kein Löschvorgang im eigentlichen Sinne: Es wird nämlich gar nichts von den Daten gelöscht. Würden alle von der Datei belegten Cluster überschrieben, wäre das Löschen eine langwieriege Prozedur.

Wenn mit dem "DEL"-Befehl eine Datei gelöscht wird, werden lediglich die von der Datei belegten Cluster in der FAT wieder zur Speicherung freigegeben. Zusätzlich wird im Verzeichnis der erste Buchstaben des Dateinamens mit dem griechischen Zeichen Sigma überschrieben, um die Datei als gelöscht zu markieren.

Nach dem versehentlichen Löschen einer Datei sollten Sie diese möglichst schnell wieder zum Leben erwecken, denn wenn Sie neue Dateien auf der Diskette abspeichern, werden diese früher oder später die von der Datei benötigten Cluster überschreiben. Die Möglichkeit, die gelöschte Datei zu restaurieren sinkt also mit jedem Speichern einer neuen Datei erheblich.

Pfadname

Bei vielen DOS-Befehlen und an einigen wenigen Stellen der PCTools wird die Eingabe des Pfadnamens einer Datei gefordert. Der Pfadname weist zusätzlich zur Angabe des Dateinamens noch den Weg durch den Verzeichnisbaum zu dem Verzeichnis, in dem sich die Datei befindet.

Ein Pfadname kann z.B. folgendermaßen aussehen:

\WORD\LERNEN\MÜLLER\KUNDEN.DAT

Die Datei KUNDEN.DAT ist vom Hauptverzeichnis aus über die Verzeichnisse WORD und LERNEN im Unterverzeichnis MÜLLER zu finden.

Residenter Modus

PCTools ermöglichen es Ihnen, die PCShell im sogenannten "*residenten Modus*" laufenzulassen. Das bedeutet, daß sich PCShell immer im Hintergrund aufhält und von jedem Programm aus durch Eingabe einer Tastenkombination (in unserem Falle <Ctrl>+<Esc>) aufgerufen werden kann. Wenn PCShell dann verlassen wird, findet sich der Benutzer wieder in dem Programm, das vor dem residenten Aufruf von PCShell auf dem Computer lief.

Wildcards * und ? (Dateigruppenzeichen)

Diese beiden Zeichen sind Platzhalter für beliebige Zeichen. Das Fragezeichen (?) steht für *ein* beliebiges Zeichen und der Stern (*) für eine *Vielzahl* beliebiger Zeichen.

Beispielsweise kann "?aus.bin" die Datei "Haus.bin", "Laus.bin" oder "Maus.bin" sein.

Mit "R*.bin" werden beispielsweise alle Dateien mit dem Anfangsbuchstaben "R" und der Endung ".bin" angesprochen.

2 PCSHELL

2.1 Einführung in PCShell

Die PCShell mit den zahlreichen Funktionen und Zusatzprogrammen bildet den ersten großen Teil des PCTools-Programmpaketes. In den vielen Menüs der PCShell ist eine Vielzahl von Befehlen enthalten, die Ihnen das Leben mit dem unkomfortablen MS-DOS leichter machen. Dieses wird möglich, indem es Ihnen viele dieser DOS-Befehle auf verständlichere Weise zur Verfügung stellt. Zu dem vollwertigen DOS-Ersatz kommen noch folgende Progamme hinzu:

DISKFIX:	Neues Programm zur vollständigen Wiederherstellung gelöschter Dateien. Nach Darstellung von Central Point das mit Abstand zuverlässigste Programm seiner Art.
MIRROR /REBUILD:	Altbewährtes Duo, das sich ebenfalls um die Restaurierung gelöschter Dateien kümmert.
PC-CACHE:	Steigert die Geschwindigkeit Ihres Rechners, indem es häufig von der Festplatte geladene Daten im Speicher ablegt, damit sie bei Bedarf von dort schneller geladen werden können.
COMPRESS:	Steigert die Geschwindigkeit Ihrer Festplatte, indem es fragmentierte Dateien (s. zentrale Begriffe) wieder an einem Stück anordnet.
PC-Format:	Bequemer und sicherer Ersatz für das DOS-FORMAT, denn versehentlich formatierte Disketten können vollständig gerettet werden.
PC-Secure:	Komprimiert Dateien, damit sie weniger Platz beanspruchen.

Folgende Frage sollten Sie sich gleich zu Beginn beantworten: Wollen Sie PCShell im speicherresidenten Modus betreiben? Vieles spricht dafür: Wenn PCShell speicherresident installiert ist, können Sie es auf Tastendruck (mit <Ctrl>+<Esc>) direkt aufrufen, wenn Sie andere Programme gerade noch laufen lassen und danach direkt in diese Programme zurückkehren. So können Sie beispielsweise, wenn Sie eine Textdatei auf Diskette abspeichern wollen und Sie feststellen, daß Sie diese Diskette noch formatieren müssen, PCShell resident aufrufen und mit PC-Format formatieren.

Außerdem verbraucht PCShell nur sage und schreibe 10 KB, wenn es gerade nicht aktiviert ist und verhält sich sehr kollegial gegenüber anderen speicherresidenten Programmen, Komplikationen können also nur in den seltensten Fällen auftreten. Es ist keine schlechte Idee, PCShell im residenten Modus zu betreiben, was ja ganz einfach mit PCSetup bewerkstelligt werden kann.

Kommen wir nun zum nicht-residenten Aufruf von PCShell. Dabei steht Ihnen eine ganze Reihe von Parametern zur Verfügung, von denen Sie die Wichtigsten weiter unten lesen können.

PCShell [Laufwerk] [Parameter]

[Laufwerk]: Normalerweise liest PCShell die Verzeichnisstruktur und Daten des aktuellen Laufwerkes. Wenn Sie jedoch ein anderes Laufwerk angeben, werden die Daten dieses Laufwerkes geladen.

[Parameter]:

/350: Schaltet um in den 350-Zeilen-Modus. Diese Darstellungsart ist nur mit VGA möglich.

/Axxx: Bestimmt den Speicherplatzbedarf von PCShell, wenn es per Hotkey aktiviert wurde. Das Minimum sind 235 kB, der Maximalwert die gesamte Kapazität abzüglich 235 kB. Sie sollten die 235 kB Größe nur ändern, wenn Sie von PCShell darauf aufmerksam gemacht werden, daß der Speicherplatz nicht ausreicht. Wenn Sie den Parameter */RL* in Zusammenhang mit */Ax* verwenden, nimmt PCShell im nicht aktiven Zustand soviel Platz in Anspruch, wie Sie mit */Ax* festgelegt haben.

/BW: PCShell wird in Schwarz-Weiß-Darstellung betrieben. Dies ist für Besitzer einer Farbgrafikkarte mit Monochrommonitor interessant.

/DQ: Wenn Ihnen der Aufruf von der DOS-Ebene per Hotkey Schwierigkeiten bereitet, benutzen Sie diesen Parameter.

/FF: Stellt die "Schneeunterdrückung" auf CGA-Monitoren aus. Das kann sinnvoll sein, wenn Ihnen die Bildschirmdarstellung zu langsam wird.

/Fn: Ändert den Hotkey von <Ctrl>+<Esc> in <Ctrl>+<Fn>. Mit n bestimmen Sie die Nummer der Funktionstaste.

/IM: Legt die Mausbedienung auf Eis. Dies kann notwendig werden, wenn Sie eine ältere Maus besitzen, die sich nicht mit PCShell verträgt.

/IN: Wenn Sie die Hercules InColor-Card Ihr eigen nennen und in den Genuß der farbigen Darstellung kommen wollen, müssen Sie diesen Parameter setzen.

/LCD: Findet bei Verwendung von PCShell auf Laptops Verwendung.

/LE: Auch Minderheiten kommen zum Zuge: Falls Sie Linkshänder sind werden die Funktionen der linken und der rechten Maustaste vertauscht.

/Ox: Bestimmt ein anderes Laufwerk für die Überlagerungsdateien PCSHELL.OVL, PCSHELL.IMG und PCSHELL.THM. Wenn Sie diese Dateien in einer RAM-Disk zwischenspeichern, können Sie bei der Jagd nach Millisekunden wieder wichtige Punkte für sich verbuchen. Allerdings muß die RAM-Disk je nach Parameter folgende Größe aufweisen:

```
bei /R: Es werden bis zu 472 kB beim Aufruf von DOS aus
        und bis zu 722 kB beim Aufruf von einem anderen
        Programm aus benötigt.

bei /RS:Aufruf von DOS:                363 kB
        Sonstige Programme:            503 kB

bei /RM:Aufruf von DOS:                324 kB
        Sonstige Programme:            420 kB

bei /RL:Aufruf von DOS:                240 kB
        Sonstige Programme:            240 kB
```

/PS2: Unter Microsoft Windows oder anderen Programmen kann es vorkommen, daß der Mauszeiger beim residenten Aufruf nicht erscheint. Dieser Parameter verschafft hier Abhilfe.

/Rx: Entscheidet darüber, wieviel Speicherplatz das residente PCShell einnimmt. Dabei gibt es folgende Möglichkeiten:

```
/R:  Die Größe beträgt 10 kB
/RS: Die Größe beträgt 117 kB
/RM: Die Größe beträgt 155 kB
/RL: Die Größe beträgt 235 kB
```

Der Vorteil des ausgedehnteren Speicherplatzes liegt darin, daß das Laden von PCShell beschleunigt wird. Sein Nachteil liegt darin, daß für andere Programme offensichtlich weniger Platz zur Verfügung steht. Wenn Sie sich nicht für jede zusätzliche Millisekunde eine Kerbe in Ihren Schreibtisch schnitzen, machen Sie am besten Gebrauch von "*/R*".

Die Bedienungsebenen von PCShell

Eine weitere Neuerung gegenüber früheren Versionen liegt darin, daß Sie den Funktionsumfang des Programmes selbstständig festlegen können. Dabei stehen Ihnen drei Ebenen zur Wahl: die *Anfänger-*, die *Fortgeschrittenen-* und die *Experten-Ebene*. Wenn Sie nur ab und zu PCShell benutzen und auch dann nur, um einfache DOS-Befehle auszuführen, genügt die Anfänger-Ebene vollkommen. Sollten Sie aber mit PCShell andauernd und ausdauernd arbeiten, so kommt für Sie nur die Expertenebene in Frage. Einen sinnvollen Kompromiß zwischen Übersichtlichkeit und Funktionsumfang stellt die Fortgeschrittenenebene dar.

Im folgenden werden die einzelnen Menüs der PCShell nacheinander beschrieben.

Tabelle 1 Die Funktionen der Beginner-Ebene

Datei-Menü	Datenträger-Menü	Spezial-Menü
Kopieren	Diskette kopieren	Info System
Vergleichen	Disketten vergleichen	LapLink (QC)
Umbenennen	Laufwerk wechseln	PCShell entfernen
Datei suchen	Diskette formatieren	
Schnellbetrachter	Systemdisk. erstellen	
Programm starten	Verzeichniswartung:	
Beenden	- Hinzufügen	

Tabelle 2 Die Funktionen der Fortgeschrittenen-Ebene

Datei-Menü	Datenträger-Menü	Spezial-Menü
Kopieren	Diskette kopieren	Info System
Vergleichen	Disketten vergleichen	LapLink (QC)
Umbenennen	Laufwerk wechseln	Löschen zurücknehmen
Datei suchen	Diskette formatieren	Verz. sortieren
Verlagern	Systemdisk. erstellen	PCShell entfernen
Löschen	Verzeichniswartung:	
Editieren	- Hinzufügen	
Text suchen	- Umbenennen	
Drucken	- Löschen	
Überprüfen	Hex/ASCII suchen	
Verz. drucken	Datenträger umbenennen	
Wiederherstellen	Festplatte parken	
Schnellbetrachter	Datenträger prüfen	
Programm starten		
Beenden		

Tabelle 3 Die Funktionen der Experten-Ebene

Datei-Menü	Datenträger-Menü	Spezial-Menü
Kopieren	Diskette kopieren	Info System
Vergleichen	Disketten vergleichen	LapLink (QC)
Umbenennen	Laufwerk wechseln	Löschen zurücknehmen
Datei suchen	Diskette formatieren	Verz. sortieren
Verlagern	Systemdisk. erstellen	Dateienbelegung
Löschen	Verzeichniswartung:	Datenträgerbelegung
Editieren	- Hinzufügen	Speicherbelegung
Text suchen	- Umbenennen	PCShell entfernen
Drucken	- Löschen	
Überprüfen	- Verlagern	
Verz. drucken	- Attribute ändern	
Wiederherstellen	Hex/ASCII suchen	
Überschreiben	Datenträger umbenennen	
Attributänderung	Festplatte parken	
Hex-Edit	Datenträger prüfen	
Datei-Info	Information	
Schnellbetrachter	Datenträger editieren	
Programm starten		
Beenden		

2.2 Das Datei-Menü

Im Datei-Menü sind alle Funktionen enthalten, die zum komfortablen Umgang mit Dateien nützlich sind. Sie ersetzen teilweise umständliche und langsame DOS-Routinen, so daß Sie auch ohne DOS-Kenntnisse Ihre Dateien stets im Griff haben. Außerdem befindet sich in diesem Menü ein sogenannter Dateibetrachter, mit dessen Hilfe Sie sich Dateien ansehen können, ohne zuvor ins zugehörige Programm wechseln zu müssen. So können Sie beispielsweise von PCShell aus Lotus-Dateien kontrollieren.

Kopieren

Alle Ebenen

Mit KOPIEREN wird es Ihnen ermöglicht, Dateien auf andere Verzeichnisse oder Datenträger zu kopieren. Beachten Sie dabei bitte immer, daß Dateien innerhalb eines Verzeichnisses nicht den gleichen Namen tragen dürfen. Diese Funktion arbeitet wie der COPY-Befehl von MS-DOS.

Es gibt bei diesem Befehl zwei Arten der Durchführung des Befehls: EIN FENSTERSATZ und ZWEI FENSTERSÄTZE. Zwischen den beiden Modi wird mit der <Ins>- bzw. <Einfg>-Taste gewechselt; voreingestellt ist EIN FENSTERSATZ.

Mausbesitzer haben außerdem die Möglichkeit, Dateien noch weit komfortabler zu kopieren: Bei nur einem Fenstersatz können Sie zwar nur auf ein Verzeichnis kopieren, das zum gleichen Laufwerk gehört, dies dafür jedoch auf besonders einfache Weise: Sie markieren einfach die Dateien, klicken dann eine der markierten Dateien an und "ziehen" diese Dateien bei gedrückter Maustaste zum Zielverzeichnis im Verzeichnisfenster. Bei zwei Fenstersätzen können Sie auf diese Weise ohne Einschränkungen auch von Laufwerk zu Laufwerk kopieren.

Ein Fenstersatz
Markieren Sie vor dem Funktionsaufruf die Dateien, die Sie gerne kopieren wollen. Rufen Sie KOPIEREN auf, und bestimmen Sie anschließend das Ziellaufwerk. Drücken Sie nur <RETURN>. Dort wird das aktuelle Laufwerk ausgewählt. Wählen Sie anschließend eventuell das gewünschte Unterverzeichnis auf dem Ziellaufwerk. Die Dateien werden schließlich kopiert.

Mit <Esc> können Sie den Programmablauf abbrechen. Enthält das Zielverzeichnis bereits eine Datei, die namensgleich mit der gerade kopierten ist, stellt das Programm Sie vor die Wahl:

"Alle ersetzen": Sie können alle namensgleichen Dateien des Zielverzeichnisses automatisch durch die zu kopierenden ersetzen.

"Datei ersetzen": Sie ersetzen nur diese eine Datei im Verzeichnis durch die zu kopierende.

"Nächste Datei": Sie kopieren diese Datei nicht in das Zielverzeichnis und retten so die alte Datei vor dem Überschreiben.

"Alle Überspringen": Sie veranlassen PCShell dazu, alle namensgleichen Dateien automatisch vom Kopiervorgang auszuschließen.

"Beenden": Der Kopiervorgang wird abgebrochen.

Wenn Sie KOPIEREN bei versteckten Fenstern aufrufen, müssen Sie die zu kopierenden Dateien und das Zielverzeichnis von Hand eingeben.

Zwei Fenstersätze
Nachdem Sie mit Hilfe des Optionen-Darstellungs-Menüs in diese Darstellungsform gewechselt haben, markieren Sie bitte in den oberen beiden Fenstern das Quellverzeichnis und die zu kopierenden Dateien und im unteren Fenstersatz das Zielverzeichnis. Rufen Sie dann KOPIEREN auf. Das Programm fragt Sie, ob das im unteren Fenstersatz gewählte Verzeichnis auch das Zielverzeichnis ist. Ist dies nicht der Fall, wählen Sie ein neues aus. Ansonsten ist die Handhabung analog zu EIN FENSTERSATZ.

Vergleichen

Alle Ebenen

Die Funktion VERGLEICHEN vergleicht Dateien auf Übereinstimmungen. Sie können z. B. prüfen, ob zwei namensgleiche Dateien auch inhaltlich übereinstimmen. Das DOS-Äquivalent zu dieser Funktion ist der Befehl COMP.

Wählen Sie zunächst das Verzeichnis und die Datei aus, die als Vorlage dienen soll. Wenn Sie ZWEI ZEICHENSÄTZE aktiviert haben, wählen Sie vor dem Funktionsaufruf auch gleich die zu vergleichende Datei im unteren Fenster aus. Rufen Sie dann COMPARE auf. Ist dieser Modus beim Aufruf nicht aktiv, müssen Sie jetzt das Laufwerk und das Verzeichnis bestimmen, auf dem sich die zu vergleichende Datei befindet. Als nächstes müssen Sie entscheiden, ob VERGLEICHEN die gleichnamige Datei in diesem Verzeichnis mit der Quelldatei vergleichen soll oder ob diese Datei einen anderen Namen trägt. In diesem Fall müssen Sie dann den Namen der Datei festlegen. VERGLEICHEN beginnt nun mit dem Vergleich der beiden Dateien.

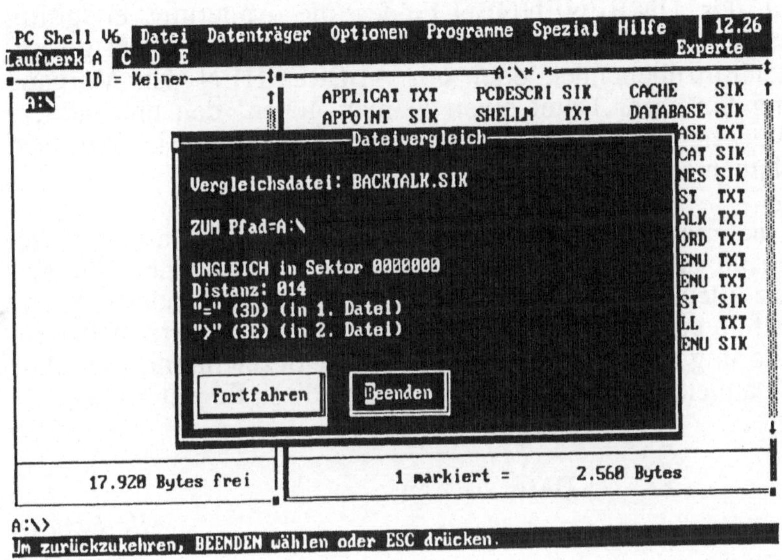

Bild 2-1 Vergleich der Dateien

Kann es keine Unterschiede feststellen, so erfahren Sie, daß die Dateien identisch sind. Wenn sich die Dateien schon in der Größe unterscheiden, teilt dies das Programm ebenfalls mit. Unterscheidet sich das Programm in einzelnen Bytes, so gibt es den Sektor und die Nummer des Bytes an, gezählt vom Anfang des Sektors. Weiterhin wird der Benutzer über die Inhalte beider Bytes informiert (s. Bild 2-1). VERGLEICHEN gibt dem Benutzer dann die Möglichkeit, den Vorgang abzubrechen oder fortzuführen.

Umbenennen

Alle Ebenen

Diese Funktion dient zum Umbenennen von Dateien. Unter MS-DOS heißt dieser Befehl REN.

Markieren Sie zunächst die Dateien, die umbenannt werden sollen. Rufen Sie dann UMBENENNEN auf. Wählen Sie dann EINZELN, wenn Sie jeder Datei individuell einen neuen Namen geben wollen. Der Befehl gibt den alten Dateinamen an und fordert Sie auf, den neuen Namen einzugeben. Wechseln Sie anschließend mit der Maus, der <TAB>-Taste oder den Cursortasten zur Dateinamenerweiterung (Extension) und ändern diese, falls nötig, ebenfalls ab. Nun können Sie durch Anwahl des UMBENENNEN-Feldes die Änderung endgültig durchführen lassen, mit NÄCHSTE DATEI zur nächsten Datei gehen, ohne die Datei umzubenennen oder mit ABBRECHEN den Vorgang beenden. Wenn Sie einer Datei einen Namen geben, den eine andere Datei dieses Verzeichnisses bereits trägt, fordert PCShell Sie dazu auf, einen neuen Namen zu wählen.

Mit GLOBAL nehmen Sie mit Hilfe von Wildcards (s. zentrale Begriffe) Veränderungen an allen Dateien gleichzeitig vor. So können Sie beispielsweise von allen Dateien die Namenserweiterungen ändern. Wenn Sie im Namensfeld ein Sternchen eingeben, wird der Name beibehalten. Bei der Erweiterung geben Sie jedoch die neue Bezeichnung ein. Alle ausgewählten Dateien erhalten dann automatisch diese Erweiterung.

Datei suchen

Alle Ebenen

Diese Funktion sucht und markiert Dateien nach von Ihnen festgelegten Kriterien unabhängig von ihrem Standort auf dem Datenträger. Das kann sehr praktisch sein, wenn Sie beispielsweise Lotus-Dateien auf die ganze Festplatte verteilt haben und alle auf einmal markieren und dann weiterbearbeiten wollen. Diese Dateien können Sie sich dann problemlos mit dem Dateibetrachter zu Gemüte führen, ohne daß Sie zuerst Lotus laden müssen.

Nach dem Aufruf öffnet sich ein Fenster, in dem Ihnen die Suche nach Dateien von Ihren Programmpaketen (z.B. Word, Lotus 123 oder Works) oder die davon unabhängige Suche (*"Dateinamen bestimmen"*) angeboten wird.

Wenn Sie sich für DATEINAMEN BESTIMMEN entscheiden, kommen Sie in ein Fenster, in dem Sie die zu suchenden Dateien, gegebenenfalls auch mit Pfadnamen, mit Hilfe der Wildcards "?" und "*" (s. zentrale Begriffe) bestimmen müssen. Ein "-" vor der Dateispezifikation schließt die Dateien aus, die die Bedingungen erfüllen. Alle anderen Dateien sind dann automatisch ausgewählt. Die maximale Länge der Dateibestimmung beträgt 100 Zeichen. Wenn Sie mehrere verschiedene Kriterien für die Dateien gleichzeitig eingeben wollen, müssen diese mit Leerzeichen voneinander getrennt werden. Sie könnten auf diese Weise z. B. alle Dateien mit der Endung ".BAT" auswählen und zusätzlich noch die Datei "BEISPIEL.TXT". Wenn Sie die Dateinamen bestimmt haben, müssen Sie noch den Text, nach dem in den betreffenden Dateien gesucht werden soll, angeben.

Wenn Sie jedoch alle Dateien eines Programmpaketes (z. B. Lotus 123) auswählen wollen, wählen Sie den entsprechenden Programmnamen aus dem Suchgruppenfenster aus und geben Sie danach den Suchtext ein. Damit ein Programm im Wahlfenster erscheint, muß es im Programm-Menü vorhanden sein. Normalerweise installiert PCSetup alle wichtigen Programmpakete automatisch in diesem Menü.

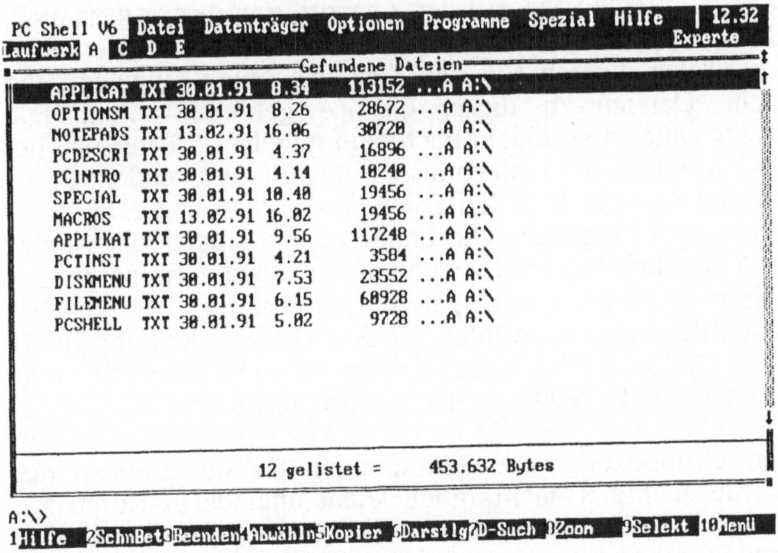

```
PC Shell V6  Datei  Datenträger  Optionen  Programme  Spezial  Hilfe  | 12.32
Laufwerk A  C  D  E                                                  Experte
==================== Gefundene Dateien ====================
   APPLICAT TXT 30.01.91  8.34    113152 ...A A:\
   OPTIONSM TXT 30.01.91  8.26     28672 ...A A:\
   NOTEPADS TXT 13.02.91 16.06     30720 ...A A:\
   PCDESCRI TXT 30.01.91  4.37     16896 ...A A:\
   PCINTRO  TXT 30.01.91  4.14     10240 ...A A:\
   SPECIAL  TXT 30.01.91 10.40     19456 ...A A:\
   MACROS   TXT 13.02.91 16.02     19456 ...A A:\
   APPLIKAT TXT 30.01.91  9.56    117248 ...A A:\
   PCTINST  TXT 30.01.91  4.21      3584 ...A A:\
   DISKMENU TXT 30.01.91  7.53     23552 ...A A:\
   FILEMENU TXT 30.01.91  6.15     60928 ...A A:\
   PCSHELL  TXT 30.01.91  5.02      9728 ...A A:\

                 12 gelistet =     453.632 Bytes

A:\>
1Hilfe 2SchnBet 3Beenden 4Abwähln 5Kopier 6Darstlg 7D-Such 8Zoom 9Selekt 10Menü
```

Bild 2-2 Liste aller gefundenen Dateien

Wenn diese Textstelle in den Dateien existiert, öffnet DATEI SUCHEN ein Fenster, in dem alle Dateien aufgeführt sind, die alle beiden Bedingungen erfüllen (s. Bild 2-2). Alle Datei-Funktionen von PCShell stehen Ihnen für diese Dateien im vollen Umfang zur Verfügung. Sie können aus dieser Liste auch nur ein paar Dateien markieren und diese dann weiterbearbeiten.

Eine häufige Anwendung der gefundenen Dateien wird sicherlich die Dateibetrachtung sein. Wenn Sie sich beispielsweise alle Lotus-Dateien mit einem bestimmten Stichwort (z. B. "*Umsatz*") heraussuchen haben lassen, können Sie mit dem Dateibetrachter diese Dateien ansehen, ohne vorher Lotus aufrufen zu müssen. Mit BETRACHTEN aus dem Optionen-Menü wird das Betrachter-Fenster im unteren Bildschirm eingeschaltet. Mit <F8> wird dieses Fenster sogar auf den gesamten Bildschirm ausgedehnt. Auf diese Weise können Sie sich beispielsweise alle Daten anschauen, die mit dem Umsatz Ihrer Firma zusammenhängen. Der Dateibetrachter wird als letzte Funktion in diesem Kapitel beschrieben. Außerdem können Sie nachträglich neue Suchgruppen hinzufügen, editieren, löschen oder umstellen.

Wenn Sie z. B. gerade Microsoft Works neu erworben haben und es ebenfalls in DATEI SUCHEN eingebunden haben möchten, können Sie dies folgendermaßen vornehmen: Rufen Sie DATEI SUCHEN auf und drücken Sie <F4>. Wählen Sie mit den Cursortasten und <RETURN> die Stelle im Suchgruppenfenster aus, an der Sie die neue Gruppe haben möchten. Als nächstes müssen Sie den Gruppennamen eingeben und festlegen, welche Dateien zu dieser Gruppe gehören sollen. Die Bestimmung dieser Dateien geschieht nach dem gleichen Muster wie bei DATEIEN BESTIMMEN. Sie können also Wildcards verwenden, Pfadnamen angeben und verschiedene Kriterien, jeweils durch Leerzeichen getrennt, hintereinander eingeben. Die Länge dieser Eingabe ist wieder auf 100 Zeichen beschränkt. Jetzt erscheint die neue Gruppe in der Liste. Wenn diese Liste auch bei späterer Anwendung von DATEI SUCHEN noch gültig sein soll, wählen Sie KONFIGURATION SPEICHERN aus dem Optionen-Menü aus. Ansonsten steht sie nicht mehr zur Verfügung, wenn Sie PCShell das nächste Mal aufrufen.

Den Namen der Gruppe oder die Bedingungen für die Dateien der Gruppe können Sie ebenfalls nachträglich leicht umändern. Rufen Sie einfach DATEI SUCHEN auf und drücken Sie <F5>. Nun können Sie die zu verändernde Gruppe aussuchen und Ihren neuen Wünschen anpassen.

Sie können selbstverständlich auch Gruppen wieder aus der Liste entfernen. Rufen Sie dazu einfach DATEI SUCHEN auf, drücken Sie <F6> und bestätigen Sie die Sicherheitsabfrage des Programmes. Die Gruppe erscheint ab dann nicht mehr in der Liste. Auch hier müssen Sie KONFIGURATION SPEICHERN aus dem Optionen-Menü aufrufen, wenn die Löschung dauerhaft sein soll.

Wenn Ihnen die Reihenfolge der Suchgruppen nicht zusagt, können Sie auch diese noch verändern. Rufen Sie DATEI SUCHEN auf und drükken Sie <F7>. Wählen Sie die Gruppe aus, die an eine andere Stelle gebracht werden soll und drücken Sie <RETURN>. Auch in diesem Falle sollten Sie die Konfiguration abspeichern.

Verlagern

Fortgeschrittenen-Ebene,
Experten-Ebene

Mit Hilfe dieser Funktion können Sie Dateien von ihrem jetzigen Standort an andere Stellen auf dem Datenträger oder auf einen neuen Datenträger bewegen. Die Datei wird an ihrem Ursprungsort gelöscht. Auch bei diesem Befehl können Sie auf ZWEI FENSTERSÄTZE zugreifen. Die Bedienung entspricht KOPIEREN, so daß auf eine genauere Beschreibung verzichtet werden konnte. Zu VERLAGERN gibt es kein MS-DOS-Äquivalent.

Löschen

Fortgeschrittenen-Ebene,
Experten-Ebene

Diese Funktion ermöglicht das Löschen von Dateien. Sie entspricht dem DOS-Befehl DEL. Im Gegensatz zum DOS-Befehl können Sie mit LÖSCHEN auch versteckte Dateien, Nur-Lese-Dateien und Systemdateien löschen. Diese Möglichkeit ist aber mit Vorsicht zu genießen - denn Vorsicht ist die Mutter der Porzellankiste!

Markieren Sie zuerst die Dateien, die Sie löschen wollen und rufen Sie dann die Funktion auf. LÖSCHEN zeigt den Namen der Datei an und fragt, ob diese Datei tatsächlich gelöscht werden soll. Haben Sie mehrere Dateien markiert, können Sie zusätzlich bestimmen, daß alle weiteren Dateien ohne Rückfrage ebenfalls gelöscht werden sollen (ALLE LÖSCHEN), oder diese Datei übersprungen und zur nächsten Datei gewechselt (NÄCHSTE DATEI) werden soll.

Editieren

Fortgeschrittenen-Ebene,
Experten-Ebene

EDITIEREN ist ein kleines, aber leistungsfähiges Textverarbeitungsprogramm. Es besticht vor allem durch seine leichte Erlernbarkeit und seinen geringen Funktionsumfang. In DESKTOP ist das weit leistungsfähigere Textprogramm NOTEPADS enthalten, das allerdings wesentlich komplizierter ist. Mit kleinen Texten sind Sie bei EDITIEREN bestens aufgehoben. Dateien, die Sie mit diesem Programm erstellt haben, können Sie mit DRUCKEN aus dem Datei-MenÜ ausdrucken.

Markieren Sie die Datei, die Sie bearbeiten wollen. Achtung! Dateien mit den Namenserweiterungen ".$$$", ".BAK", ".COM", ".EXE" sind für EDITIEREN unverdaulich und müssen erst umbenannt werden. Allerdings ist das Editieren solcher Dateien mit einem Texteditor auch nicht sonderlich sinnvoll. Diesen Dateien können Sie stattdessen mit dem HEX EDITOR auf den Pelz rücken. Das Programm tritt auch in Streik, wenn Sie Dateien mit den Attributen "Read Only", "System" oder "Hidden" (s. zentrale Begriffe) markieren. Wollen Sie eine neue Textdatei erstellen, so müssen Sie keine Datei markieren.

Rufen Sie nun EDITIEREN auf. Mit ERSTELLEN wird eine neue Datei erstellt, mit EDITIEREN die markierte Datei bearbeitet und mit ABBRECHEN wird das Programm verlassen.

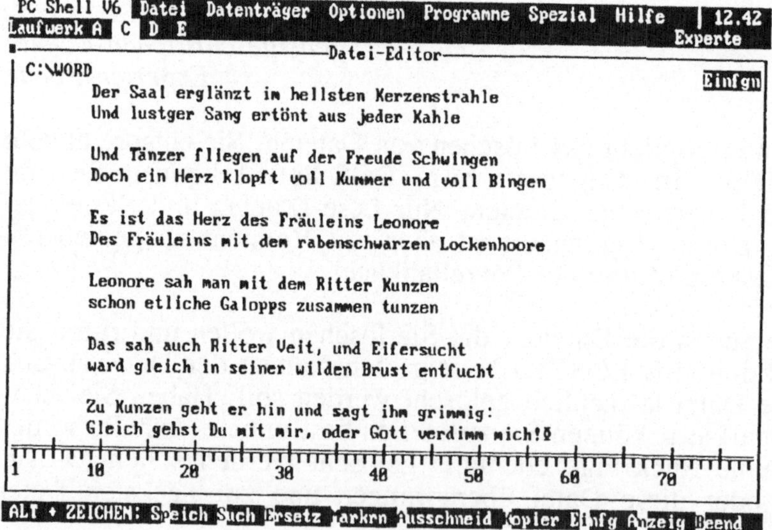

Bild 2-3 Arbeitsbildschirm der Textverarbeitung

Nach dem Aufruf sehen Sie den Arbeitsbildschirm der Textverarbeitung (s. Bild 2-3): Unter der Arbeitsfläche befindet sich ein Zeilenlineal. Am unteren Bildschirmrand schließlich finden Sie die Funktionsfelder und die Schreibmodusanzeige. Voreingestellt ist der EINFÜGE-Modus. Durch Drücken der Einfg.-Taste wechseln Sie zwischen dem Überschreibe- und dem Einfügemodus.

Die Bedienung des Programms ist der Bedienung einer Schreibmaschine sehr ähnlich: Die Buchstaben- und Zahlentasten haben die gleiche Funktion. <RETURN> schließt eine Zeile ab, die <Tab>-Taste wirkt wie der Tabulator einer Schreibmaschine. Die Tabulatoren sind voreingestellt und können nicht verändert werden. Die Cursortasten bewegen den Cursor im Text, <PgUp> und <PgDn> rollen den Bildschirm seitenweise nach unten bzw. nach oben. <Home> setzt den Cursor beim ersten Mal an den Zeilenanfang und beim zweiten Mal an den Anfang der Bildschirmseite. Genau entgegengesetzt arbeitet die <End>-Taste. In Verbindung mit der <Ctrl>-Taste wird der Cursor an den Anfang bzw. das Ende des Textes bewegt.

Die Funktionen des Programms

Speichern
Die Textdatei wird gespeichert. Haben Sie eine neue Datei erstellt, müssen Sie zuerst einen Dateinamen angeben.

Suchen
Auch EDITIEREN enthält eine Suchenfunktion, die nach Zeichenketten mit einer Länge von maximal 32 Zeichen suchen kann, wobei zwischen Groß- und Kleinbuchstaben nicht unterschieden wird. Wenn das Programm den Text findet, zeigt es die Fundstelle an. Mit SUCH durchsucht die Funktion den Text weiter, mit <Esc> oder BEEND wird die Suche abgebrochen.

Ersetzen
Hiermit können Sie Worte oder vollständige Textpassagen durch andere Worte oder Ausdrücke ersetzen lassen. Geben Sie dazu zuerst den zu ersetzenden Text ein und anschließend die neue Formulierung. Wenn die Funktion eine Stelle findet, können Sie den Text an dieser Stelle mit ERSETZ ersetzen. Mit <Esc> oder BEEND wird die Arbeit abgebrochen.

Selektieren
Mit dieser Funktion können Sie ganze Textpassagen von der aktuellen Cursorposition an mit Hilfe der Cursortasten markieren, die Sie mit AUSSCHNEIDEN, KOPIEREN und EINFÜGEN weiterbearbeiten können. Durch einen zweiten Aufruf der Funktion wird die Markierung wieder rückgängig gemacht.

Ausschneiden
Diese Funktion schneidet die markierten Teile der Datei aus dem Text und legt diese für den Benutzer nicht sichtbar in einem Zwischenspeicher ab. Sie können diesen Text an anderen Stellen dank der Funktion EINFÜGEN wieder einfügen.

Kopieren
Mit KOPIEREN wird der markierte Text in den Zwischenspeicher kopiert, bleibt also im Text enthalten. Mit EINFÜGEN wird dieser Text an eine andere Stelle kopiert.

Einfügen
Mit der vielzitierten Funktion EINFÜGEN wird die im Zwischenspeicher enthaltene Textstelle an der aktuellen Cursorposition ausgegeben. Der Inhalt des Zwischenspeichers bleibt dabei erhalten.

Zeigen
Alle Zeilen- bzw. Absatzendemarkierungen werden durch ein Pfeilsymbol gekennzeichnet.

Beenden
Verläßt das Programm. Wurden seit der letzten Speicherung Veränderungen an der Datei vorgenommen, gibt EDITIEREN Ihnen die Möglichkeit, die Datei abzuspeichern oder mit dem Programm weiterzuarbeiten.

Text suchen

Fortgeschrittenen-Ebene, Experten-Ebene

Falls Sie auch ein Spezialist dafür sind, ungeheuer wichtigen Textdateien besonders unscheinbare Namen zu geben, ist diese Funktion genau das Richtige für Sie: Anhand markanter Textstellen können Sie dann die gesuchte Datei wiederfinden.

Wählen Sie vor dem Aufruf die Dateien aus, in denen Sie suchen wollen. Wenn Sie das nicht festlegen wollen, können Sie auch in allen Dateien suchen lassen und auf das Markieren verzichten. Rufen Sie sodann TEXT SUCHEN auf. Nach dem Aufruf erscheint folgendes Fenster:

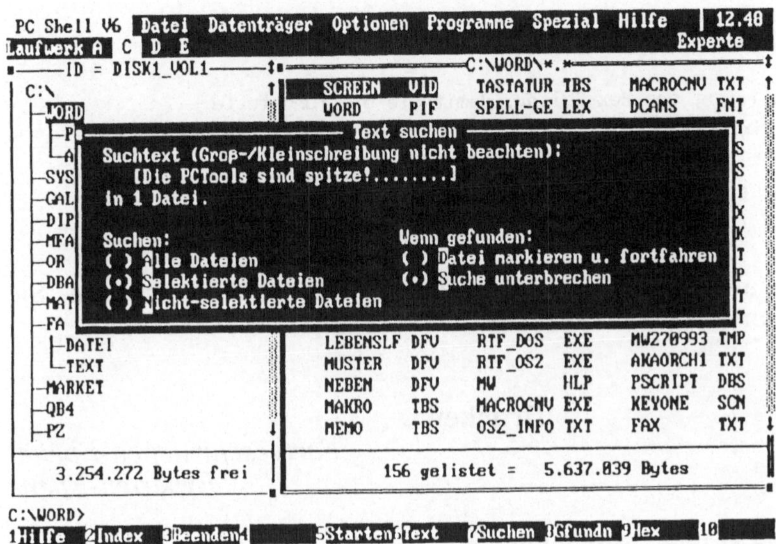

Bild 2-4 Eingabe des Suchtextes

Geben Sie den Suchtext ein, wobei die Groß- und Kleinschreibung nicht beachtet wird. Wenn Sie statt der ASCII-Darstellung die Hex-Darstellung bevorzugen, können Sie diese mit <F9> aktivieren. Dann gelangen Sie mit <Tab> oder <F7> in die linke untere Ecke, in der Sie festlegen können, welche Dateien nach dem Suchtext durchforstet werden sollen. Anschließend drücken Sie wieder <Tab> oder <F8>, um in die rechte untere Ecke des Fensters zu gelangen. Dort entscheiden Sie, was mit möglichen Fundstellen geschehen soll:

"Datei markieren u. fortfahren": Markiert die Datei, in der die Textstelle gefunden wurde und fährt mit der Suche fort. Nach Beendigung der Funktion sind alle Dateien, die den Suchtext enthalten, farblich hervorgehoben.

"Suche unterbrechen": Unterbricht die Suche, nachdem eine Fundstelle ausgemacht wurde. Es stehen Ihnen dann folgende Möglichkeiten offen:

<F3>: Bricht wie <Esc> die Suche ab.

<F6>: Die betreffende Datei wird markiert.

<F7>: Sucht in derselben Datei weiter.

<F8>: Aktiviert den Hex-Editor, damit Sie die Fundstelle editieren können.

<F9>: Sucht in der nächsten Datei weiter.

Nachdem Sie alle Einstellungen vorgenommen haben, drücken Sie <RETURN> oder <F5> um mit der Suche zu beginnen.

Drucken

Fortgeschrittenen-Ebene, Experten-Ebene

Mit DRUCKEN können Sie Dateien auf verschiedene Art und Weise auf dem Drucker ausgeben.

Markieren Sie wie immer die Datei, die Sie "schwarz auf weiß" erhalten wollen. Aktivieren Sie dann die Funktion. Nun haben Sie drei Ausdrucksmöglichkeiten: Den Ausdruck als *Standard-Text-Datei*, unter Zuhilfenahme der *Druckoptionen* oder im *Sektormodus* auszugeben. Wählen Sie auf altbewährte Weise den gewünschten Modus aus. Wenn Sie Ihre Entscheidung getroffen haben, wird der Druckvorgang mit DRUCKEN begonnen. Mit NÄCHSTE überspringen Sie die aktuelle Datei und gehen zur nächsten markierten über. Mit ABBRECHEN verlassen Sie DRUCKEN.

Standard-ASCII-Format
Der Inhalt der Datei wird im ASCII-Format ausgegeben. Dabei haben Sie keinen Einfluß auf das Aussehen des Ausdrucks. Diese Option druckt auch Steuerzeichen mit aus, was zu merkwürdigen Druckergebnissen führen kann.

PC Shell Druckoptoptionen
In diesem Modus können Sie direkten Einfluß auf die Optik des Ausdrucks nehmen und verschiedene Einstellungen, wie z. B. die Vorgabe für Seitenlänge oder Seitennumerierung vornehmen (s. Bild 2-5).

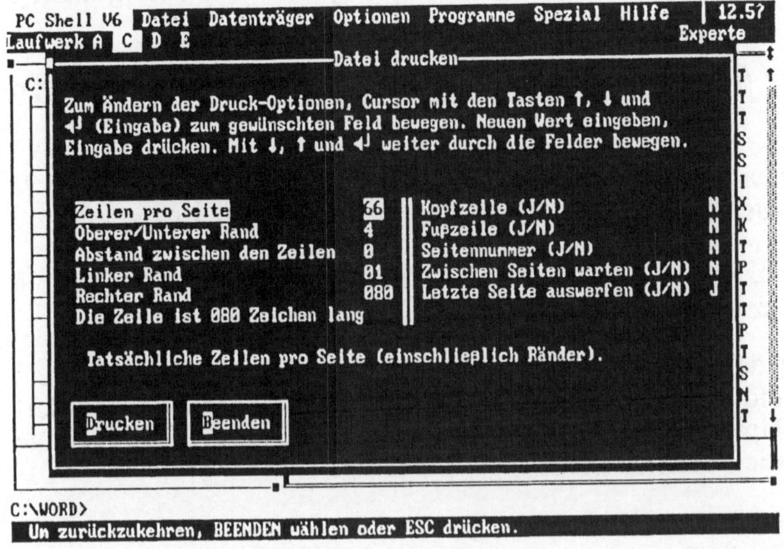

Bild 2-5 Formatieren des Ausdrucks

Wählen Sie die gewünschte Option mit der Maus oder den Cursortasten aus, und bestätigen Sie Ihre Wahl mit <RETURN>. Sie können nun die voreingestellten Werte nach Belieben Ihren Vorstellungen anpassen (solange Sie kein Chinese sind oder von rechts nach links lesen wollen). Ein erneutes Drücken der <RETURN>-Taste ändert den Wert endgültig.

"Zeilen pro Seite": Zeilenzahl pro Seite können Sie auf diese Weise festlegen. DIN-A4-Blätter: 66 Zeilen, Endlospapier: 72 Zeilen.

"Oberer/Unterer Rand": Definiert die Anzahl der Leerzeilen am oberen und unteren Rand des Blattes.

"Abstand zwisschen den Zeilen": Hier können Sie den Abstand zwischen zwei Zeilen in Leerzeilen bestimmen.

"Linker Rand": Legt die Breite des linken Randes in Leerzeichen fest.

"Rechter Rand": Legt die Breite des rechten Randes in Leerzeichen fest. Aus der Breite des linken und rechten Randes berechnet PCShell die Zeilenlänge, die in der Zeile unter dieser Option angegeben wird.

"Kopfzeile (J/N)": Hier legen Sie die Kopfzeile fest, deren Länge maximal 32 Zeichen betragen darf. Wünschen Sie eine Kopfzeile, so wählen Sie "Y" und geben den Text ein.

"Fußzeile (J/N)": Sie können die Fußzeile eingeben. Bedienung analog zu *"Kopfzeile"*.

"Seitennummer (J/N)": Schaltet die automatische Seitennumerierung ein bzw. aus.

"Zwischen Seiten warten?": Bestimmt, ob nach jeder Seite der Drucker angehalten werden soll. Wichtig für manuellen Einzelblatteinzug.

"Letzte Zeile auswerfen": Wenn diese Option eingeschaltet ist, wird die letzte Seite ganz aus dem Drucker geschoben.

Wenn Sie mit den Einstellungen zufrieden sind, können Sie mit dem DRUCKEN-Feld den Druckvorgang anlaufen lassen. PCShell fordert Sie nun auf, Papier in den Drucker zu legen. Haben Sie diese Auflage erfüllt, startet die Funktion den Druck endgültig.

Sektorenausdruck: ASCII und HEX
DRUCKEN bibt die Datei sektorenweise im ASCII- und Hexformat aus. Der Ausdruck entspricht weitestgehend dem Bildschirmaufbau von HEX EDIT.

Wenn Sie die Funktion mit <Esc> abbrechen, können Sie mit DRUCKEN mit dem Ausdruck fortfahren, mit NÄCHSTE zur nächsten markierten Datei übergehen oder mit CANCEL die Funktion abbrechen.

Überprüfen

Fortgeschrittenen-Ebene,
Experten-Ebene

ÜBERPRÜFEN ermöglicht, Dateien auf Fehlerstellen in der logischen Struktur zu untersuchen. MS-DOS bietet keine vergleichbare Funktion.

Markieren Sie wie immer die zu testenden Dateien, und aktivieren Sie dann die Funktion. ÜBERPRÜFEN zeigt immer auf die Stelle, an der es sich bei der Untersuchung gerade befindet. Findet es keine Fehler, so dokumentiert es dies durch die Meldung "BEISPIEL.TXT Prüfung bestanden". Wenn das Programm eine Fehlerstelle aufspürt, gibt es den genauen Fundort an. Sie können dann mit EDITIEREN den Fehler beheben, mit PRÜFEN im Test der Dateien fortfahren, ohne den Fehler zu beheben oder den Befehl mit ABBRECHEN beenden. EDITIEREN entspricht in der Handhabung HEX EDIT, wobei es äußerst schwierig ist, den Sektor wieder vollständig zu reparieren.

Verzeichnis drucken

Fortgeschrittenen-Ebene,
Experten-Ebene

Diese Funktion druckt Verzeichnisse aus. Den Ausdruck wie die Darstellung auf dem Bildschirm können Sie mit DARSTELLUNG-OPTIONEN aus dem Darstellungs-Untermenü des Optionen-Menüs beeinflussen.

Markieren Sie das auszudruckende Verzeichnis, machen Sie Ihren Drucker betriebsbereit und aktivieren Sie die Funktion. Wenn Sie zuvor mit DATEILISTEN-FILTER (s. Optionen-Darstellung-Menü) eine Einschränkung der Dateiliste des Verzeichnisses vorgenommen haben, werden nur die ausgewählten Dateien berücksichtigt.

VERZEICHNIS DRUCKEN gibt zu jeder Datei auf dem Bildschirm von links nach rechts angeordnet den Dateinamen, die Dateinamenserweiterung, die Größe, die Anzahl der belegten Cluster, das Datum, die Zeit und die Dateiattribute aus. Darüberhinaus gibt die Funktion noch an, wieviele Dateien des Verzeichnisses aufgelistet wurden, die Gesamtgröße dieser Dateien, die Anzahl der Dateien im Unterverzeichnis und deren Gesamtgröße. Auch über die Anzahl der mit mit PCShell markierten Dateien (*"SELEK. Dateien")*, deren Gesamtgröße und den noch verfügbaren Speicherplatz (*"In Volume verfügbar"*) werden Sie informiert.

Wiederherstellen

Fortgeschrittenen-Ebene
Experten-Ebene

Diese Funktionen gibt Ihnen die Möglichkeit, gelöschte Dateien zurückzugewinnen. Wie Sie den zentralen Begriffen entnehmen können, wird ja eine Datei nicht wirklich gelöscht, sondern nur ihre Einträge in der FAT entfernt. Wenn Sie also so bald wie möglich nach dem Löschen die Datei wiederherstellen, sind die Erfolgschancen am größten. Andernfalls könnte es sein, daß einige Cluster der Datei bereits von anderen Daten überschrieben wurden. Die Funktion LÖSCHUNG ZURÜCKNEHMEN aus dem Spezial-Menü ist übrigens mit WIEDERHERSTELLEN identisch.

Verzeichnisse können Sie ebenfalls mit WIEDERHERSTELLEN zurückgewinnen. Verzeichnisse sind nämlich im Grunde genommen nichts anderes als Dateien, bei denen auf eine Größenangabe verzichtet wurde und die durch ein besonderes Attribut (s. zentrale Begriffe) als Verzeichnis gekennzeichnet sind. Statt dateientypischen Daten nimmt das Verzeichnis die Dateinamen und weitere Informationen über die Dateien auf, die bei den zentralen Begriffen nachzulesen sind.

WIEDERHERSTELLEN verfügt über drei Möglichkeiten der Rettung von Dateien: Dem *Löschprotokoll-Verfahren*, dem *Standard-DOS-Verfahren* umd dem *Datei-Erstellen-Verfahren*.

Das Löschprotokoll-Verfahren

Dieses Verfahren ist sehr zuverlässig, denn es kennt genau die Cluster der Datei. Wenn Sie nicht schon zu lange gewartet haben, wird Ihre Datei vollständig wiederhergestellt werden können. Vorraussetzung ist allerdings, daß Sie MIRROR speicherresident installiert haben, was Sie auch nachträglich noch mit PCSetup vornehmen können.

Diese kleine, aber sehr nützliche Routine schaltet sich bei jedem Löschvorgang ein und speichert die Lage aller Dateicluster sowie noch weitere wichtige Informationen in der Datei PCTRACKR.DEL ab. Beim Wiederherstellen werden also garantiert die richtigen Cluster der Datei in der richtigen Reihenfolge gefunden. Das einzige Problem ist nur, daß Sie sich vielleicht mit dem Wiederherstellen schon zuviel Zeit gelassen haben...

Um das Löschprotokoll-Verfahren anzuwenden, müssen Sie zuerst das Verzeichnis markieren, in dem sich die wiederherzustellenden Dateien befinden. Falls Sie ein vollständiges Unterverzeichnis samt Dateien dem Erdboden gleichgemacht haben, müssen Sie das diesem Unterverzeichnis direkt übergeordnete Verzeichnis markieren. Sodann müssen Sie mit FORTFAHREN bestätigen, daß Sie das richtige Verzeichnis ausgewählt haben. Anschließend kommt eine Dialogbox, die Ihnen drei Möglichkeiten läßt: die Rettung einer Datei, eines Unterverzeichnisses oder die Erstellung einer neuen Datei mit Hilfe von auszuwählenden Clustern. Wenn Sie ein Unterverzeichnis mit Dateien wieder aus dem "Nirwana" zurückbeordern wollen, müssen Sie zuerst das Unterverzeichnis und dann die Dateien retten.

Wenn ein Löschprotokoll von MIRROR erstellt wurde, können Sie jetzt entscheiden, ob Sie vielleicht trotzdem das DOS-Verzeichnisverfahren anwenden wollen, was, gelinde ausgedrückt, ziemlich ungeschickt wäre.

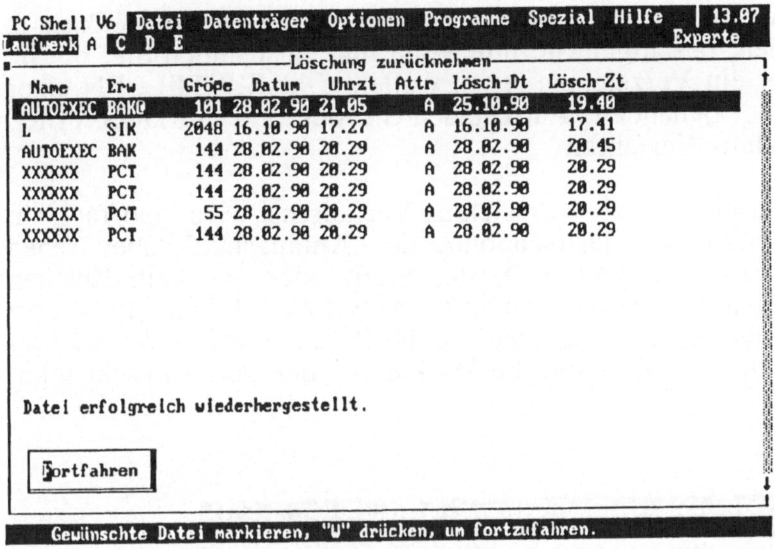

PC Shell V6 Datei Datenträger Optionen Programme Spezial Hilfe | 13.07
Laufwerk A C D E Experte

Löschung zurücknehmen

Name	Erw	Größe	Datum	Uhrzt	Attr	Lösch-Dt	Lösch-Zt
AUTOEXEC	BAK@	101	28.02.90	21.05	A	25.10.90	19.40
L	SIK	2048	16.10.90	17.27	A	16.10.90	17.41
AUTOEXEC	BAK	144	28.02.90	20.29	A	28.02.90	20.45
XXXXXX	PCT	144	28.02.90	20.29	A	28.02.90	20.29
XXXXXX	PCT	144	28.02.90	20.29	A	28.02.90	20.29
XXXXXX	PCT	55	28.02.90	20.29	A	28.02.90	20.29
XXXXXX	PCT	144	28.02.90	20.29	A	28.02.90	20.29

Datei erfolgreich wiederhergestellt.

Fortfahren

Gewünschte Datei markieren, "U" drücken, um fortzufahren.

Bild 2-6 Liste aller gelöschten Dateien

Nun endlich können Sie an die Rettung der Dateien gehen. Nach dem Aufruf erscheint auf dem Bildschirm eine Liste aller gelöschten Dateien des Verzeichnisses(s. Bild 2-6). Bei dem Dateinamen sollte eine "Affenschaukel" ("@") stehen, denn sonst kann die Datei nur unvollständig oder gar nicht mehr zurückgewonnen werden. Falls ein Stern ("*") bei dem Dateinamen steht, kann die Datei wenigstens noch teilweise restauriert werden. Ansonsten kann von der Datei nichts mehr gerettet werden. Wählen Sie nun eine wiederherzustellende Datei aus. Mit WIEDERHERSTELLEN wird sie wieder in den Kreis der Sterblichen aufgenommen. Wenn Sie alle Dateien restauriert haben, können Sie das Verfahren mit ABBRECHEN beenden. Sollten Sie Ihre Datei nicht in der Liste finden, so hatten Sie vielleicht beim Löschen des Programmes MIRROR nicht aktiviert. In diesem Falle müssen Sie vom Verzeichnis-Verfahren Gebrauch machen.

Das Verzeichnis-Verfahren

Hatten Sie beim Löschen der Datei ausnahmsweise MIRROR nicht aktiviert, so müssen Sie auf das Verzeichnis-Verfahren zurückgreifen, das nicht so zuverlässig ist wie das Löschprotokoll-Verfahren. Außerdem müssen Sie den ersten Buchstaben der Datei selbst eingeben, da dieser beim Löschen verlorengegangen ist. Die Wahl des falschen Anfangsbuchstabens kann tragische Folgen haben: Handelt es sich bei der Datei um eine Unterdatei, die von einer anderen aufgerufen wird, kann das Hauptprogramm dann diese Datei nicht mehr finden, obwohl sie weiter existiert - weil Sie den falschen Anfangsbuchstaben vergeben haben!

Wählen Sie wieder das Verzeichnis aus, in dem sich die gelöschten Dateien befinden, bestätigen Sie Ihre Wahl und entscheiden Sie, ob Sie eine Datei oder ein Verzeichnis retten wollen. Das ERSTELLEN einer Datei wird später behandelt. Entscheiden Sie sich nun mit DOS-VERZ für das Verzeichnis-Verfahren.

Der Arbeitsbildschirm des Verzeichnis-Verfahrens wird geöffnet, in dem Sie alle gelöschten Dateien ohne den Anfangsbuchstaben sehen können. Die Affenschaukel("@"), der Stern oder gar kein Zeichen geben wieder über den Zustand der Datei Aufschluß. Wählen Sie alle zu rettenden Dateien aus und beginnen Sie die Rettungsaktion mit <F5>. Mit <F4> können Sie übrigens die Markierung der Dateien rückgängig machen.

```
PC Shell V6  Datei  Datenträger  Optionen  Programme  Spezial  Hilfe  | 13.13
Laufwerk A  C  D  E                                                  Experte
---ID = Keiner---          ----------------A:\*.*-------------------
 A:\              1 ?ACKTALK SIK@         ?ISKMENU SIK@
                  2 ?LIPBORD SIK@
                    ?ACROS   SIK@
                  3 ?ALCULAT SIK@
                    ?PTIONSM SIK@
                  4 ?CSHELL  SIK@
                    ?CDESCRI SIK@
                    ?ELECOM  SIK@
                    ?TILITY  SIK@
                    ?CINTRO  SIK@
                    ?ILEMENU SIK@
                  5 ?OTEPADS SIK@
                  6 ?ACHE    SIK@
                    ?ATABASE SIK@
                  7 ?PPLICAT SIK@
                    ?UTLINES SIK@
                    ?CTINST  SIK@
  498.688 Bytes frei         7 markiert =     210.432 Bytes
A:\>
1Hilfe 2Index 3Beenden 4Abwähln 5Starten 6 7 8 9 10
```

Bild 2-7 Markierte, gelöschte Dateien

Wenn eine Affenschaukel bei der zu rettenden Datei steht, haben Sie Glück gehabt. Die Datei wird aller Wahrscheinlichkeit nach vollständig wiederhergestellt werden können. In diesem Falle können Sie den Automatik-Modus wählen. Wenn nicht einmal mehr ein Stern bei der Datei steht, können Sie Ihre Versuche gleich einstellen, denn eine Rettung ist unmöglich. Wenn ein Stern bei der Datei steht, haben Sie den Trostpreis gezogen: die Datei ist wenigstens teilweise zu retten.

Die erste der wiederherzustellenden Dateien erscheint auf dem Bildschirm und Sie werden aufgefordert, den Anfangsbuchstaben einzugeben (s. Bild 2-7). Mit WIEDERHERSTELLEN geht es weiter im Text. Wenn die Datei Träger des "Affenschaukel-Ordens" ist, können Sie nun AUTO wählen, der Ihnen die Arbeit abnimmt. Sie sollten aber auf jeden Fall nach der Rettung die Dateien auf Richtigkeit überprüfen, denn "Nobody is perfect" - leider heißt dieses Programm aber WIEDERHERSTELLEN und nicht Nobody!

Im manuellen Modus geht die Arbeit erst so richtig los, denn Ihnen wird die Aufgabe zuteil, die Cluster alle einzeln heraussuchen zu dürfen. Sie finden sich in einem Arbeitsbildschirm wieder, der stark an DATENTRÄGER EDITIEREN erinnert (s. Bild 2-8).

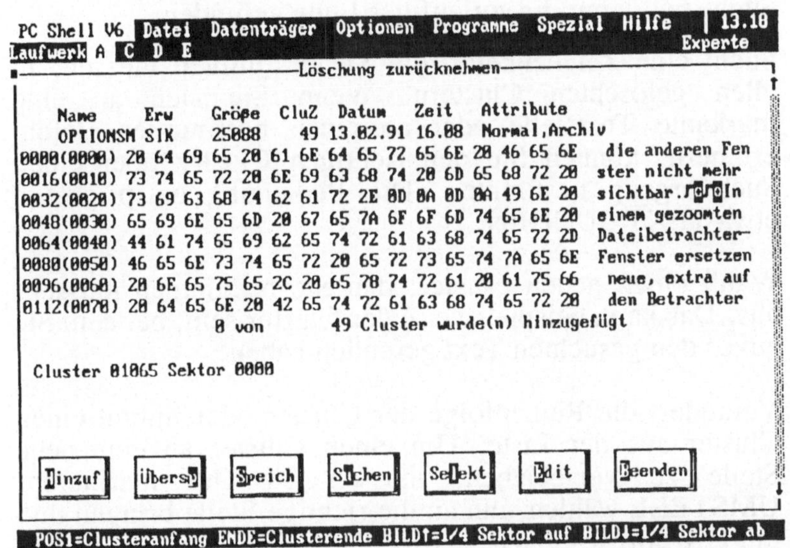

Bild 2-8 Arbeitsbildschirm der Funktion WIEDERHERSTELLEN

Das Programm reiht eine Anzahl von Clustern in der Reihenfolge aneinander, die aus Programsicht für richtig erachtet werden. Dabei informiert es auch darüber, aus wievielen Clustern Ihre Datei bestehen muß. Das kann eine sehr wertvolle Information sein. Ihre Aufgabe ist es nun, festzustellen, ob die Cluster auch zu der Datei gehören und gegebenenfalls ihren Standort in der Datei zu bestimmen. Was bei Textdateien noch relativ einfach erscheint, ist bei Programmdateien, die Sie nicht selbst erstellt haben, beinahe unmöglich.

Mit <PgDn> und <PgUp> bewegen Sie sich seitenweise im Cluster fort, mit <Home> und <End> gelangen Sie an den Anfang bzw. an das Ende des Clusters. Diese zwei Stellen sind die Nahtstellen der Datei. Wenn sich das Ende des vorhergehenden Cluster
und der Anfang des nächsten nicht vertragen, so ist zumindest die Reihenfolge falsch. Sie können folgende Befehle anwenden:

HINZUZFG: Fügt den aktuellen Cluster an die Dateicluster an und geht zum nächsten Cluster über.

ÜBERSP: Überspringt den aktuellen Cluster und geht zum nächsten Cluster.

SPEICH: Alle ausgewählten Cluster werden in der bestehenden Reihenfolge unter dem alten Dateinamen gespeichert. Die Suche hat damit ihr vorläufiges Ende gefunden.

SUCHEN: Sucht eine Zeichenkette, die Sie bestimmen müssen, in allen gelöschten Clustern. Wenn Sie sich an eine markante Textstelle oder an einen bestimmten Befehl erinnern, können Sie den richtigen Cluster über einen Suchvorgang bestimmen. Die Bedienung entspricht in etwa TEXT SUCHEN.

SELEKT: Wählt einen neuen Cluster, den Sie bestimmen müssen, aus. Das kann beispielsweise der Cluster sein, bei dem Sie zuvor den gesuchten Text gefunden haben.

EDIT: Verändert die Reihenfolge der Cluster oder nimmt einen Cluster aus der Liste. Um einen Cluster an eine neue Stelle zu verschieben, müssen Sie ihn markieren, UMSTELL wählen, ihn an die richtige Stelle bringen und mit OK dort festmachen. Mit LÖSCHEN wird der ausgewählte Cluster stattdessen gelöscht.

Nachdem Sie alle Dateicluster in die Ihrer Meinung nach richtige Reihenfolge gebracht haben, speichern Sie die Datei mit SPEICH ab. Als nächstes sollten Sie die wiederhergestellte Datei auf Herz und Nieren prüfen, denn es kann gut sein, daß Sie etwas übersehen haben oder einen falschen Cluster eingegliedert haben. Normalerweise wird sowieso ein Teil der Informationen nicht mehr zu retten sein.

Schauen Sie ganz zum Schluß auf die Uhr, um festzustellen, wie lange Sie gebraucht haben. Wenn der erste Schrecken verflogen ist, werden Sie sicherlich die Entscheidung fassen, MIRROR unverzüglich zu installieren, damit Sie solch eine Prozedur nie mehr durchmachen müssen...

Dateien erstellen
Wenn die Lage so richtig aussichtslos erscheint, können Sie vielleicht noch mit dem Erstellen-Verfahren Teile Ihrer Datei retten. Wenn Sie auf diese Methode zurückgreifen müssen, sind allerdings weder auf dem Datenträger noch im Verzeichnis irgendwelche Spuren der gelöschten Datei zu finden. Bevor Sie jetzt verzweifelt möglicherweise einem Phantom nachstellen, sollten Sie zuerst die anderen Verzeichnisse mit DATEI SUCHEN nach der Datei durchsuchen - wer weiß, vielleicht haben Sie die Datei nur verlagert und können sich eine ganze Menge Ärger sparen...

Die Bedienung entspricht dem manuellen Wiederherstellen von Dateien. Eine erneute Beschreibung dieser Prozedur würde den Rahmen des Buches aber sprengen und mir den Kragen platzen lassen.

Überschreiben

Experten-Ebene

Diese Funktion, die in der Version 6.0 neu hinzugekommen ist, löscht eine Datei unwiderruflich. Sie ist also mit keinem Hilfsprogramm der Welt - auch nicht dem sonst so allmächtigen DISKFIX - mehr zu retten. Aus diesem Grunde sollten Sie sich ganz sicher sein, wenn Sie eine Datei überschreiben wollen.

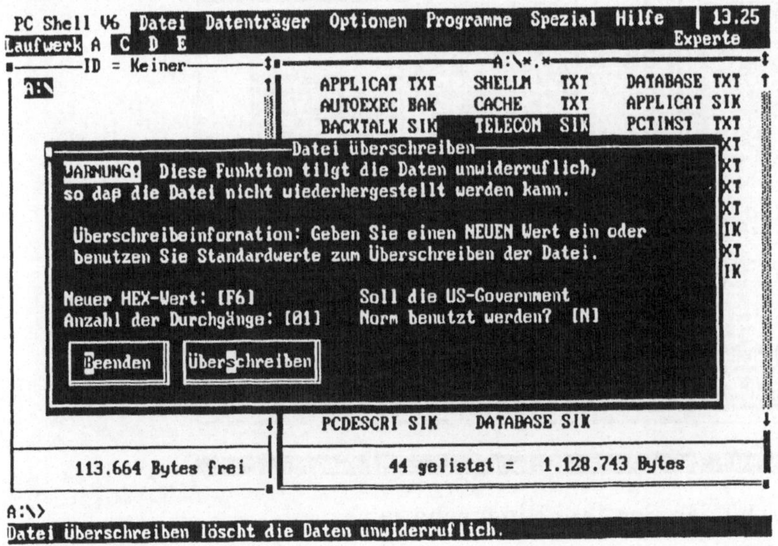

Bild 2-9 Warnung vor dem Überschreiben

Nach dem Aufruf (s. Bild 2-9) wird ein Fenster geöffnet, in dem Sie noch einmal auf diese Tatsache hingewiesen werden. Außerdem können Sie den hexadezimalen Wert festlegen, mit dem die Datei überschrieben werden soll und bestimmen, wie oft die Datei zu überschreiben ist, um ganz sicher zu sein. Als narrensicher ist die US-Norm anzusehen, bei der die Datei mehrmals - mit ständig wechselnden Werten - überschrieben wird. Danach müssen Sie mit ÜBERSCHREIBEN weitergehen und bei der abschließenden Sicherheitsabfrage nochmals mit ÜBERSCHREIBEN das Schicksal der Datei besiegeln.

Attributänderung

Experten-Ebene

Mit dieser Funktion können Sie die Attribute jeder beliebigen Datei ändern, d.h., Sie können eine Datei z.B. verstecken oder vor Schreibzugriffen schützen. Eine Erklärung aller Attribute finden Sie im Einführungsteil bei den zentralen Begriffen.

Wählen Sie zuerst das gewünschte Verzeichnis aus, bevor Sie die Funkion aktivieren. Wenn Sie wollen, können Sie auch noch die Dateien markieren, deren Attribute Sie ändern wollen. Ansonsten werden alle Dateien des Verzeichnisses angezeigt.

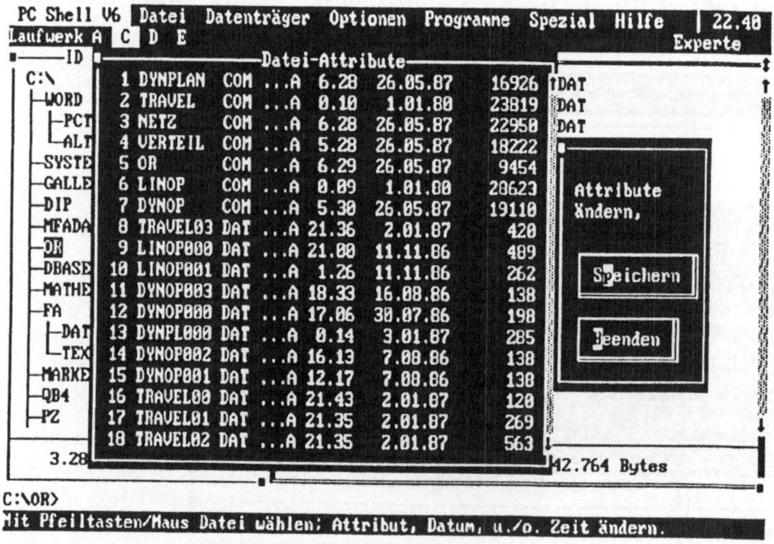

```
PC Shell V6 Datei  Datenträger  Optionen  Programme  Spezial  Hilfe  | 22.40
Laufwerk A  C  D  E                                                Experte
-------ID  ----------------Datei-Attribute-----------------
  C:\       1 DYNPLAN  COM ...A  6.28  26.05.87   16926  DAT
  |-WORD    2 TRAVEL   COM ...A  0.10   1.01.80   23819  DAT
  | |-PCT   3 NETZ     COM ...A  6.28  26.05.87   22950  DAT
  | |-ALT   4 VERTEIL  COM ...A  5.28  26.05.87   18222
  |-SYSTE   5 OR       COM ...A  6.29  26.05.87    9454
  |-GALLE   6 LINOP    COM ...A  0.09   1.01.80   28623   Attribute
  |-DIP     7 DYNOP    COM ...A  5.30  26.05.87   19110   ändern,
  |-MFADA   8 TRAVEL03 DAT ...A 21.36   2.01.87     420
  |-OR      9 LINOP000 DAT ...A 21.00  11.11.86     489
  |-DBASE  10 LINOP001 DAT ...A  1.26  11.11.86     262   Speichern
  |-MATHE  11 DYNOP003 DAT ...A 18.33  16.08.86     138
  |-FA     12 DYNOP000 DAT ...A 17.06  30.07.86     198
  | |-DAT  13 DYNPL000 DAT ...A  0.14   3.01.87     285   Beenden
  | |-TEX  14 DYNOP002 DAT ...A 16.13   7.08.86     138
  |-MARKE  15 DYNOP001 DAT ...A 12.17   7.08.86     138
  |-QB4    16 TRAVEL00 DAT ...A 21.43   2.01.87     120
  |-PZ     17 TRAVEL01 DAT ...A 21.35   2.01.87     269
           18 TRAVEL02 DAT ...A 21.35   2.01.87     563
    3.28                                                  42.764 Bytes
C:\OR>
Mit Pfeiltasten/Maus Datei wählen: Attribut, Datum, u./o. Zeit ändern.
```

Bild 2-10 Die Dateien und ihre Eigenschaften

Nach dem Aufruf wird ein Fenster geöffnet, in dem die Dateinamen mit Attributangaben ("*VSLA*"), Zeit-, Datumsangaben und der Angabe der Größe der Datei aufgeführt sind (s. Bild 2-10). Mit <Cursor hoch> und <Cursor runter> wählen Sie die richtige Datei aus.

- Mit "V" setzen bzw. löschen Sie das Versteckt-Attribut.
- Mit "S" setzen bzw. löschen Sie das Systemdatei-Attribut.
- Mit "L" setzen bzw. löschen Sie das Nur-Lesen-Attribut.
- Mit "A" setzen bzw. löschen Sie das Archiv-Attribut.

Mit <Cursor links> und <Cursor rechts> können Sie bei der betreffenden Datei auch die Zeit- und Datumsangabe ansteuern. Die neue Zeit bzw. das neue Datum können Sie dann einfach eingeben. Achten Sie aber bitte darauf, daß Sie das von PCShell vorgegebene Format beachten. Sind alle Dateieattribute zu Ihrer Zufriedenheit gesetzt, können Sie diese mit Hilfe des UPDATE-Feldes abspeichern. Mit ABBRECHEN wird ATTRIBUTÄNDERUNG verlassen, ohne daß die Änderungen abgespeichert werden.

Hex-Edit

Experten-Ebene

HEX-EDIT stellt einen kleinen Diskettenmonitor dar, mit dem Sie sich Dateien oder einzelne Sektoren anschauen und deren Inhalt verändern können.

Wählen Sie die Datei, die Sie editieren wollen. Wollen Sie sich einen bestimmten Sektor anschauen, können Sie auf diese Maßnahme verzichten und innerhalb des Programms den Sektor auswählen. Rufen Sie dann die Funktion HEX-EDIT auf.

Das ASCII-Format

Nach dem Aufruf wird der Dateiinhalt im Hex-Format dargestellt (s. Bild 2-11). Programmdateien sollten nur im Hexadezimalformat "seziert" werden. Mit <F5> wechseln Sie ins ASCII-Format, was bei Programmdateien unsinnige Angaben hervorruft. In der linken oberen Ecke können Sie das aktuelle Laufwerk und den Dateinamen sehen. Darunter wird ein Ausschnitt der Datei im ASCII-Format ausgegeben. Mit <PgDn> und <PgUp> bewegen Sie sich durch die Datei. <End> springt zum Ende der Datei und <Home> zum Anfang. In diesem Modus können Sie sich die Datei nur anschauen; es ist nicht möglich, die Datei zu editieren.

Wieder umgeschaltet in den HEX-Modus wird durch Anklicken des Feldes "HEX" mit der Maus oder <F5>.

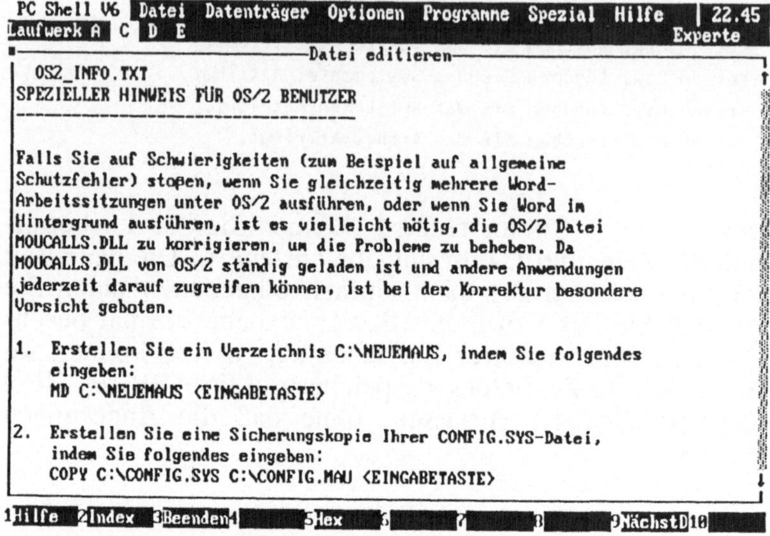

Bild 2-11 Dateiinhalt im ASCII-Format

Das HEX-Format

In diesem Modus stehen dem "Bitfummler" alle Mittel zur Verfügung, ein Programm nachträglich zu verändern. So können Sie einen einzelnen Sektor auswählen und Bytes im Programm ändern. Unkontrolliertes Ändern der Werte in einem Programm kann allerdings unabsehbare Folgen haben. Ohne die grundlegenden Kenntnisse ähnelt ein Experimentieren mit dem Editieren einem Amok-Lauf.

```
PC Shell V6  Datei  Datenträger  Optionen  Programme  Spezial  Hilfe  | 22.45
Laufwerk A  C  D  E                                                Experte
-----------------------------Datei editieren-------------------------------
 OS2_INFO.TXT Relativer Sektor 0000000, Clust 02012, Abs-Disk-Sec 0008165

0000(0000) 53 50 45 5A 49 45 4C 4C 45 52 20 48 49 4E 57 45  SPEZIELLER HINWE
0016(0010) 49 53 20 46 9A 52 20 4F 53 2F 32 20 42 45 4E 55  IS FÜR OS/2 BENU
0032(0020) 54 5A 45 52 0D 0A 2D 2D 2D 2D 2D 2D 2D 2D 2D 2D  TZER♪◙----------
0048(0030) 2D 2D 2D 2D 2D 2D 2D 2D 2D 2D 2D 2D 2D 2D 2D 2D  ----------------
0064(0040) 2D 2D 2D 2D 2D 2D 2D 2D 2D 2D 0D 0A 0D 0A 46 61  ----------♪◙♪◙Fa
0080(0050) 6C 6C 73 20 53 69 65 20 61 75 66 20 53 63 68 77  lls Sie auf Schw
0096(0060) 69 65 72 69 67 6B 65 69 74 65 6E 20 28 7A 75 6D  ierigkeiten (zum
0112(0070) 20 42 65 69 73 70 69 65 6C 20 61 75 66 20 61 6C   Beispiel auf al
0128(0080) 6C 67 65 6D 65 69 6E 65 0D 0A 53 63 68 75 74 7A  lgemeine♪◙Schutz
0144(0090) 66 65 68 6C 65 72 29 20 73 74 6F E1 65 6E 2C 20  fehler) stoßen,
0160(00A0) 77 65 6E 6E 20 53 69 65 20 67 6C 65 69 63 68 7A  wenn Sie gleichz
0176(00B0) 65 69 74 69 67 20 6D 65 68 72 65 72 65 20 57 6F  eitig mehrere Wo
0192(00C0) 72 64 2D 0D 0A 41 72 62 65 69 74 73 73 69 74 7A  rd-♪◙Arbeitssitz
0208(00D0) 75 6E 67 65 6E 20 75 6E 74 65 72 20 4F 53 2F 32  ungen unter OS/2
0224(00E0) 20 61 75 73 66 81 68 72 65 6E 2C 20 6F 64 65 72   ausführen, oder
0240(00F0) 20 77 65 6E 6E 20 53 69 65 20 57 6F 72 64 20 69   wenn Sie Word i

1Hilfe 2Index 3Beenden4        5ASCII 6Sektor 7Edit  8        9NächstD10
```

Bild 2-12 Dateiinhalt im HEX-Format

Wieder sehen Sie in der linken oberen Ecke das aktuelle Laufwerk und den Dateinamen. Rechts vom Dateinamen stehen noch weitere Angaben: Von links nach rechts werden der *relative Sektor*, der *aktuelle Cluster* und der *absolute Sektor* angegeben. Zur Erinnerung: Der relative Sektor ist die Nummer des Sektors gerechnet vom Dateibeginn. Am linken Rand ist die Nummer des ersten Bytes in der betreffenden Zeile (relativ zum Sektorbeginn angegeben), in Klammer steht diese Zahl im hexadezimalen Zahlensystem. In jeder Zeile finden 16 Bytes Platz. Auf der rechten Seite sind die hexadezimalen Zahlen in ASCII-Zeichen übersetzt dargestellt.

Auf dem Bildschirm werden auf einmal 256 Bytes dargestellt, mit <PgUp>, <PgDn>, <Home> und <End> können Sie sich in der Datei fortbewegen. Sie gelangen mit <F5> wieder zurück in den ASCII-Modus.

Mit <F6> oder Anklicken von SEKTOR können Sie einen Sektor direkt auswählen. Geben Sie dazu einfach die Sektornummer ein, und drücken Sie <RETURN> oder wählen FORTFAHREN.

Mit leuchtenden Augen und zitternden Händen wird jeder Hacker die Tatsache aufnehmen, daß es auch einen Editiermodus gibt, der über EDIT bzw. <F7> ausgelöst wird. Sie können sich dann mit einem Cursor in der Datei fortbewegen und alte Werte einfach überschreiben. Mit <F8> oder ASCII wecheln Sie nach rechts zur ASCII-Übersetzung der Hex-Codes. <Home> und <End> springen wie bisher an den Anfang bzw. das Ende des zu editierenden Sektors, auch <PgUp> und <PgDn> behalten ihre Funktion bei. Durch Drücken von <F5> verewigen Sie die Änderungen auf Diskette. Mit <F9> springt das Programm zur nächsten markierten Datei.

Wenn Sie einen beschädigten Sektor wieder lesbar machen wollen, müssen Sie den Sektor auswählen, mit <F7> in den Editiermodus wechseln und ihn dann mit <F5> abspeichern. Dieser Sektor enthält natürlich wahrscheinlich immer noch Fehler, aber er ist wenigstens wieder lesbar, womit ein Großteil der Informationen gerettet wurde.

Datei-Info

Experten-Ebene

Diese Funktion liefert Ihnen geballte Informationen über die markierten Dateien (s. Bild 2-13).

Bild 2-13 Dateiinformationen

Wählen Sie die Dateien aus, und rufen Sie DATEI-INFO auf. PCShell informiert Sie über

- den Dateinamen,
- die Namenserweiterung,
- das Verzeichnis, in dem sich die Datei befindet,
- die Attribute,
- das Datum und die Zeit des letzten Zugriffs,
- die Größe,
- die Anzahl der belegten Cluster,
- den Anfangscluster.

Mit dem NÄCHSTES gehen Sie zur nächsten markierten Datei über. Die Funktion wird mit BEENDEN verlassen.

Schnellbetrachter

Alle Ebenen

Mit dem Dateibetrachter, einer neu hinzugekommenen Funktion von PCShell, können Sie bei der Arbeit mit PCShell eine Menge Zeit sparen: Wenn Sie sich nämlich mitten in der Arbeit eine Datei eines Programmpaketes anschauen wollen, müssen Sie nicht PCShell verlassen, sondern können sich die Datei mit Hilfe von BETRACHTEN aus dem Optionen-Menü oder dem SCHNELLBETRACHTER direkt von PCShell aus ansehen.

Der Unterschied zwischen beiden ist, daß bei BETRACHTEN nur ein Teil des Bildschirms in Anspruch genommen wird, während SCHNELLBETRACHTER den ganzen Bildschirm ausnützt. Bei BETRACHTEN können Sie deshalb auch die anderen Befehle zusammen mit dem Schnellbetrachter anwenden, wenn Sie zuvor in das Datei-Fenster oder das Verzeichnis-Fenster wechseln.

Bei folgenden Programmen kann der Schnellbetrachter angewendet werden:

Textverarbeitungen:	Notizblock von DESKTOP, WordStar, WordStar 2000, WordPerfect, Word, DisplayWrite MultiMate, Works,XyWrite.

Außerdem können mit BETRACHTEN "Write-Dateien" von Microsoft Windows gelesen werden.

Datenbanken: dBASE, Paradox, FoxBASE, R:BASE, Clipper, dBXL,Works.

Tabellenkalkualtion: Lotus 123, Symphony, Excel, Quattro, Mosaic Twin, Words and Figures, Multiplan, VP Planner Plus, Works

Der Schnellbetrachter kann zusätzlich noch folgende Dateien verarbeiten: Binärdateien, "PKZIP"-Dateien, "LHARC"-Dateien und Dateien mit den Endungen ".ARC", ".PCX", ".PAK", ".ZOO".

Wählen Sie vor dem Aufruf die gewünschten Dateien aus oder lassen Sie diese mit DATEI SUCHEN suchen. Wenn Sie eine Darstellung der Datei wünschen, die vom gesamten Bildschirm Gebrauch macht, wählen Sie den SCHNELLBETRACHTER, ansonsten rufen Sie BETRACHTEN aus dem Optionen-Menü auf.

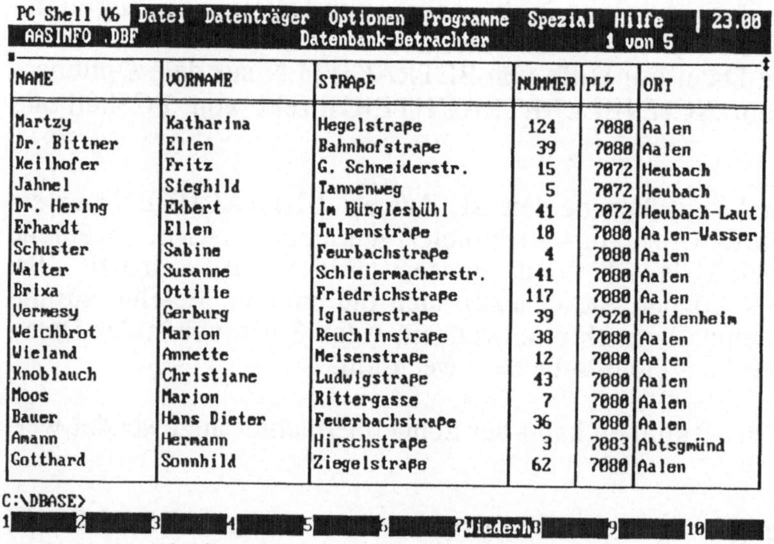

PC Shell V6 Datei Datenträger Optionen Programme Spezial Hilfe | 23.08
AASINFO .DBF Datenbank-Betrachter 1 von 5

NAME	VORNAME	STRAßE	NUMMER	PLZ	ORT
Martzy	Katharina	Hegelstraße	124	7080	Aalen
Dr. Bittner	Ellen	Bahnhofstraße	39	7080	Aalen
Keilhofer	Fritz	G. Schneiderstr.	15	7072	Heubach
Jahnel	Sieghild	Tannenweg	5	7072	Heubach
Dr. Hering	Ekbert	Im Bürglesbühl	41	7072	Heubach-Laut
Erhardt	Ellen	Tulpenstraße	10	7080	Aalen-Wasser
Schuster	Sabine	Feurbachstraße	4	7080	Aalen
Walter	Susanne	Schleiermacherstr.	41	7080	Aalen
Brixa	Ottilie	Friedrichstraße	117	7080	Aalen
Vermesy	Gerburg	Iglauerstraße	39	7920	Heidenheim
Weichbrot	Marion	Reuchlinstraße	38	7080	Aalen
Wieland	Annette	Meisenstraße	12	7080	Aalen
Knoblauch	Christiane	Ludwigstraße	43	7080	Aalen
Moos	Marion	Rittergasse	7	7080	Aalen
Bauer	Hans Dieter	Feuerbachstraße	36	7080	Aalen
Amann	Hermann	Hirschstraße	3	7083	Abtsgmünd
Gotthard	Sonnhild	Ziegelstraße	62	7080	Aalen

C:\DBASE>
1 2 3 4 5 6 7Wiederh 8 9 10

Bild 2-14 Der Betrachter zeigt den Dateiinhalt

Nach dem Aufruf von SCHNELLBETRACHTER wird die markierte Datei auf dem Bildschirm im Orginalformat dargestellt (s. Bild 2-14). Wenn eine Datei mit der Endung ".COM", ".EXE", ".OBJ", ".BIN" oder".SYS" geladen wird, wird automatisch der Standardbetrachter aufgerufen. Alle Befehle in den Menüs stehen Ihnen weiterhin zur Verfügung. In der Meldungszeile befinden sich die neuen Belegungen der Funktionstasten. An die alten Belegungen der Funktionstasten gelangen Sie, wenn Sie bei gedrückter <Alt>-Taste die gewünschte Funktionstaste drücken.

Die nur für den Betrachter gültigen Befehle befinden sich in der Meldungszeile und können mit den Funktionstasten aufgerufen werden. Unabhängig von der Art des Programmes, dessen Dateien angezeigt werden, gelten folgende Funktionstasten:

<F4> = Starten
Falls Sie an der Datei Veränderungen vornehmen oder von den Befehlen des zugehörigen Programmes Gebrauch machen wollen, die in PCShell nicht zur Verfügung stehen, können Sie mit <F4> die Programmdatei laden lassen. Sie wird dann aufgerufen, und die Datei wird automatisch eingeladen. Wenn sich das Programmpaket nicht im Programm-Menü befindet, sollten Sie nochmals PCSetup laufen lassen, um es in die Liste aufzunehmen.

<F7> = Suchen
Mit dieser Funktionstaste können Sie den Betrachter nach einer Zeichenkette suchen lassen. Wenn Sie stattdessen lieber nach Daten, der Dateigröße usw. suchen wollen, müssen Sie auf DATEI SUCHEN zurückgreifen.

Nach dem Aufruf müssen Sie immer die Zeichenkette eingeben, nach der gesucht werden soll. Die einzige Ausnahme ist der Binär-Betrachter. Dort müssen Sie die zu suchende Stelle im Hexadezimalformat eingeben oder mit <F9> in den ASCII-Modus umschalten und dann die Zeichenkette eingeben. Wenn die Funktion die gewünschte Textstelle findet, wird diese farblich hervorgehoben. Um weiterzusuchen, müssen Sie <F7> drücken.

<F8> = Zoom bzw. UnZoom
Diese Funktion dehnt das Betrachterfenster auf den gesamten Bildschirm aus oder macht diesen Schritt rückgängig. Es wechselt also gewissermassen zwischen dem SCHNELLBETRACHTER und BETRACHTEN hin und her. Je nachdem, welches von beiden Sie aufgerufen haben, wird die Darstellung der Datei entweder vergrößert oder verkleinert. Ein erneutes Drücken von <F8> bringt Sie wieder zur ursprünglichen Darstellungsform zurück.

<F9> = NächstD
Mit dieser Funktion können Sie sich die nächste markierte Datei anzeigen lassen. Wenn Sie keine weitere Datei markiert haben, wird einfach die in der Liste folgende angezeigt. Wenn Sie sich bereits an der letzten Stelle in der Liste befinden, bleibt <F9> ohne Wirkung.

Nun folgt eine Liste der speziellen Befehle der verschiedenen Betrachter. Diese Befehle stehen dem Standardbetrachter nicht zur Verfügung und erfüllen spezielle Aufgaben, die sich je nach Art des Programmes unterscheiden.

Der Tabellenkalkulations-Betrachter

<F2> = Info
Diese Funktion informiert Sie über folgende Daten der Datei:

- Name,
- Datum der letzten Änderung,
- Anzahl der Zeilen und Spalten.

<F5> = Springen
Mit SPRINGEN gelangen Sie direkt zu einer bestimmten Zelle der geladenen Tabelle. Geben Sie nach dem Aufruf die Adresse der Zelle an.

Der Datenbank-Betrachter

<F2> = Info
Diese Funktion informiert Sie über folgende Daten der Datei:

- Name,
- Datum der letzen Änderung,
- Vorsatzgröße,
- Datensatzgröße,
- Feldnamen, deren Typen und Größe.

<F5> = Springen
Nach Eingabe einer Datensatznummer springt diese Funktion direkt zum entsprechenden Datensatz.

<F6> = Modus
Diese Funktion wechselt zwischen zwei Darstellungsformen hin und her: der satzweisen Anzeige oder der Anzeige in Tabellenform, in der immer mehrere Datensätze gleichzeitig sichtbar sind, allerdings nur ganz selten auch alle Datenfelder. Normalerweise befindet sich das Programm im an zweiter Stelle gemannten Modus.

Der R:BASE-Betrachter

<F2> = Tabellen
Diese Funktion listet die Namen aller Tabellen der Datei sowie die Anzahl der Reihen und Spalten auf. Wenn Sie nochmals <F2> drükken, informiert die Funktion Sie über die Namen, Typen und Längen der Datenfelder der aktuellen Tabelle. Außerdem wird das kalkulierte Schlüsselfeld angezeigt.

<Shift>+<F2> = Attribute
Gibt die Anzahl der Reihen und Spalten der gerade ausgewählten Tabelle an.

<Shift>+<F4> = Info
Liefert folgende Informationen über die aktuelle Datei:

- Name,
- Datum der letzten Änderung,
- Anzahl der Tabellen,
- Art der Datums- und Zeitangaben,
- Dateigrößen.

<F5> = Springen
Nach Eingabe einer Reihennummer springt die Funktion automatisch zu dieser Reihe in der Datei.

<F6> = Modus
Diese Funktion wechselt, wie MODUS beim Datenbankbetrachter, zwischen der Darstellung in Tabellenform und der satzweisen Darstellung hin und her.

Komprimierte Dateien

Für komprimierte Dateien mit den Endungen ".ARC", ".LZH", ".PAK", ".ZIP" und ".ZOO" existiert folgender Befehl:

<F2> = Info
Es werden folgende Informationen angezeigt:

```
- Name,
- Datum der letzten Änderung,
- Zahl der Dateien im Archiv,
- Ursprüngliche Größe,
- Aktuelle Größe,
- Grad der Komprimierung.
```

Programm starten

Alle Ebenen

Mit dieser Funktion können Sie von PCShell aus andere Programme starten. Wenn sich PCShell im residenten Modus befindet, ist dieser Befehl nicht ausführbar. Nachdem Sie das Fremdprogramm ausgeführt haben, gelangen Sie auf Tastendruck wieder zurück zu PCShell. Wenn Sie eine Daten-Datei laden wollen, die mit einem Programm des Programm-Menüs zusammenhängt, so wird dieses Programm automatisch gestartet. So wird beispielsweise Lotus automatisch aufgerufen, wenn Sie eine Lotus-Datei starten.

Markieren Sie die Datei, die Sie starten wollen. Rufen Sie dann PROGRAMM STARTEN auf. Nun können Sie gegebenenfalls die Startparameter für das Programm angeben. Das können beispielsweise Laufwerksangaben oder Schalter (z. B. "*/P*") sein. Mit STARTEN rufen Sie das Programm auf. Wenn Sie aus dem Options-Menü SCHNELL-STARTER aktiviert haben, werden für die PCTools 170 kB reserviert. Bei umfangreichen Programmen kann es dann zu Speicherplatzproblemen kommen.

Beenden

Alle Ebenen

Diese Funktion verläßt PCShell.

BEENDEN wird entweder durch die Funktionstaste <F3>, durch <Esc> oder im Datei-Menü aufgerufen. Durch Anwählen des BEENDEN-Feldes ist die Trennung von PCShell endgültig.

2.3 Das Datenträger-Menü

Das Datenträger-Menü enthält alle Funktionen, die sich nicht auf einzelne Dateien oder Verzeichnisse, sondern auf den gesamten Datenträger beziehen.

Diskette kopieren

Alle Ebenen

Mit diesem Befehl können Sie Disketten schnell kopieren. Der Befehl kopiert den gesamten Disketteninhalt vollständig auf die Zieldiskette. Beachten Sie bitte, daß DISKETTE KOPIEREN nur Disketten kopieren kann, die im Standard-DOS-Format formatiert sind und die über keinen Kopierschutz verfügen. Der Befehl kann ebenfalls nicht in Zusammenhang mit der Festplatte angewandt werden. Das DOS-Äquivalent ist der Befehl DISKCOPY.

Nach dem Aufruf der Funktion werden Sie aufgefordert, das Quell- und das Ziellaufwerk zu bestimmen. Wenn Sie nur ein Diskettenlaufwerk besitzen, ist es gleichzeitig Quell- und Ziellaufwerk. Da der Befehl die Zieldiskette beim Kopiervorgang automatisch formatiert, muß diese nicht formatiert sein.

Legen Sie die Disketten ein. Nun beginnt der Kopiervorgang, den die Funktion mit einer Grafik dokumentiert (s. Bild 2-15)

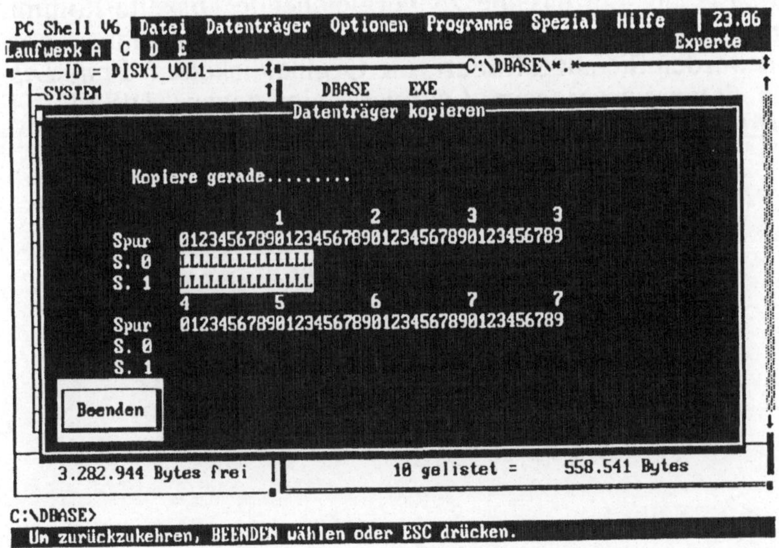

Bild 2-15 Veranschaulichung des Kopiervorgangs

Oben sind die Spuren (s. zentrale Begriffe) durchnumeriert. Darunter zeigt der Befehl für die beiden Diskettenseiten getrennt den Zustand der Spuren an. Dabei können folgende Zeichen auftreten:

```
"F": Die Spur wird formatiert.
"L": Die betreffende Spur wird gelesen.
"S": Auf die Spur wird geschrieben.
".": Die Spur wurde bereits kopiert.
"E": Die Spur ist fehlerhaft. Sie wird dennoch auf die
     Zieldiskette kopiert.
```

Disketten vergleichen

Alle Ebenen

Diese Funktion dient zum Vergleichen von Disketten auf Übereinstimmungen. Auf diesem Wege können Sie z. B. überprüfen, ob eine Sicherheitskopie genau der Orginaldiskette entspricht. Die Disketten werden nicht Datei für Datei geprüft, sondern Spur für Spur (s. zentrale Begriffe). Beide Disketten müssen dabei im gleichen Format formatiert worden sein, da sonst eine Überprüfung nicht möglich ist.

Nach dem Aufruf des Befehls müssen Sie zunächst das Laufwerk auswählen, in das die Orginaldiskette später eingelegt wird. Wählen Sie dann das Laufwerk aus, in das die zu vergleichende Diskette kommt. Wenn Sie nur ein Laufwerk besitzen, muß dieses beide Aufgaben wahrnehmen. Dann werden Sie aufgefordert, die Orginaldiskette (*"Erste Diskette"*) in das dafür vorgesehene Laufwerk einzulegen. DISKETTE VERGLEICHEN dokumentiert seine Arbeit durch eine Grafik (s. Bild 2-16).

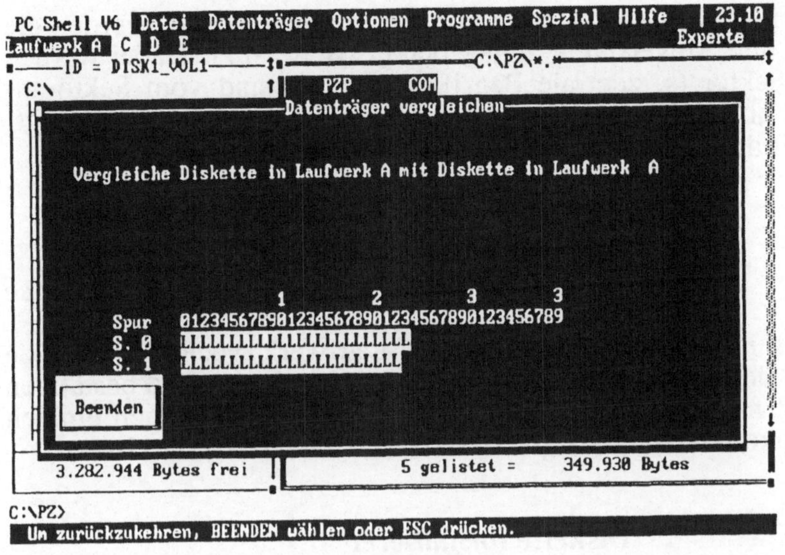

Bild 2-16 Vergleich zweier Disketten

Unter der Spurnumerierung wird getrennt über den Zustand der Seiten 0 und 1 der Diskette berichtet. Dabei können folgende Zeichen auftreten:

"L": Die Spur wird gelesen.
"V": Die Spur wird verglichen.
".": Die betreffenden Spuren stimmen überein.

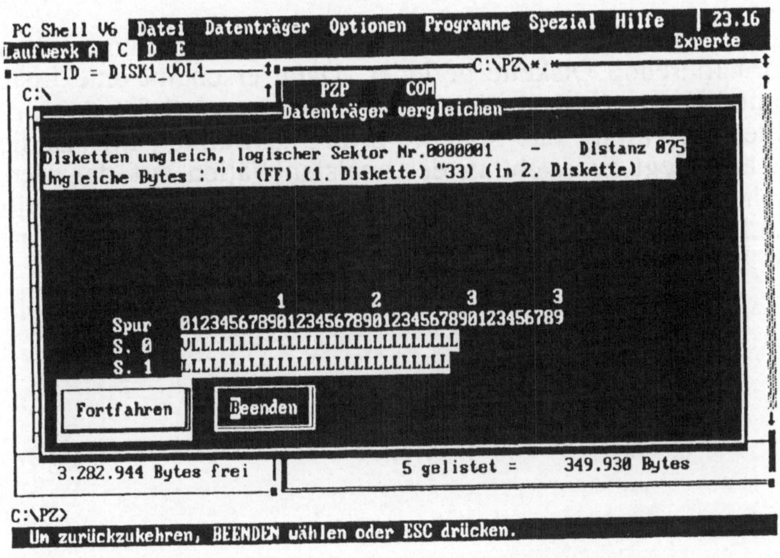

Bild 2-17 Abweichungen von der Originaldiskette

Findet der Befehl eine Abweichung von der Orginaldiskette, werden die genaue Stelle und Abweichung angegeben (s. Bild 2-17). Dabei werden der logische Sektor (s. zentrale Begriffe), der Abstand vom Sektoranfang und das abweichende Byte aufgelistet. Des weiteren wird gezeigt, welchen Inhalt dieses Byte im Orginal und auf der Kopie annimmt.

Laufwerk wechseln

Alle Ebenen

Mit Hilfe dieser Funktion können Sie das Laufwerk wechseln. Wählen Sie dazu nach dem Aufruf das gewünschte Laufwerk aus, und bestätigen Sie Ihre Wahl mit <Return>. Das Laufwerk können Sie auch einfach mit der Tastenkombination <Ctrl> +Laufwerksbuchstabe wechseln.

Diskette formatieren

Alle Ebenen

Der Befehl bietet Ihnen die Möglichkeit, Ihre Disketten komfortabel und unabhängig von MS-DOS zu formatieren. Für Festplatten ist dieser Befehl nicht anwendbar. Die Disketten werden im MS-DOS-Format formatiert. Wenn Sie das PCTools-eigene Format verwenden wollen, das es unter anderem möglich macht, Daten von versehentlich formatierten Disketten zu restaurieren, sollten Sie das Programm PC FORMAT aus dem Programm-Menü verwenden.

Nach dem Aufruf müssen Sie zunächst das Laufwerk auswählen, in dem sich die zu formatierende Diskette befindet. Dann erscheint eine Liste aller Formate und Diskettenkapazitäten, die mit diesem Laufwerk möglich sind. Achten Sie darauf, daß Sie ein Format auswählen, für das die Diskette auch ausgelegt ist (steht in den meisten Fällen auf der Verpackung). Nachdem Sie die gewünschte Diskettenkapaziatät ausgewählt haben, beginnt PC SHELL mit der Formatierung, die durch eine kleine Grafik (s. Bild 2-18) veranschaulicht wird.

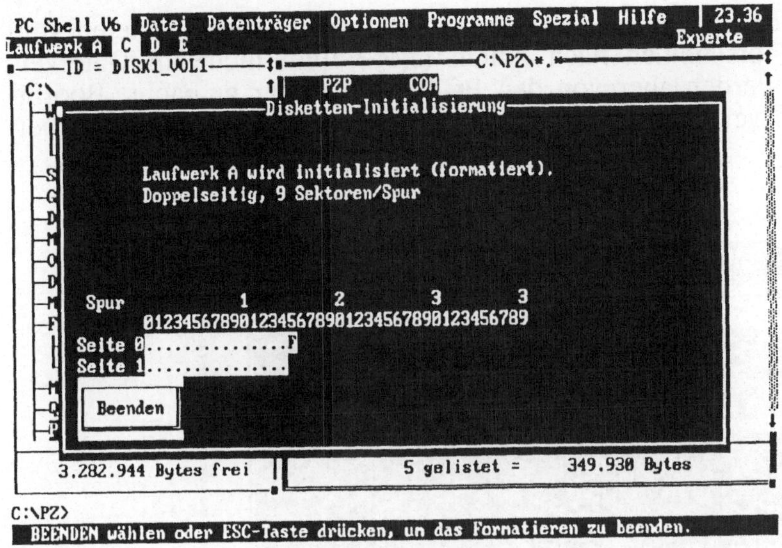

Bild 2-18 Schaubild der Formatierung

Unter der Nummerierung der Spuren wird, getrennt für die Seiten 0 und 1 der Diskette, der Formatiervorgang dokumentiert. Dabei können folgende Zeichen auftreten:

```
"F": Die Spur wird gerade formatiert.
"V": Die Spur wird auf Fehler überprüft.
"E": Die Spur ist fehlerhaft.
".": Die Spur wurde erfolgreich formatiert.
```

DISKETTE FORMATIEREN sperrt fehlerhafte Spuren, damit auf ihnen keine Daten mehr gespeichert werden können; denn diese Daten wären (zumindest zum Teil) verloren.

Nachdem die Diskette formatiert wurde, können Sie ihr einen Namen geben. Wenn die Diskette namenlos bleiben soll, drücken Sie einfach <RETURN>. Dann fragt Sie der Befehl, ob die Diskette zu einer Systemdiskette gemacht werden soll. Das bedeutet, daß Sie diese Diskette beim Start Ihres Rechners einlegen können und er von dieser das Betriebssystem lädt.

Allerdings müssen Sie, um die Diskette wirklich bootfähig zu machen, SYSTEMDISKETTE ERSTELLEN aufrufen. Benutzer anderer Betriebssysteme als MS-DOS müssen die Dateien IBMBIO.COM und

IBMDOS.COM wieder von der Diskette löschen. Diese Dateien sind versteckt und erscheinen nach einem DIR-Befehl nicht im Dateiverzeichnis. Sie werden aber von den PCTools sichtbar gemacht. Bootfähige Disketten verfügen über weniger Speicherplatz als normale Disketten.

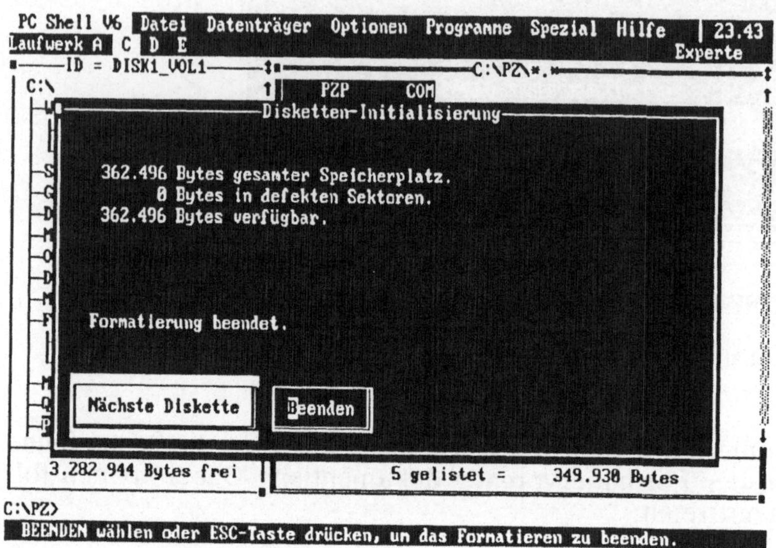

Bild 2-19 Informationen nach Ende der Formatierung

PCShell zeigt nun die Diskettenkapazität an, wieviel Bytes davon von versteckten Dateien belegt werden, welcher Anteil in defekten Sektoren liegt und wieviel Platz dem Benutzer nach Abzug aller dieser Faktoren dann tatsächlich noch zur Verfügung steht. Mit NÄCHSTE DISKETTE können Sie die nächste Diskette bearbeiten und mit BEENDEN die Funktion abbrechen.

Systemdiskette erstellen

Alle Ebenen

SYSTEMDISKETTE ERSTELLEN dient dazu, formatierte Disketten bootfähig zu machen, was bedeutet, daß Sie diese Disketten beim Systemstart einlegen können. Der Rechner lädt dann das Betriebssystem von der Diskette.

Wählen Sie zunächst das Laufwerk aus, in dem sich die Diskette befindet. Dann müssen Sie mit SYSTEM bestätigen, daß Sie diese Diskette wirklich mit PCShell bearbeiten wollen. Wenn Sie eine Diskette bootfähig machen wollen, auf der sich bereits Dateien befinden, ist es gut möglich, daß eine Fehlermeldung erscheint. Das ist dann der Fall, wenn der Platz, der auf solchen Disketten für den Systembereich reserviert ist, bereits von anderen Dateien belegt wird. Nun überträgt der Befehl die Systemdateien auf die Zieldiskette.

Verzeichniswartung

Alle Ebenen

VERZEICHNISWARTUNG gibt Ihnen alle Möglichkeiten, Verzeichnisse anzulegen, zu löschen, umzubenennen, die Attribute zu ändern und sogar mit anderen Verzeichnissen zu vereinen. Allerdings stehen nicht in allen Benutzerebenen alle Befehle zur Verfügung.

Nach dem Aufruf können Sie aus einem Menü folgende fünf Menüpunkte aufrufen, wenn Sie sich in der Expertenebene befinden:

- Unterverzeichnis hinzufügen

Alle Ebenen

Hiermit können Sie ein neues Verzeichnis anlegen. Wählen Sie zunächst mit den Cursortasten oder der Maus das übergeordnete Verzeichnis, an das das neue angehängt werden soll. Geben Sie sodann den Verzeichnisnamen an.

- Unterverzeichnis umbenennen

Fortgeschrittenen-Ebene,
Experten-Ebene

Namensänderung eines bestehenden Verzeichnisses. Wählen Sie wieder das Verzeichnis aus, und geben Sie den neuen Namen ein.

- Unterverzeichnis löschen

Fortgeschrittenen-Ebene,
Experten-Ebene

Löschen eines Verzeichnisses. Bitte beachten Sie, daß nur leere Verzeichnisse gelöscht werden können. Um also ein Verzeichnis mit Dateiinhalt gänzlich zu entfernen, müssen Sie erst alle Dateien dieses Verzeichnisses entfernen.

Wählen Sie erst dann das zu löschende Verzeichnis aus. Sie müssen dann noch einmal bestätigen, daß Sie dieses Verzeichnis wirklich löschen wollen. Achtung! Sie können das Verzeichnis nicht löschen, wenn Sie sich gerade dort befinden. In einem solchen Falle müssen Sie erst in ein anderes Verzeichnis überwechseln.

- Unterverzeichnis verlagern

Experten-Ebene

Mit diesem Menüpunkt können Sie Verzeichnisse von ihrem alten Standort ablösen und mitsamt allen Dateien an eine andere Stelle im Verzeichnisbaum "verpflanzen".

Markieren Sie nach dem Aufruf das Verzeichnis, das verlagert werden soll, und bestätigen Sie dann, daß Sie das richtige Verzeichnis ausgewählt haben. Als nächstes müssen Sie das Verzeichnis auswählen, an das das abgelöste Verzeichnis angehängt werden soll. Zum Schluß müssen Sie noch einmal bestätigen, daß Sie die richtigen Verzeichnisse markiert haben. Die Veränderung wird sofort im Verzeichnisbaum dargestellt.

- Attribute ändern

Experten-Ebene

Da Verzeichnisse im Grunde genommen nichts anderes sind als Dateien mit besonderen Eigenschaften, können Sie natürlich ebenso bei Verzeichnissen die Attribute verändern.

Entscheiden Sie sich nach dem Aufruf für das Verzeichnis, dessen Attribute umgeändert werden sollen und bestätigen Sie Ihre Wahl. Setzen oder löschen Sie dann im erscheinenden Fenster die Attribute "*Nur-Lesen*", "*Versteckt*", "*System*" und "*Archiv*". Wenn Attribute zu Ihrer Zufriedenheit gesetzt sind, sichern Sie die neue Einstellung mit SPEICHERN.

"*Nur-Lesen*" ist beispielsweise sinnvoll, wenn Sie die Dateien des Verzeichnisses vor versehentlicher Beschädigung schützen wollen oder einen Kopierschutz errichten wollen. Mit Versteckt und System können Sie ganze Verzeichnisse samt Dateien vor dem DOS-Befehl DIR unsichtbar machen. PCShell listet diese Verzeichnisse dennoch auf. Das Archiv-Attribut ist normalerweise kaum von Nutzen für Sie und sollte deshalb nicht verändert werden.

Hex/ASCII suchen

Fortgeschrittenen-Ebene
Experten-Ebene

Mit HEX/ASCII SUCHEN können Sie ganze Disketten oder die Festplatte (mit gelöschten Dateien) nach beliebigen Zeichenfolgen durchsuchen. Das ist beispielsweise dann von Bedeutung, wenn Sie nicht mehr wissen, unter welchem Namen Sie eine für Ihre Arbeit wichtige Textdatei abgespeichert haben.

Geben Sie nach dem Aufruf die zu suchende Zeichenkette ein. Die maximale Länge beträgt 32 Buchstaben, wobei nicht zwischen Groß- und Kleinschreibung unterschieden wird. Wenn Sie den Suchtext im Hex-Code eingeben wollen, müssen Sie zuvor mit <F9> den Eingabemodus wechseln. Nun wird auch auf Groß- und Kleinschreibung geachtet. Während des Suchvorgangs dokumentiert die Funktion die Vorgänge mit folgendem Schaubild:

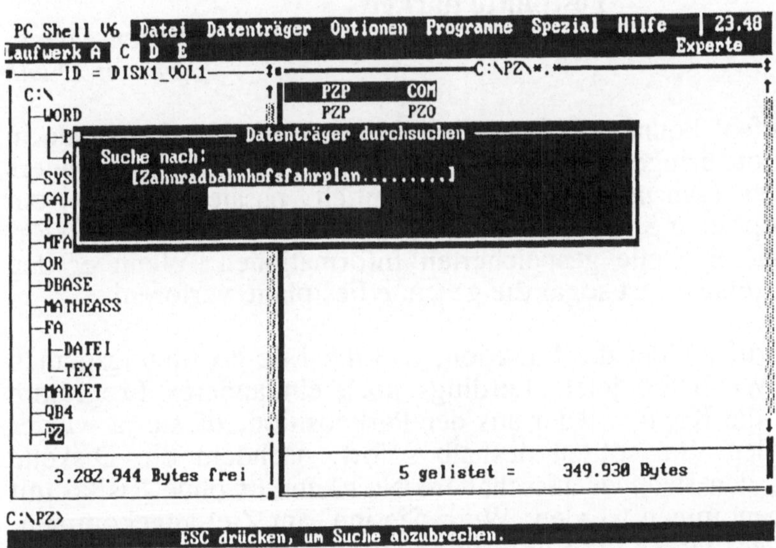

Bild 2-20 Suche nach einer Textstelle

Wenn eine Fundstelle ausgemacht wurde, können Sie

- Mit <F7> die Suche fortführen;
- Sich mit <F8> den Namen der Datei ausgeben lassen, in der die Textstelle gefunden wurde;
- mit Hilfe von <F9> den Fundort einer genaueren Untersuchung unterziehen. Diese Funktion entspricht HEX-EDIT aus dem Dateimenü.

Datenträger umbenennen

Fortgeschrittenen-Ebene
Experten-Ebene

Dieser Befehl ermöglicht es Ihnen, den Namen einer Diskette oder Ihrer Festplatte zu verändern. Geben Sie den neuen Namen ein und drücken Sie <RETURN>. Er wird dann gespeichert.

Festplatte parken

Fortgeschrittenen-Ebene,
Experten-Ebene

Mit diesem Befehl können Sie die Schreib/Leseköpfe der Festplatte in eine Parkposition bringen. Dies ist für den Transport Ihres Rechners wichtig. Beim Transport kann es nämlich passieren, daß ein Schreib/Lesekopf eine Speicherplatte der Harddisk beruhert. Er zerstört dann die an dieser Stelle gespeicherten Informationen. Wenn er den Systembereich zerstört, ist sogar die gesamte Festplatte verloren!

Nach dem Aufruf meldet die Funktion, daß die Köpfe ordnungsgemäß geparkt sind. Wenn Sie jetzt allerdings noch ein anderes Programm starten, fahren die Köpfe wieder aus der Parkposition, da sie ja wieder gebraucht werden. Sie sollten deshalb sofort, nachdem die Diskette geparkt wurde, den Rechner ausschalten. Nun kann er ohne Risiko mit auf die Reise genommen werden. Wenn Sie ihn, am Ziel angekommen, wieder anschalten, fahren die Köpfe automatisch aus der Parkposition.

Datenträger prüfen

Fortgeschrittenen-Ebene,
Experten-Ebene

Mit diesem Befehl können Sie eine Diskette oder Festplatte auf Fehlerhaftigkeit untersuchen lassen.

Die Funktion informiert Sie darüber, welche Sektoren untersucht werden. Wenn DATENTRÄGER PRÜFEN einen defekten Sektor findet, gibt es seine Nummer an. Zusätzlich erfahren Sie, von welcher Datei der Sektor belegt ist. Sollte der Sektor im Systembereich liegen oder noch unbenutzt sein, werden Sie auch darüber informiert. Der defekte Sektor wird von dem Befehl als fehlerhaft markiert. Auf ihm werden dann keine Dateien gespeichert, so daß er keinen Schaden mehr anrichten kann.

Wenn der Fehler in einer Datei auftritt, sollten Sie den Menüpunkt OBERFLÄCHENANALYSE des Programms COMPRESS aus dem Optionen-Menü aufrufen, und versuchen, die lesbaren Teile des Sektors an anderer Stelle neu zu speichern. Auf diese Weise bleibt wenigstens ein Teil der Informationen erhalten. Mit DATENTRÄGER EDITIEREN können Sie dann die zerstörten Daten neu eingeben.

Information

Experten-Ebene

INFORMATION gibt Ihnen vielfältige technische Auskünfte über den Aufbau einer Diskette oder der Festplatte. Sollten Ihnen einzelne Fachausdrücke wieder entfallen sein, können in Sie diese in den zentralen Begriffen nachschlagen.

Bild 2-21 Technische Informationen des Datenträgers

Wählen Sie vor dem Aufruf mit <Ctrl>+Laufwerksbuchstabe das gewünschte Laufwerk aus. Wenn Sie Informationen über eine Diskette wünschen, sollte diese vor dem Aufruf des Befehls ebenfalls eingelegt sein. Der Befehl informiert nun über den Aufbau des Datenträgers (s. Bild 2-21):

Datenträger editieren

Experten-Ebene

Mit diesem kleinen Diskettenmonitor können Sie Sektoren auf der ganzen Diskette untersuchen und editieren. Der Unterschied zu HEX-EDIT aus dem Datei-Menü ist, daß Sie nun keine Dateien mehr auswählen, sondern direkt Sektoren ansteuern.

Der Befehl stellt immer 256 Bytes auf dem Bildschirm gleichzeitig dar, was in den meisten Fällen einem halben Sektor entspricht. Sie können die angezeigten Werte nach Belieben verändern. Sie sollten allerdings immer wissen, welche Werte Sie gerade manipulieren; denn ein unüberlegtes Ändern der Zeichen könnte Programme fehlerhaft machen. Im Extremfall sind sie dann nicht mehr lauffähig.

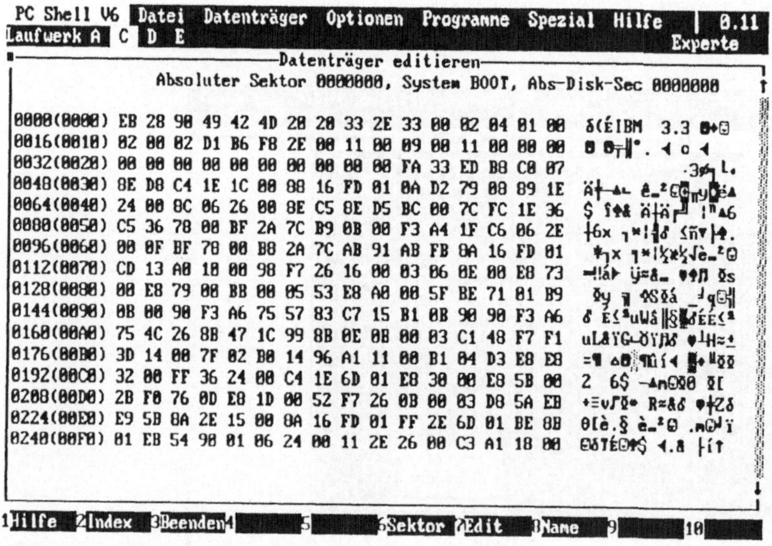

```
PC Shell V6  Datei  Datenträger  Optionen  Programme  Spezial  Hilfe  |  0.11
Laufwerk A  C  D  E                                                  Experte
-----------------------------Datenträger editieren-----------------------------
           Absoluter Sektor 0000000, System BOOT, Abs-Disk-Sec 0000000

0000(0000) EB 28 90 49 42 4D 20 20 33 2E 33 00 02 04 01 00   δ(ÉIBM  3.3
0016(0010) 02 00 02 D1 B6 F8 2E 00 11 00 09 00 11 00 00 00
0032(0020) 00 00 00 00 00 00 00 00 00 00 FA 33 ED B8 C0 07
0048(0030) 8E D8 C4 1E 1C 00 88 16 FD 01 0A D2 79 08 89 1E
0064(0040) 24 00 8C 06 26 00 8E C5 8E D5 BC 00 7C FC 1E 36
0080(0050) C5 36 78 00 BF 2A 7C B9 0B 00 F3 A4 1F C6 06 2E
0096(0060) 00 0F BF 78 00 B8 2A 7C AB 91 AB FB 8A 16 FD 01
0112(0070) CD 13 A0 18 00 98 F7 26 16 00 03 06 0E 00 E8 73
0128(0080) 00 E8 79 00 BB 00 05 53 E8 A0 00 5F BE 71 01 B9
0144(0090) 0B 00 90 F3 A6 75 57 83 C7 15 B1 0B 90 90 F3 A6
0160(00A0) 75 4C 26 8B 47 1C 99 8B 0E 0B 00 03 C1 48 F7 F1
0176(00B0) 3D 14 00 7F 02 B0 14 96 A1 11 00 B1 04 D3 E8 E8
0192(00C0) 32 00 FF 36 24 00 C4 1E 6D 01 E8 30 00 E8 5B 00
0208(00D0) 2B F0 76 0D E8 1D 00 52 F7 26 0B 00 03 D8 5A EB
0224(00E0) E9 5B 8A 2E 15 00 8A 16 FD 01 FF 2E 6D 01 BE 8B
0240(00F0) 01 EB 54 90 01 06 24 00 11 2E 26 00 C3 A1 18 00

1Hilfe 2Index 3Beenden 4 5 6Sektor 7Edit 8Name 9 10
```

Bild 2-22 Editieren eines Datenträgers

Nach dem Aufruf stehen in der obersten Zeile des Arbeits-Fensters die absolute Sektornummer (s. zentrale Begriffe), die Clusternummer und die Nummer des Sektors, gerechnet vom Beginn der ersten Speicherstelle an. Der Bildschirm ist von links nach rechts in drei Bereiche geteilt (s. Bild 2-22). Im linken Bereich steht die Nummer des ersten Bytes der zugehörigen Zeile, gerechnet vom Anfang des Clusters im Dezimalsystem. In Klammern steht dahinter die entsprechende Zahl im Hexadezimal-Code. Die Bytes sind bei Null beginnend numeriert. Im mittleren Bereich stehen sechzehn Bytes im Hexadezimal-Code und im rechten ihre ASCII-Code-Äquivalente. Allerdings sind die ASCII-Äquivalente bei Programmdateien wenig sinnvoll, da sie für den Benutzer keinen Aussagewert haben.

Mit <PgDn> und <PgUp> blättern Sie in den Sektoren. Mit den Tasten <Home> und <End> springen Sie zum ersten bzw. zum letzten Sektor der Diskette oder Festplatte. Folgende Editierbefehle stehen Ihnen zur Verfügung:

<F6> = Sektor
Diese Funktionstaste ruft ein Untermenü mit sechs Menüpunkten auf:

- Startsektor
Der Befehl springt zum Boot-Sektor (s. zentrale Begriffe).

- 1. FAT-Sektor
Der Befehl steuert den ersten Sektor der Dateibelegungstabelle FAT an (s. zentrale Begriffe).

- Erster HAUPTVERZ-Sektor
Der erste Sektor des Hauptverzeichnisses wird angesprungen.

- 1. DATEN-Sektor
Der Befehl wählt den ersten Sektor des Datenbereichs aus.

- Cluster-Nr ändern
Wählt einen Cluster durch direkte Eingabe der Clusternummer aus.

- Sektor-Nr ändern
Wählt einen Sektor durch direkte Eingabe der Clusternummer aus.

<F7> = Edit

Dieser Menüpunkt versetzt Sie in die Lage, die Werte der Bytes zu verändern. Mit <Home> und <End> springt der Befehl auf das erste bzw. letzte Byte des aktuellen Sektors, mit <F8> wechselt der Cursor von der ASCII- in die HEX-Darstellung und zurück. <PgUp> und <PgDn> behalten ihre Funktion bei. Die Werte der Bytes werden durch einfaches Überschreiben geändert. Werte, die nicht in ihrem Ursprungszustand belassen wurden, sind farblich hervorgehoben. Wenn alle Änderungen nach Ihren Wünschen verlaufen sind, speichern Sie den Sektor mit <F5> ab. Wollen Sie stattdessen den Sektorinhalt doch nicht ändern, verlassen Sie den Editiermodus mit <Esc> oder <F3>.

<F8> = Name

Dieser Menüpunkt zeigt Ihnen, zu welcher Datei der aktuelle Sektor gehört. Wenn der Sektor noch dem Systembereich zugeordnet ist, informiert Sie das Programm darüber, welchen Teil dieses Bereichs Sie gerade ausgewählt haben.

2.4 Das Optionen-Menü

Das Optionen-Menü ist in zwei weitere Untermenüs unterteilt; in aas Konfigurations-Menü und das Darstellungs-Menü. Darüber hinaus stehen im Optionen-Menü noch andere Funktionen zur Verfügung. Im Konfigurations-Menü können Sie unter anderem Ihre Benutzerebene festlegen, Zeit und Datum sowie die Funktionstastenbelegung verändern. Im Darstellungsmenü nehmen Sie auf das Erscheinungsbild der PCShell direkten Einfluß.

Im folgenden werden zunächst die Funktionen beschrieben, die Sie direkt aus dem Optionen-Menü aufrufen können und danach die Funktionen der Untermenüs.

Baumstruktur

Alle Ebenen

Wenn sich in einem Verzeichnis besonders viele Dateien befinden, und Sie möglichst viele auf einmal dargestellt haben möchten, bietet es sich an, das Verzeichnisstruktur-Fenster auf der linken Seite des Bildschirms auszublenden. Dies geschieht durch den Aufruf dieser Funktion. Durch einen erneuten Aufruf wird das Fenster dann wieder eingeblendet.

Dateienliste

Alle Ebenen

Umgekehrt ist es natürlich auch möglich, das Dateilisten-Fenster auszublenden, wenn Sie nur das Verzeichnis-Fenster benötigen oder den unter dem Fenster befindlichen Bildschirminhalt sehen wollen. Mit DATEIENLISTE wird das gleichnamige Fenster ein- bzw. ausgeblendet.

Betrachten

Alle Ebenen

Wenn Sie mit BETRACHTEN das Betrachten-Fenster aktivieren, können Sie Dateien in ihrem Ursprungsformat lesen, ohne zuvor das zugehörige Programm laden zu müssen (beispielsweise ist das Lesen von Lotus 123-Dateien außerhalb von Lotus kein Problem). Nach der Aktivierung dieses Fensters wird entweder die erste markierte Datei oder die aktuelle Datei dargestellt. Gehört sie zu keinem bekannten Programm, so wird der Standard-Betrachter eingesetzt. Näheres entnehmen Sie bitte dem Abschnitt SCHNELLBETRACHTER im Datei-Menü.

Fenster darstellen

Alle Ebenen

Sie befinden sich im normalen Darstellungs-Modus, wenn Sie diese Option eingestellt haben. Schalten Sie diese Option aus, so verschwinden alle Fenster der PC Shell. Wenn Sie außerdem die DOS-Befehlszeile aktiviert haben, können Sie nun - wie zu Großvaters Zeiten - die urgemütlich umständlichen DOS-Befehle von Hand eingeben.

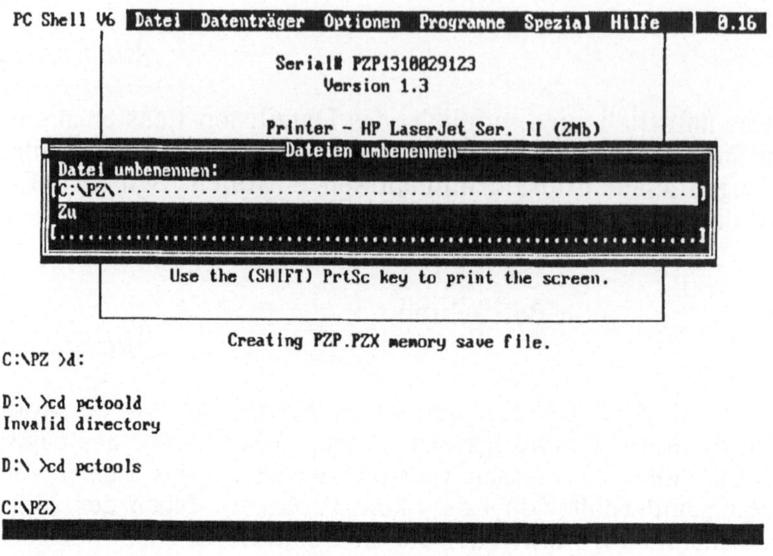

Bild 2-23 Abfrage im fensterlosen Modus

Glücklicherweise stehen jedoch die PCShell-Menüs und Funktionstasten weiterhin zur Verfügung. Um die Menüs zu aktivieren, müssen Sie entweder die oberste Zeile mit der Maus anklicken, <F10> oder die <Alt>-Taste drücken. Bei einigen Funktionen, die Zusatzinformationen verlangen, müssen Sie anschließend mit Hilfe eines Zusatzfensters (s. Bild 2-23) die gewünschten Daten eingeben. Wenn Sie genügend Nostalgie geschnuppert haben, blenden Sie alle PCShell-Fenster durch nochmaligen Aufruf dieser Funktion wieder ein.

Fenster einstellen

Alle Ebenen

Diese Funktion dient zum Einstellen der Größe und Position der Fenster auf dem Bildschirm.

Schalten Sie vor dem Aufruf mit der Tab-Taste in das Fenster um, dessen Größe oder Position Sie verändern wollen. Rufen Sie dann erst FENSTER EINSTELLEN auf. PCShell öffnet umgehend ein kleines Fenster, mit dessen Hilfe Sie entscheiden können, ob Sie die Größe oder die Position des Fensters neu bestimmen wollen.

Bei der Veränderung der Fenstergröße bleibt die obere linke Ecke immer an ihrem Platz, während Sie mit den Cursortasten die rechte untere Ecke verschieben und so auf die Fenster-Größe und -Form Einfluß nehmen. Sind Sie mit den neuen Maßen des Fensters zufrieden, so drücken Sie <RETURN>.

Bei der Änderung der Position des Fensters verschieben Sie das gesamte Fenster mit den Cursortasten. Wenn mit der neuen Lage zufrieden sind, drücken Sie ebenfalls <RETURN>.

Für Mausbenutzer bietet sich eine weitaus komfortablere und schnellere Möglichkeit an, Fenstergrößen zu verändern bzw. ganze Fenster umzustellen: Zur Positionsänderung klicken Sie einfach die oberste Zeile des Fensters an (aber nicht das Schließfeld in der linken oberen Ecke!) und ziehen bei gedrückter Maustaste das Fenster über den Bildschirm zu seinem neuen Standort. Lassen Sie dann die Maustaste los. Bei einer Größenänderung müssen Sie die rechte untere Ecke anklicken und bei gedrückter Maustaste verschieben, bis Sie mit den neuen Ausmaßen zufrieden sind und die Taste loslassen können.

Aktives Fenster zoomen

Alle Ebenen

Alle Fenster von PCShell können mit dieser Funktion auf den gesamten Bildschirm ausgedehnt werden. Das erhöht natürlich die Übersichtlichkeit und Informationsfülle erheblich. Dafür sind aber die anderen Fenster nicht mehr sichtbar.

In einem gezoomten Dateibetrachter-Fenster ersetzen neue, extra auf den Betrachter zugeschnittene, Befehle die alten Funktionstastenbelegungen. Diese Befehle sind unter SCHNELLBETRACHTER im Datei-Menü erklärt. Mit <F8> bekommt das Fenster wieder seine ursprüngliche Größe. Die anderen PCShell-Funktionstasten-Belegungen werden nach Drücken der <Alt>-Taste wieder sichtbar und können dann wie gewohnt angewendet werden.

Baumstruktur neu lesen

Alle Ebenen

PCShell ist nicht immer in der Lage, Änderungen an den Unterverzeichnissen oder an Dateien zu bemerken. Das kann beispielsweise der Fall sein, wenn zuvor COMPRESS aufgerufen wurde oder Sie gerade mit HEX-EDIT eine Datei editiert haben. Um die Baumstruktur dann auf den neuesten Stand zu bringen, müssen Sie diese Funktion aufrufen.

Konfiguration speichern

Alle Ebenen

Nach Aufruf von KONFIGURATION SPEICHERN werden alle Veränderungen, die an PCShell vorgenommen wurden, gespeichert. Damit stehen sie beim nächsten Aufruf von Anfang an zur Verfügung stehen. Das umfaßt dauerhafte Änderungen der Konfiguration und Darstellung mit Hilfe des Optionen-Menüs und das Hinzufügen von neuen Programmen im Programm-Menü. Dazu gehört beispielsweise die Anordnung und Größe der PCShell-Fenster. Die Einstellungen werden in der Datei PCSHELL.CFG gesichert.

Schnellstart

Alle Ebenen

Mit diesem Befehl wird festgelegt, ob bei einem Programmstart aus PCShell heraus (entweder aus dem Programm-Menü oder PROGRAMM STARTEN aus dem Datei-Menü) PCShell aus dem Speicher entfernt wird oder nicht. Wenn SCHNELLSTART aktiviert ist, erscheint im Optionen-Menü ein Haken vor dem Befehl.

Wenn das Programm entfernt wird (SCHNELLSTART aus), steht dem aufgerufenen Programm der volle Arbeitsspeicher zur Verfügung. Ansonsten reserviert sich PCShell 170 kB des Arbeitsspeichers. Der automatische Aufruf von PCShell geht dann schneller vor sich. Bei "speicherplatzfressenden" und umfangreichen Programmen kann es zu Speicherplatzproblemen kommen.

Achtung! Wenn PCShell im residenten Modus arbeitet, kann auf SCHNELLSTART nicht zurückgegriffen werden.

2.4.1 Das Konfigurierungs-Menü

In diesem Menü finden Sie alle Funktionen, die auf die Bedienung und teilweise auch die Darstellung von PCShell eingehen. So können Sie beispielsweise die Benutzerebene bestimmen oder neue Funktionstastenbelegungen festlegen.

Benutzerebene

Alle Ebenen

Mit Hilfe dieser Funktion können Sie die Benutzerebene von PCShell festlegen. Wie Sie bereits wissen, verfügt das Programm über drei verschiedene Benutzerebenen, die sich im Funktionsumfang unterscheiden. Je nachdem, wie oft Sie PCShell benutzen und auf welche Funktionen Sie dann zurückgreifen, können Sie also hiermit den optimalen Kompromiß zwischen Übersichtlichkeit und Funktionsumfang finden.

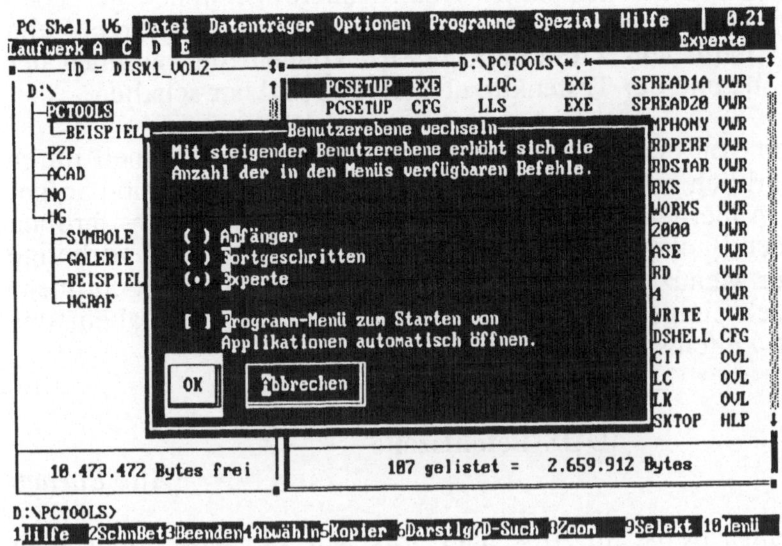

Bild 2-24 Auswahl der Benutzerebene

Wenn Sie PCShell nur dazu verwenden, andere Programme schnell und komfortabel aus dem Programm-Menü aufzurufen und auf die anderen Möglichkeiten von PCShell verzichten können (was einigermaßen unvorstellbar ist), wählen Sie den letzten Punkt des Fensters. Eine Liste aller Funktionen der verschiedenen Benutzerebenen finden Sie am Anfang des Kapitels.

Tastenkürzel

Alle Ebenen

Die Tastenkürzelzeile stellt eine Möglichkeit für erfahrene Benutzer von PCShell dar, Funktionen besonders schnell aufzurufen. Die Tastenkürzelzeile kann nur von der Expertenebene aus benutzt werden. Außerdem ist es nur möglich, entweder die DOS-Befehlszeile oder die Tastenkürzelzeile zu verwenden. Eine gleichzeitige Benutzung beider Zeilen ist also nicht möglich.

Die DOS-Befehlszeile ist in der Version 6 neu hinzugekommen und hat die Tastenkürzelzeile in der Standardeinstellung ersetzt. Benutzer, die von der Version 5.5 oder früher auf Version 6 aufsteigen, sind möglicherweise so an die Tastenkürzel gewohnt, daß sie sich nicht mehr umstellen möchten. Aus diesem Grunde sucht PCSetup nach alten Versionen der PCTools auf der Festplatte. Wenn frühere Versionen gefunden werden, wird automatisch statt der DOS-Zeile die Tastenkürzel-Zeile installiert. Mit Hilfe von TASTENKÜRZEL können Sie zwischen der DOS-Befehlszeile und der Tastenkürzel-Zeile hin und her schalten.

Befehle können von der Tastenkürzel-Zeile bequem und schnell durch Drücken des farblich hervorgehobenen Buchstabens der Funktion aufgerufen werden. Außerdem werden die Menüs durch Drücken des farblich hervorgehobenen Buchstabens in der Menüzeile geöffnet. Eine vorherige Aktivierung der Menüzeile mit <Alt> oder <F10> ist also nicht mehr notwendig. Nach einiger Einarbeitungszeit bringt dieser Eingabemodus eine erhebliche Zeiteinsparung mit sich.

DOS-Befehlszeile

Alle Ebenen

Die DOS-Befehlszeile ist für Anwender praktisch, die sich immer noch regelmässig der DOS-eigenen Befehle bedienen und dennoch die weiterführenden Möglichkeiten und die leichte Bedienbarkeit von PCShell nicht missen möchten. Mit Hilfe der DOS-Befehlszeile können Sie ganz normal DOS-Befehle eingeben, so als ob Sie sich gar nicht in PCShell befänden. Es kann immer nur entweder die DOS-Befehlszeile oder die Tastenkürzelzeile aktiviert sein. Um die DOS-Befehlszeile zu aktivieren, schalten Sie sie im Konfigurations-Menü mit <RETURN> ein.

Nach DOS warten

Alle Ebenen

Wenn die DOS-Befehlszeile aktiviert ist, wird PCShell normalerweise nicht sofort nach der Ausführung wieder erscheinen, sondern es erscheint erst eine Meldung, die Sie auffordert, eine Taste zu drücken. Nach einem beliebigen Tastendruck kehren Sie dann wieder in die gewohnte PCShell-Umgebung zurück. Wenn Sie das auf irgendeine Weise stören sollte, können Sie durch abschalten von NACH DOS WARTEN diese Regelung umgehen.

Hintergrundmuster

Alle Ebenen

Das Hintergrundmuster, das im Normalfall immer vorhanden ist, überdeckt den DOS-Bildschirm durch sein mattgraues Muster. Wenn Sie oft von der DOS-Befehlszeile Gebrauch machen oder wenn Sie per Hotkey PCShell aufrufen, und der ursprüngliche Bildschirminhalt erhalten bleiben soll, können Sie das Hintergrundmuster auch abschalten.

Betrachter-Anordnung

Alle Ebenen

Es gibt zwei grundsätzliche Arten der Fensteranordnung in PCShell: die *senkrechte* Anordnung und die *waagrechte* Anordnung. Den Unterschied können Sie nur erkennen, wenn Sie auch das Betrachter-Fenster aktiviert haben; denn bei nur zwei Fenstern gibt es keinen Unterschied zwischen beiden Darstellungsarten.

```
PC Shell V6  Datei  Datenträger  Optionen  Programme  Spezial  Hilfe  | 0.30
Laufwerk A  C  D  E                                               Experte
------------ID = DISK1_VOL2------------  ------------ Binär-Betrachter ------------
 D:\                                      4D 5A EE 01 1B 01 00 00   20 00 86 22
  ├PCTOOLS                                1E 05 00 00 01 00 06 23   1E 00 00 00
  │ └BEISPIEL                             00 00 00 00 00 00 00 00   00 00 00 00
  ├PZP                                    00 00 00 00 00 00 00 00   00 00 00 00
  ├ACAD                                   00 00 00 00 00 00 00 00   00 00 00 00
  ├NO                                     00 00 00 00 00 00 00 00   00 00 00 00
                                          00 00 00 00 00 00 00 00   00 00 00 00
      10.473.472 Bytes frei               00 00 00 00 00 00 00 00   00 00 00 00
                                          00 00 00 00 00 00 00 00   00 00 00 00
------------D:\PCTOOLS\*.*-------------   00 00 00 00 00 00 00 00   00 00 00 00
   PCSETUP   EXE     PCFORMAT COM         00 00 00 00 00 00 00 00   00 00 00 00
   PCSETUP   CFG     COMPRESS EXE         00 00 00 00 00 00 00 00   00 00 00 00
   README    TXT     COMPRESS HLP         00 00 00 00 00 00 00 00   00 00 00 00
   PC-CACHE  COM     DISKFIX  EXE         00 00 00 00 00 00 00 00   00 00 00 00
   PC-CNV1   OVL     MIRROR   COM         00 00 00 00 00 00 00 00   00 00 00 00
   PC-EXT1   OVL     REBUILD  COM         00 00 00 00 00 00 00 00   00 00 00 00
   PC-EXP1   OVL     UNDELETE EXE         00 00 00 00 00 00 00 00   00 00 00 00
                                          00 00 00 00 00 00 00 00   00 00 00 00
  107 gelistet =   2.659.912 Byte         00 00 00 00 00 00 00 00   00 00 00 00
                                          ---------------Byte offset 0000:0000--
D:\PCTOOLS>
1Hilfe 2SchnBet 3Beenden 4Abwähln 5Kopier 6Darstlg 7D-Such 8Zoom 9Selekt 10Menü
```

Bild 2-25 Senkrechte Anordnung der Fenster

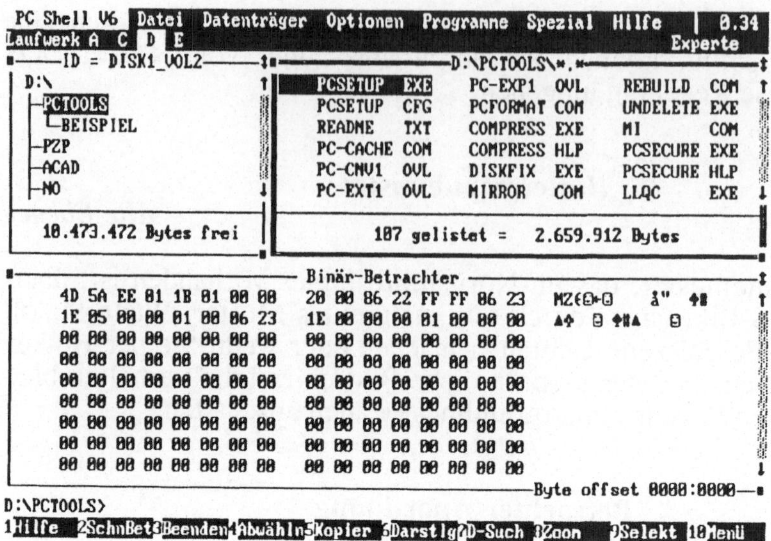

Bild 2-26 Waagrechte Anordnung der Fenster

Bild 2-25 zeigt die senkrechte Anordnung, während Bild 2-26 das Aussehen der waagrechten Anordnung dokumentiert. Sie können übrigens die Anordnung und Größe der Fenster auch unabhängig von dieser Funktion mit Hilfe von FENSTER EINSTELLEN nach Ihren Wünschen gestalten. Normalerweise ist aber eine dieser beiden zur Verfügung stehenden Anordnungen vollauf genügend. Mit KONFIGURATION SPEICHERN wird unter anderem auch die Fensteranordnung gespeichert.

Standard-Betrachter

Alle Ebenen

Der Dateibetrachter stellt für jedes bekannte Programmpaket einen eigenen Betrachter zur Verfügung, der den Möglichkeiten und Besonderheiten eines jeden Programmes angepaßt ist. Sollte es sich bei der zu betrachtenden Datei jedoch um eine Datei handeln, die keinem bekannten Programm zugeordnet werden kann, so wird automatisch der Standardbetrachter aktiviert. Dabei stehen je nach Dateinamenerweiterung folgende Betrachter zur Verfügung:

```
Text-Betrachter:    .TXT, .BAT

Binär-Betrachter:    .COM, .EXE, .BIN, .SYS
```

Dateien, die andere Namenserweiterungen tragen, können dann mit dem Standardbetrachter eingesehen werden, der in dieser Option festgelegt ist, also entweder der Text-Betrachter oder der Binär-Betrachter. Mit <RETURN> wechseln Sie zwischen den beiden Betrachtern hin und her.

Farben ändern

Alle Ebenen

Sowohl in PCShell als auch in DESKTOP haben Sie die Möglichkeit, die Hintergrundfarben, die Farben der Fenster, der Schrift usw. zu verändern. Selbstverständlich werden auch die eingestellten Farben mit KONFIGURATION SPEICHERN gesichert und bei jedem neuen Aufruf berücksichtigt.

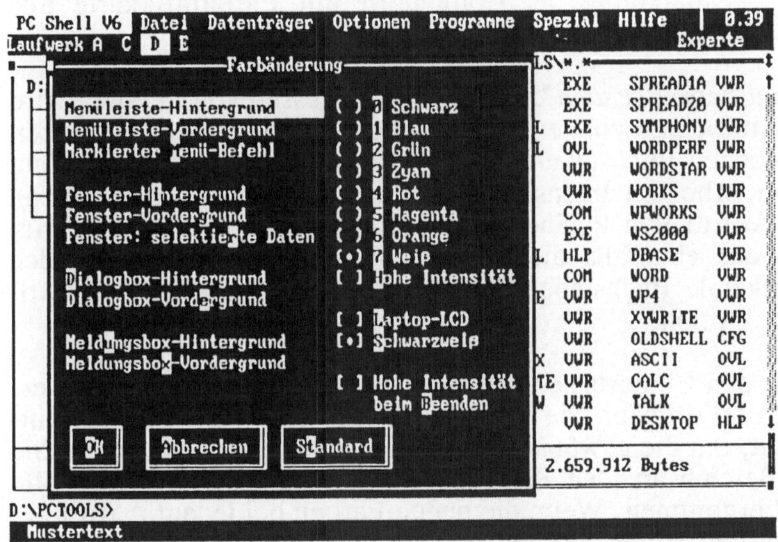

Bild 2-27 Veränderung der Farben

"Menüleiste-Hintergrund": Hintergrundfarbe der Menüleiste.

"Menüleiste-Vordergrund": Schriftfarbe der Menüleiste.

"Selektierter Menü-Befehl": Farbe der hervorgehobenen Buchstaben in den Menüs, die zum Aufruf von Funktionen verwendet werden.

"Fenster-Hintergrund": Hintergrundfarbe aller Fenster außer den Dialogboxen.

"Fenster-Vordergrund": Schriftfarbe in allen Fenstern außer den Dialogboxen.

"Fenster: Selektierte Dateien": Farbe der markierten Dateien.

"Dialogbox-Hintergrund": Hintergrundfarbe der Dialogboxen.

"Dialogbox-Vordergrund": Schriftfarbe der Dialogboxen.

"Meldungsbox-Hintergrund": Hintergrundfarbe der Meldungsboxen.

"Meldungsbox-Vordergrund": Schriftfarbe der Meldungsboxen.

"Laptop-LCD": Darstellung für Laptops mit LCD-Display.

"Schwarzweiß": Darstellung bei Computern mit Farbgrafikkarte und Monochrommonitor.

"Hohe Intensität beim Beenden": Nach dem Verlassen von PCShell wird die hohe Intensität eingeschaltet. Bei Monitoren, die größere Helligkeit bei hervorgehobenen Buchstaben darstellen können, haben Sie die Wahl zwischen dieser erhöhten Intensität und blinkenden Buchstaben. Wenn Sie nach dem Aufruf von PCShell per Hotkey wieder in ein Programm zurückkehren, das ebenfalls die höhere Intensität verwendet, werden stattdessen blinkende Buchstaben dargestellt. Wenn Sie das stört, aktivieren Sie diese Option.

Wählen Sie mit den Cursortasten den Bereich aus, dessen Farbe Sie verändern wollen und drücken Sie <RETURN>. Drücken Sie nun die entsprechende Zahl, um die gewünschte Farbe auszuwählen und steuern Sie den nächsten Bereich an, den Sie ändern wollen. Mit OK werden alle Änderungen übernommen. Wenn die neuen Farben bei jedem Aufruf berücksichtigt werden sollen, sollten Sie diese mit KONFIGURATION SPEICHERN sichern.

Zeit/Datum

Alle Ebenen

Mit dieser Funktion können Sie, wie Sie vielleicht sogar schon vermuten, die Zeit und das Datum der Systemuhr neu einstellen. Geben Sie dazu Datum und Zeit ein, schließen Sie Ihre Eingaben mit <RETURN> ab und stellen Sie die Uhr mit SETZEN neu.

Funktionstasten

Alle Ebenen

Die Standardbelegung der Funktionstasten finden Sie in der untersten Zeile, der sogenannten Meldungstaste. Dank ihr können Sie die am häufigsten benutzten Befehle mit nur einem Tastendruck aufrufen. Wenn Sie jedoch andere Funktionstasten-Belegungen wünschen, weil Sie beispielsweise ganz andere Funktionen häufig verwenden, können Sie die Belegung mit FUNKTIONSTASTEN einfach umändern.

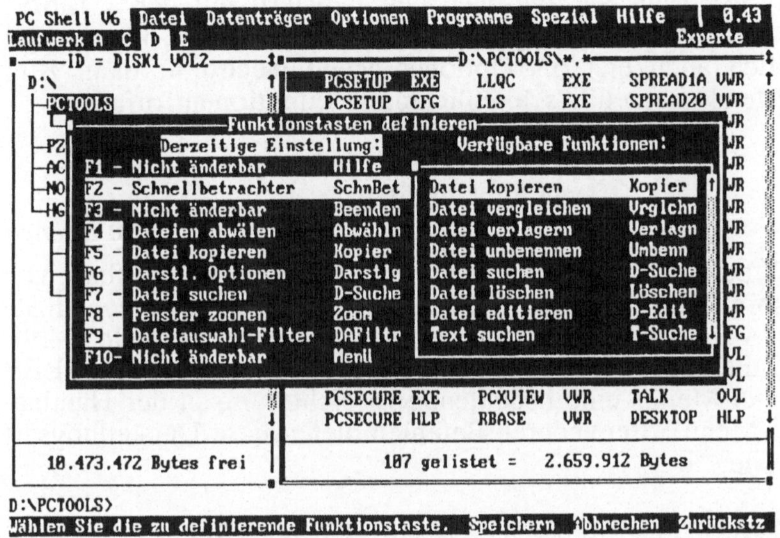

Bild 2-28 Neubelegung der Funktionstasten

Nach dem Aufruf öffnet die Funktion ein zweigeteiltes Fenster (s. Bild 2-28). Auf der linken Seite stehen die Funktionstasten 1 bis 10 mit den bisherigen Belegungen und auf der rechten Seite die Funktionen, die Ihnen zur Verfügung stehen. Mit der <Tab>-Taste springen Sie zwischen den beiden Seiten hin und her.

Wählen Sie die Funktionstaste aus, für die Sie eine neue Belegung wünschen, und drücken Sie <RETURN>. Die Funktion wechselt dann automatisch auf die rechte Seite. Entscheiden Sie sich nun für die gewünschte Funktion, und drücken Sie wieder <RETURN>. Sie können nun noch andere Funktionstasten neu belegen, mit SPEICHERN die neuen Belegungen sichern, oder mit ABBRECHEN die Funktion abbrechen, ohne die Änderungen zu übernehmen.

2.4.2 Das Darstellung-Menü

Im Darstellungs-Menü sind alle Funktionen enthalten, die auf das äußere Erscheinungsbild von PCShell eingehen. Enthalten sind beispielsweise verschiedene Darstellungsmodi oder verschiedene Darstellungs-Optionen, aus denen Sie auswählen können.

Aktives Fenster wechseln

Alle Ebenen

Im Normalfall wechseln Sie zwischen den Fenstern mit der <Tab>-Taste hin und her. Wenn Sie es jedoch umständlich lieben, können Sie selbstverständlich auch erst ins Optionen-Menü wechseln, dann zum Darstellungs-Menü gehen und schließlich diese Funktion aufrufen.

Zwei Fenstersätze

Alle Ebenen

Dieser Befehl bewirkt eine grundlegende Änderung im Aufbau von PCShell: Er sorgt dafür, daß der Verzeichnisbaum und die Dateienliste in zweifacher Ausgabe untereinander angezeigt werden.(s. Bild 2-29). Das bringt für die Befehle KOPIEREN, VERLAGERN und VERGLEICHEN des Datei-Menüs eine bedeutende Erleichterung in der Handhabung (s. Datei-Menü). Bei anderen Befehlen bietet diese Darstellungsart keinerlei Vorteile.

```
PC Shell V6  Datei  Datenträger  Optionen  Programme  Spezial  Hilfe   | 8.47
Laufwerk A  C  D  E                                              Experte
-----ID = DISK1_VOL2-----  ----------D:\PCTOOLS\*.*-------------------------
D:\                         PCSETUP  EXE   PCFORMAT COM   MI        COM
 ├PCTOOLS                   PCSETUP  CFG   COMPRESS EXE   PCSECURE  EXE
 │ └BEISPIEL                README   TXT   COMPRESS HLP   PCSECURE  HLP
 ├PZP                       PC-CACHE COM   DISKFIX  EXE   LLQC      EXE
 ├ACAD                      PC-CNV1  OVL   MIRROR   COM   LLS       EXE
 ├NO                        PC-EXT1  OVL   REBUILD  COM   PCSHELL   EXE
 └HG                        PC-EXP1  OVL   UNDELETE EXE   PCSHELL   OVL
 10.473.472 Bytes frei      107 gelistet =   2.659.912 Bytes
-----ID = DISK1_VOL2-----  ----------D:\PCTOOLS\*.*-------------------------
D:\                         PCSETUP  EXE   PC-EXP1  OVL   REBUILD   COM
 ├PCTOOLS                   PCSETUP  CFG   PCFORMAT COM   UNDELETE  EXE
 │ └BEISPIEL                README   TXT   COMPRESS EXE   MI        COM
 ├PZP                       PC-CACHE COM   COMPRESS HLP   PCSECURE  EXE
 ├ACAD                      PC-CNV1  OVL   DISKFIX  EXE   PCSECURE  HLP
 ├NO                        PC-EXT1  OVL   MIRROR   COM   LLQC      EXE
 10.473.472 Bytes frei      107 gelistet =   2.659.912 Bytes
D:\PCTOOLS>
1Hilfe 2SchnBet 3Beenden 4Abwähln 5Kopier 6Darstlg 7D-Suche 8Zoom 9DAFiltr 10Menü
```

Bild 2-29 Bildschirmaufbau bei zwei Fenstersätzen

Ein Fenstersatz

Alle Ebenen

EIN FENSTERSATZ stellt je ein Dateilistenfenster und ein Verzeichnisfenster zur Verfügung. Für die meisten Funktionen ist ein Fenstersatz vollkommen ausreichend. Wenn Ihnen jedoch die Standardeinstellung nicht ausreicht, können Sie sich mit ZWEI FENSTERSÄTZE einen zweiten Satz zur Verfügung stellen lassen.

Aktiven Satz wechseln

Alle Ebenen

Falls Sie ZWEI FENSTERSÄTZE eingestellt haben, können Sie mit Hilfe dieser Funktion zwischen den beiden Sätzen hin- und herwechseln, was natürlich auch mit <Tab> möglich ist.

Dateilisten-Filter

Alle Ebenen

DATEILISTEN-FILTER dient zum schnellen und komfortablen Absondern von Dateien, die beispielsweise ähnliche Namen oder gleiche Endungen aufweisen (s. Bild 2-30). Nur noch die mit Hilfe dieser Funktion gefundenen Dateien werden im Dateilisten-Fenster dargestellt. Mit DATEISELEKTIER-FILTER wäre dann die gezielte Markierung von Dateien aus dieser Liste denkbar.

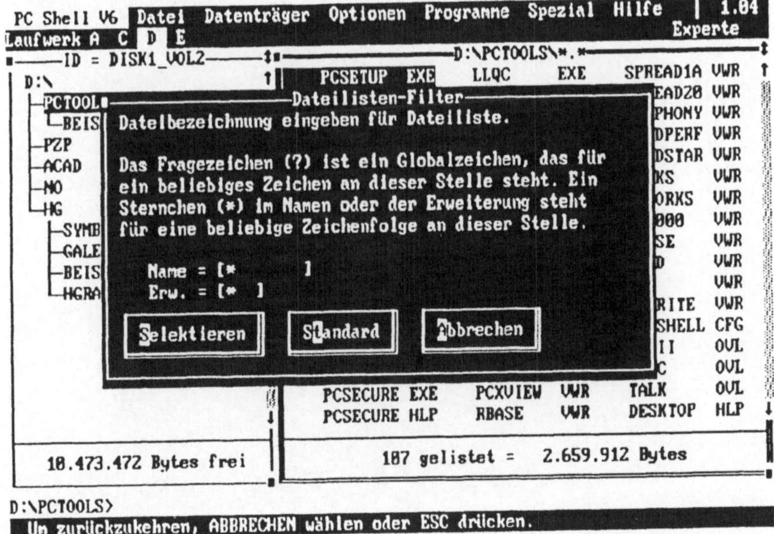

Bild 2-30 Bestimmung der aufzuführenden Dateien

Für die Selektion werden *Wildcards* (s. zentrale Begriffe) verwendet. Geben Sie deshalb nach dem Aufruf die Kriterien für die zu suchenden Dateien mit Hilfe der Wildcards "?" und "*" ein. Mit SELEKTIEREN veranlassen Sie den Beginn der Suche. Die gefundenen Dateien werden dann im Dateien-Fenster dargestellt. STANDARD sorgt dafür, daß wieder alle Dateien des Verzeichnisses im Dateilisten-Fenster aufgeführt werden.

Dateiselektier-Filter

Alle Ebenen

Das DATEISELEKTIER-FILTER arbeitet auf die gleiche Weise wie DATEILISTEN-FILTER. Es unterscheidet sich von dieser Funktion nicht in der Bedienung, sondern nur dadurch, daß die Dateien markiert werden, die die Bedingungen erfüllen. Alle anderen Dateien werden also nicht aus der Liste gestrichen, sondern bleiben weiter sichtbar.

Darstellungs-Optionen

Alle Ebenen

PCShell stellt die Dateien im Dateifenster für gewöhnlich gemäß den Dateinamen geordnet dar. Wenn Sie die Dateien aber zum Beispiel nach dem Datum sortiert aufgelistet haben wollen, können Sie das mit diesem Befehl vornehmen. Ferner können Sie festlegen, welche Angaben zu jeder Datei im Fenster gemacht werden sollen. Der Befehl kann auch mit der Funktionstaste <F6> aufgerufen werden.

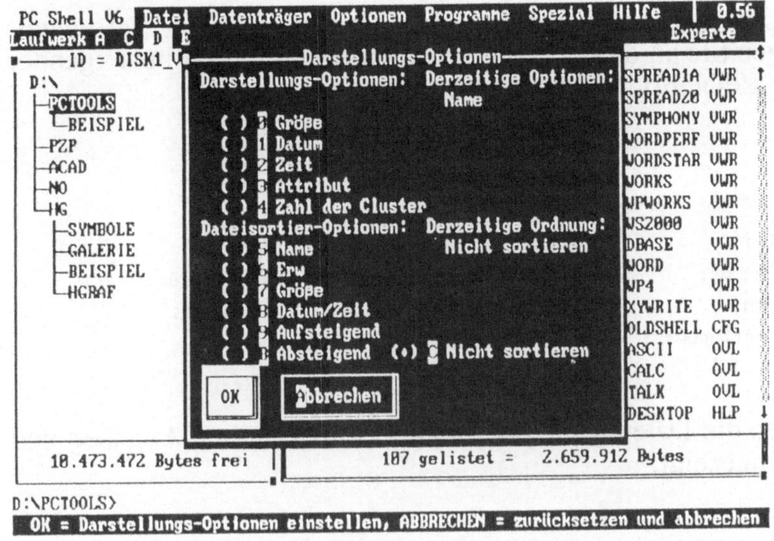

Bild 2-31 Einstellung der darzustellenden Dateieigenschaften

Unter *"Darstellungs-Optionen"* können Sie nun bestimmen, welche Dateieigenschaften im Dateifenster angezeigt werden sollen (s. Bild 2-31). Die gewünschten Dateiangaben sowie das Sortierkriterium können Sie durch das vor der Option angegebene Zeichen auswählen. Die momentan aktiven Einstellungen erscheinen unter *"Derzeitige Optionen"*.

Wenn Sie die Anzeige der Dateieigenschaften modifizieren, also z. B. die Größenangabe weglassen, verändert sich die Fenstergröße, wenn außerdem noch ein Betrachterfenster aktiviert ist. Folgende Eigenschaften können in PCShell aufgeführt werden:

"Name":	Dateiname.
"Größe":	Dateigröße in Bytes.
"Datum":	"Geburtstag" der Datei bzw. Datum der letzten Änderung.
"Zeit":	Zeitpunkt der letzten Änderung.
"Attribute":	Dateiattribute.
"Zahl der Cluster":	Dateigröße in Clustern.

Mit *"Dateisortier-Optionen"* wird das Sortierkriterium festgelegt. Außerdem legen Sie an dieser Stelle fest, ob die Sortierung in steigender oder fallender Reihenfolge vorgenommen werden soll.

"Name":	Sortierung nach Dateiname.
"Ext":	Sortierung nach Namenserweiterung.
"Größe":	Sortierung nach Größe.
"Datum/Zeit":	Sortierung nach Alter der Dateien.
"Aufsteigend":	Sortierung in aufsteigender Reihenfolge.
"Absteigend":	Sortierung in absteigender Reihenfolge.
"Keine Sortierung":	Es erfolgt keine Sortierung.

Mit OK werden die Dateien entsprechend den eingestellten Angaben neu sortiert bzw. angezeigt.

Selektierung zurücknehmen

Alle Ebenen

Mit diesem Befehl entfernen Sie die Markierung bei selektierten Dateien wieder. Die Funktionstaste <F4> bewirkt das gleiche.

2.5 Das Programm-Menü

Im Programm-Menü sind verschiedene, voneinander unabhängige Programme der PCTools zusammengefaßt, die über dieses Menü bequem aufgerufen werden können. Es umfaßt folgende Programmteile:

- ein Programm zur Restauration versehentlich gelöschter Dateien (MIRROR)

- Ein Dateikomprimierungsprogramm (COMPRESS)

- ein Festplattensicherungsprogramm (PCBackup)

- ein Formatierprogramm (PCFormat)

- Ein Dateikomprimierungsprogramm (PCSecure).

PCSetup sucht außerdem automatisch alle anderen ihm bekannten Programme aus und bindet sie in das Programm-Menü ein, so daß Sie sie in Zukunft auch von PCShell aus aufrufen können.

Achtung! Sie sollten die Programme des Programm-Menüs allerdings nicht starten, wenn PCShell im residenten Modus (s. zentrale Begriffe) läuft und von einem laufenden Programm aus aufgerufen wurde.

2.5.1 MIRROR/REBUILD

Wenn Sie auf Ihrer Festplatte oder auf einer Diskette Platz schaffen wollten, mit "*DEL *.**" im Blindflug alle Dateien eines Verzeichnisses oder der Diskette gelöscht haben, und Ihnen im Nachhinein einfällt, daß Sie gerade einer eminent wichtigen Datei das Lebenslicht ausgeblasen haben, ist guter Rat teuer. Zum Glück hat MS-DOS da noch ein Hintertürchen offengelassen, das Sie vor dem totalen Desaster bewahrt: Die Cluster, in denen die Dateien abgespeichert sind, werden nämlich nicht wirklich gelöscht, denn ihr Inhalt wird beibehalten. DOS löscht lediglich die Einträge in der FAT (s. zentrale Begriffe) und im Verzeichnis. Man weiß also nicht mehr, welche Cluster zu der gelöschten Datei gehören. Die FAT gibt die entsprechenden Cluster lediglich zur Speicherung frei. Das hat zwei Vorteile: Erstens können so die Dateien zur Not noch wiederhergestellt werden und zweitens dauert der Löschvorgang nicht so lange, da die Cluster ja nicht überschrieben werden müssen. Wenn Sie allerdings nach Ihrer Löschorgie schon wieder neue Dateien auf die Diskette bzw. Festplatte gespeichert haben, sinkt die Wahrscheinlichkeit, daß Sie die Dateien wieder vollständig restaurieren können. Denn die neuen Dateien könnten, wenigstens zum Teil, auf den Clustern gespeichert worden sein, die noch von der alten Datei belegt werden. Sie sollten also so schnell wie möglich die versehentlich gelöschten Dateien aus den "ewigen Jagdgründen" zurückbeordern.

2.5.1.1 MIRROR

MIRROR leistet einen wichtigen Beitrag, um versehentlichen Datenverlusten vorzubeugen zu können: Es speichert in der Datei PCTRACK.DEL bei jedem Aufruf ab, aus welchen Clustern diese gelöschte Datei zusammengesetzt ist. Im residenten Modus, der mit dem Parameter "*/t*" aktiviert wird, geschieht dies sogar automatisch nach jedem Löschvorgang. Die Datei wird immer im Hauptverzeichnis der Festplatte oder Diskette abgespeichert, bei mehreren Partitionen (s. zentrale Begriffe) im Hauptverzeichnis der ersten Partition. Die Funktionen WIEDERHERSTELLEN aus dem Datei-Menü und LÖSCHUNG ZURÜCKNEHMEN aus dem Spezial-Menü nutzen die Dateiinformationen zur Wiederherstellung der Datei. Wenn Sie mit Hilfe von PCSetup das Programm in AUTOEXEC.BAT eingebunden haben, wird

MIRROR bei jedem Systemstart automatisch aktiviert. *Es ist anzuraten, von dieser Möglichkeit Gebrauch zu machen.* Ansonsten können Sie MIRROR auch direkt von MS-DOS aus aufrufen:

mirror [Laufwerk] [Parameter]

[Laufwerk]: Angabe des Laufwerks, mit dem MIRROR arbeiten soll. Es können auch mehrere Laufwerksbuchstaben hintereinander angegeben werden. Das Programm speichert dann für jedes eine eigene PCTRACK.DEL-Datei ab. Wenn kein Laufwerk angegeben wird, bezieht sich MIRROR auf das aktuelle Laufwerk.

[Parameter]:

/1: Im Normalfall legt MIRROR zwei Dateien an, die die Struktur gelöschter Dateien speichern (sogenannte Delete-Tracking-Dateien). Bei jedem neuen Aufruf des Programms legt es eine aktuelle Version von PCTRACK.DEL an. Die ältere Version wird umbenannt. Das hat einen großen Vorteil. Wenn Sie z. B. die Festplatte formatiert haben und den Rechner einschalten, wird MIRROR automatisch die neueste Delete-Tracking-Datei abspeichern, wenn MIRROR in AUTOEXEC.BAT auf der Diskette, von der Sie booten, eingebunden ist. In dieser neuesten Version der Datei sind dann überhaupt gar keine gelöschten Dateien mehr vorhanden, da diese ja beim Einschalten auch nicht mehr da waren. Es wäre also unmöglich, die Dateien der Festplatte wiederherzustellen. Das kann nur mit Hilfe der alten Version vorgenommen werden. Mit diesem Parameter nun legen Sie fest, daß immer nur eine Delete-Tracking-Datei angelegt wird, womit dieser Vorteil nicht mehr besteht.

/l: Kann nur in Verbindung mit dem Parameter "*/partn*" bei REBUILD gebraucht werden. REBUILD /PARTN wird der Übersichtlichkeit halber bereits im MIRROR-Abschnitt erklärt. Es werden Informationen über die Partitionen ausgegeben.

/p: Kann nur in Verbindung mit dem Parameter "*/partn*" bei REBUILD gebraucht werden. Die Informationen über die Partitionen werden ausgedruckt.

/partn: Wenn Sie Ihre Festplatte in mehrere Partitions (s. zentrale Begriffe) unterteilt haben, können Sie mit Hilfe dieses Schalters in der Datei PARTN.SAV den genauen Aufbau der Partitionen abspeichern. Diese Datei sollten Sie auf Diskette abspeichern und mit Argusaugen über sie wachen. Wenn auf der Festplatte dann irgendwann einmal die Verwaltung der Partitions defekt ist, haben Sie mit dieser Datei ein wir-

kungsvolles Gegenmittel. Mit REBUILD /PARTN können Sie dann den alten Zustand wiederherstellen. Dieser Schalter kann nur alleine oder in Verbindung mit */l* oder */p* verwendet werden. Andere Parameter können nicht angegeben werden.

Wenn Sie eines Tages die Fehlermeldung *"Ungültige Laufwerksangabe"* erhalten, schlägt die Stunde von REBUILD /PARTN. Nach dem Befehlsaufruf müssen Sie eingeben, in welchem Laufwerk die Diskette mit PARTN.SAV liegt. Wenn das Programm seine Arbeit beendet hat, müssen Sie noch eine MS-DOS-Systemdiskette einlegen, um das Betriebssystem über den neuesten Stand der Dinge zu informieren. Sie müssen dann das System mit dieser Diskette neu booten.

Selbstverständlich sollten Sie MIRROR /PARTN laufen lassen, wenn Sie Änderungen an der Festplattenstruktur vornehmen (beispielsweise mit FDISK.COM) oder Partitionen einrichten oder löschen.

/TLaufwerk-nnn: Mit Hilfe dieses Parameters wird MIRROR dazu veranlaßt, speicherresident zu arbeiten. In diesem Falle werden bei jeder Löschung einer Datei automatisch in PCTRACK.DEL die Clusternummern abgelegt, die zu der Datei gehören. Es muß also nicht mehr nach jeder Löschung MIRROR aufgerufen werden. Wenn Sie das Programm mit Hilfe von PC Setup in AUTOEXEC.BAT eingebunden haben, ist diese Arbeitsweise bereits gewährleistet. Das Laufwerk, auf das das speicherresidente MIRROR angewendet werden soll, wird direkt im Anschluß an das *"T"* angegeben. Nach dem Strich wird dann die Anzahl der Einträge von gelöschten Dateien angegeben, welche die Delete-Tracking-Datei maximal verwalten darf. Es dürfen höchstens 999 Einträge verwendet werden. Wenn alle Einträge besetzt sind und erneut eine Datei gelöscht wird, wird der älteste Eintrag entfernt, um für den neuen Platz zu schaffen. Wenn die Anzahl der Einträge nicht vom Benutzer angegeben wird, reserviert sich das Programm selbstständig einen angemessenen Platz. Central Point Software empfiehlt folgende Werte:

Tabelle 4 Die Größe der Löschprotokoll-Datei

Kapazität des Datenträgers	Größe der Tracking-Datei	Anzahl der Einträge
360 kB	5 kB	25
720 kB	9 kB	50
1,2 MB	14 kB	75
1,44 MB	14 kB	75
20 MB	18 kB	101
32 MB	36 kB	202
mehr als 32 MB	55 kB	303

/U: Entfernt das Löschprotokoll-Programm aus dem Speicher, sofern es speicherresident installiert wurde. Wenn nach diesem Programm noch andere speicherresidente Programme installiert wurden, müssen diese zuerst entfernt werden, bevor Sie sich dem Löschprotokoll-Programm zuwenden können. Auch PCShell, DESKTOP und PC-Cache müssen, falls sie ebenfalls resident installiert sind, vorher entfernt werden.

/?: Blendet ein Hilfe-Fenster ein, in dem alle verfügbaren Parameter von MIRROR enthalten sind.

Auch COMPRESS stellt eine Gefahr dar für die Datenrettung. Da es die Cluster des Datenträgers umstellt, um alle Cluster einer Datei wieder hintereinander anzuordnen, sind die Inhalte der Cluster gelöschter Dateien verloren. Bevor Sie COMPRESS laufen lassen, sollten Sie also unbedingt versuchen, Ihre Daten wiederherzustellen, denn danach ist es zu spät!

Das Handbuch warnt davor, das Delete-Tracking auf Laufwerken durchzuführen, die mit den Befehlen JOIN, SUBST oder ASSIGN bearbeitet wurden.

Beispiele:

mirror c: /partn /p:

Der Aufbau der Partitionen der Festplatte in C wird in der Datei PARTN.SAV abgespeichert. Zusätzlich werden diese Informationen ausgedruckt.

mirror c: /1 /TC-20:

Es wird bestimmt, daß es nur eine Delete-Tracking-Datei geben soll. Zusätzlich wird das Delete-Tracking speicherresident in Laufwerk C durchgeführt. Die maximale Anzahl der Einträge ist auf 20 beschränkt.

2.5.1.2 REBUILD

Wenn Sie vor einigen Augenblicken Ihre Festplatte versehentlich formatiert haben oder die gesamten Daten der Festplatte auf andere Weise gelöscht haben und vor einem Trümmerhaufen stehen, werden Sie REBUILD als wahren Segen empfinden: Der Befehl stellt den Zustand vor dem Formatieren wieder her und bügelt diesen unverzeihlichen Fehler ohne Probleme aus.

Auch wenn eine Festplatte formatiert wird, werden die Dateien nicht gelöscht. Deshalb nimmt MIRROR auch bei jedem Formatiervorgang eine Speicherung der FAT vor. Die auf diese Weise formatierten Festplatten können dann mit REBUILD vollständig wiederhergestellt werden. Bei Disketten allerdings ist dies nicht mehr möglich, da bei diesen die Dateien beim Formatieren gelöscht werden - es sei denn, Sie benutzen PCFormat. REBUILD kann also bei Disketten, soweit sie nicht mit PCFormat formatiert wurden, nichts mehr retten.

Leider gibt es da ein paar unrühmliche Ausnahmen: Einige DOS-Versionen verschiedener Computerfirmen überschreiben bei einem DELETE-Befehl die Cluster der Datei wirklich und löschen bei FORMAT alle Daten, so daß eine Rettung der Dateien nicht mehr möglich ist. Namentlich seien hier die Hersteller AT&T (bis zu DOS 3.1), Burroughs und Compaq (bis Version 3.2) genannt. Benutzern solcher DOS-Versionen wird empfohlen, ihre Festplatten nur noch mit PCFormat zu formatieren, um eine eventuelle Datenrettung auf der Festplatte zu ermöglichen. Ansonsten sollten Sie so schnell wie möglich auf andere DOS-Versionen umsteigen.

Der FORMAT-Befehl bei den anderen DOS-Versionen löscht lediglich das Stammverzeichnis, die FAT und die Informationen im Boot-Sektor, so daß nur diese Informationen wiederhergestellt werden müssen. Wenn natürlich alle Daten gelöscht werden, kann REBUILD nichts mehr ausrichten.

Aber REBUILD ist gefährlich - Sie sollten es nur im absoluten Notfall anwenden, also wenn Sie gerade mit FORMAT die gesamte Festplatte ihrer Informationen entledigt haben. Außerdem kann REBUILD nach ERASE und RECOVER eingesetzt werden. Haben Sie nämlich beispielsweise MIRROR schon längere Zeit nicht mehr gestartet, sind alle neueren Dateien verloren! Wenn Sie mit PCBackup ein aktuelles Backup der Festplatte erstellt haben, das auch die neuesten Dateien einschließt, sollten Sie in diesem Falle mit Hilfe von RESTORE die Daten retten. Grundsätzlich kann gesagt werden, daß RESTORE zwar zeitaufwendiger und umständlicher ist, aber dafür weitaus zuverlässiger, da ausnahmslos alle Dateien, die bei der letzten Ausführung von PCBackup schon auf der Festplatte vorhanden waren, fehlerlos wiederhergestellt werden.

REBUILD rettet grundsätzlich nicht alle Dateien, sondern nur die Verzeichnisstruktur und die Dateien des Hauptverzeichnisses. Die Dateien in den Unterverzeichnissen sollten Sie mit Hilfe von WIEDERHERSTELLEN aus dem Datei-Menü wiederherstellen. Falls Sie MIRROR noch nie benutzt haben, aber die Festplatte mit PCFormat formatiert haben und COMPRESS regelmäßig durchführen, ist die Wahrscheinlichkeit, daß Sie alle Dateien retten können, trotzdem groß.

Wenn Sie aber mit dem normalen FORMAT-Befehl von MS-DOS die Festplatte formatiert haben, kann REBUILD nur Stückarbeit leisten: Alle Dateien des Hauptverzeichnisses sind unrettbar verloren und die Namen der Unterverzeichnisse der ersten Ebene sind ebenfalls verschollen. Gemessen an den wenigen Anhaltspunkten, die REBUILD dann aber noch bleiben, leistet das Programm Erstaunliches.

REBUILD mit MIRROR

Auch wenn ich es Ihnen nie wünsche: Es kann sein, daß Sie REBUILD tatsächlich doch einmal aufrufen müssen. Es gibt dabei zwei Arbeitsweisen: Wenn Sie MIRROR bereits einmal verwendet haben und wenn das nicht der Fall ist. Die erste Möglichkeit wird hier zuerst beschrieben:

rebuild Laufwerk [Parameter]

Laufwerk: Sie müssen nach dem Formatieren der Festplatte das System von Diskette starten und damit folglich auch REBUILD. Aus diesem

Grunde muß der Laufwerksbuchstabe der versehentlich formatierten Festplatte angegeben werden.

[Parameter]:

/J: Mit diesem Parameter können Sie sicherstellen, daß die MIRROR-Dateien gespeichert worden sind und mit den System-Informationen übereinstimmen. Der Parameter ist mit dem /TEST-Parameter vergleichbar und kann verwendet werden, ohne REBUILD tatsächlich einsetzen zu müssen.

Nachdem Sie das Programm ausführlich vor den Folgen gewarnt hat, die REBUILD mit sich bringen kann, und der Warnung, das Programm nicht zu starten, wenn es nicht absolut notwendig ist, zeigt REBUILD an, wann MIRROR zum letzten Mal in Erscheinung trat. Es fragt Sie dann, ob Sie diese Version von PCTRACK.DEL verwenden wollen. Bejahen Sie die Frage, so beginnt REBUILD mit seiner Arbeit. Wenn Sie verneinen, sucht das Programm nach einer älteren Version dieser Datei und informiert auch über deren Geburtsstunde. Falls Sie auch von dieser Version nichts wissen wollen, fragt REBUILD Sie, ob es so handeln soll, als gäbe es keine Delete-Tracking-Datei (s. REBUILD ohne MIRROR). Wenn Sie auch diese Frage verneinen, ist es mit dem Latein am Ende und beendet die Arbeit.

Es kann vonnöten sein, eine ältere Version von PCTRACK.DEL als Vorlage zu nehmen, wenn MIRROR nach dem Formatiervorgang nochmals die Struktur der Festplatte speicherte (das ist z.B. der Fall, wenn MIRROR in AUTOEXEC.BAT auch auf der Diskette, von der aus Sie den Rechner starten, eingebunden ist). In einem solchen Falle sieht die neue PCTRACK.DEL-Datei die Festplatte als leer an und es ist infolgedessen auch keine Datenrettung mehr möglich. Sie müssen dann die ältere Version der Datei als Vorlage verwenden.

Wenn Sie die Datenrettung mit Hilfe von MIRROR vornehmen, beginnt das Programm sofort mit seiner Arbeit. Ist die Restauration abgeschlossen, empfiehlt REBUILD, nun den DOS-Befehl CHKDSK /F auszuführen. Die Dateien, die nach dem letzten Lauf von MIRROR und vor dem Formatieren entstanden sind, führen zu Fehlern in der Festplattenstruktur, da die Cluster dieser Dateien zusammenhanglos auf der Festplatte verteilt sind. Diese Dateien sind zumeist unrettbar verloren, aber mit CHKDSK können Sie Ordnung in das Chaos bringen, und die Festplattenstruktur wieder reparieren, um anschließend mit WIEDERHERSTELLEN Ihr Glück zu versuchen.

REBUILD ohne MIRROR

Wenn REBUILD keine Delete-Tracking-Datei auf der Festplatte finden konnte oder Sie das Programm angewiesen haben, die Kastanien ohne MIRROR aus dem Feuer zu holen, ist der Aufruf wesentlich komplizierter und die Wiederherstellung um einiges unzuverlässiger:

rebuild Laufwerk [Parameter]

Laufwerk: Sie müssen nach dem Formatieren der Festplatte das System von Diskette starten und damit folglich auch REBUILD. Aus diesem Grunde muß der Laufwerksbuchstabe der versehentlich formatierten Festplatte angegeben werden.

[Parameter]: Sollten Sie einen der Parameter "*/l*", "*/p*" und "*/test*" angeben, so sucht REBUILD erst gar nicht nach PCTRACK.DEL, da es davon ausgeht, daß es ohnehin nicht vorhanden ist. Diese Parameter sollten Sie also nur verwenden, wenn entweder PCTRACK.DEL nicht existiert, oder wenn die Version dieser Datei bereits so alt ist, daß Sie keine Hilfe mehr darstellt.

/l: Alle Verzeichnisse und Dateien, die REBUILD auf der Festplatte finden kann, werden auf dem Bildschirm ausgegeben. Im Normalfall werden nur die Dateien aufgelistet, die fragmentiert sind (s. zentrale Begriffe) und von denen das Programm deshalb Informationen von Ihnen benötigt.

/p: Ein Bericht über den Verlauf der Datenrettung wird ausgedruckt, was sehr empfehlenswert ist.

/test: Dieser Parameter gibt Ihnen Aufschluß darüber, wie REBUILD die Daten wiederbeschaffen würde. Während dieser Test läuft, betreibt das Programm keine Datenrettung, sondern simuliert den Vorgang nur.

/?: Ein Fenster mit Hilfsinformationen wird ausgegeben.

Das Programm benötigt nur Ihre Hilfe, wenn es eine fragmentierte Datei vorfindet. In diesem Falle stellt es Sie vor die Wahl: Es kann entweder versuchen, wenigstens einen Teil der Datei wiederzugewinnen oder es kann die Datei wieder löschen. Sie können dann mit dem manuellen Undelete (s. WIEDERHERSTELLEN) versuchen, die Datei vollständig zu retten. Das teilweise Retten der Datei ist nur bei Datendateien sinnvoll. Bei Programmdateien fehlt nach dem teilweisen Retten ein ganzer Teil des Programms, und es ist deshalb nicht mehr lauffähig.

Nachdem das Programm seine Arbeit beendet hat, sollte die Festplattenstruktur intakt sein. Das Programm kann in den meisten Fällen alle Dateien retten, die nicht im Hauptverzeichnis abgespeichert waren. Außerdem kann es die Namen der Verzeichnisse der ersten Ebene nicht ausfindig machen. Sie müssen die verlorengegangenen Dateien nur noch von Diskette wieder auf die Festplatte kopieren - vorausgesetzt, daß Sie überhaupt eine Sicherheitskopie Ihrer Dateien auf Diskette gemacht haben.

Sie sollten dennoch mit CHKDSK /F die Festplattenstruktur auf Fehler untersuchen und sorgfältig jede Datei kontrollieren. Wenn sich Fehler bei Dateien ergeben, so sollten diese gelöscht werden und, sofern möglich, mit WIEDERHERSTELLEN vollständig wieder zum Leben erweckt werden. Sollten sich schwerwiegende Fehler bei der Struktur herausstellen, so sollten Sie, wenn möglich, auf eine BACKUP-Datei zurückgreifen, alles wieder löschen, und mit RESTORE die Dateien wieder auf Festplatte schreiben. Sie gehen dann zwar die Gefahr ein, daß mehrere neue Dateien nicht mehr existieren werden, aber wenigstens ist alles wieder wohlgeordnet und fehlerlos.

2.5.2 Defragmentierung(COMPRESS)

Mit COMPRESS können Sie der lästigen Fragmentierung der Dateien (s. zentrale Begriffe) Herr werden. Nach einer "Behandlung" mit COMPRESS werden die Dateien wesentlich schneller geladen, da die Schreib/Leseköpfe des Laufwerks nicht mehr soviel umherspringen müssen. Außerdem steigt die Wahrscheinlichkeit, daß Sie versehentlich gelöschte Dateien restaurieren können. Aus diesen Gründen sollten Sie den Befehl regelmäßig aufrufen. Die Bedienung des Programms entspricht im wesentlichen der von PCShell. So können Sie z. B. mit <Ctrl>+Laufwerksbuchstabe auch weiterhin das Laufwerk wechseln. COMPRESS können Sie sowohl auf Festplatten als auch auf Disketten anwenden. Die Optimierung der Festplatte ist aber der weitaus häufigere Fall.

Folgende Hinweise sollten Sie stets im Auge behalten:

- COMPRESS ist auf Netzwerk-Systemen grundsätzlich nicht lauffähig.

- Es kann nur Datenträger bearbeiten, die mit MS-DOS oder PCFormat formatiert wurden.

- Die Daten gelöschter Dateien werden entfernt. Eine Wiederherstellung von alten gelöschten Dateien ist also nach der Ausführung von COMPRESS nicht mehr möglich.

- Dateien, die die Attribute "*Versteckt*" oder "*System*" tragen, werden nicht bearbeitet, weil es eine beliebte Methode ist, versteckte Dateien und Verzeichnisse als Kopierschutz zu verwenden. Auf solche Art geschützte Programme wären dann nach der Ausführung von COMPRESS nicht mehr lauffähig.

- Vor der Ausführung von COMPRESS müssen alle speicherresidenten Programme außer den PC Tools-Programmen aus dem Speicher entfernt werden, da es sonst zu Komplikationen kommen könnte.

Es gibt zwei Möglichkeiten, um COMPRESS aufzurufen. Erstens können Sie das Programm aus dem Programm-Menü starten. Sie können es aber auch von MS-DOS aus aktivieren:

compress [Laufwerk] [Parameter]

Laufwerk: Das Laufwerk, auf das der Befehl angewendet wird, wird angegeben. Es sind der Laufwerksbuchstabe und ein nachgestelltes ":" einzugeben. Wenn kein Parameter angegeben wird, bezieht sich COMPRESS auf das aktuelle Laufwerk.

[Parameter]: Die Parameter sind optional, d.h., Sie können, müssen aber nicht angegeben werden. Mit Ausnahme der Parameter "*/350*", "*bw*", "*nm*" und "*PCTV*" können alle anderen Schalter nur in Verbindung mit dem "*/cx*"-Parameter verwendet werden. Bis auf diese Ausnahmen können alle anderen Arbeitsbedingungen des Programmes auch innerhalb von COMPRESS festgelegt werden.

/350: Bei Systemen mit VGA-Karte wird auf die 350-zeilige Darstellung umgeschaltet. Für Rechner ohne VGA-Grafik ist dieser Parameter uninteressant.

/bw: Schaltet bei Farbmonitoren um auf die Monochromdarstellung, um eventuell die Lesbarkeit zu erhöhen. Bei Monochrom-Monitoren bleibt dieser Parameter ohne Auswirkungen.

/cx: Bestimmt, welche Methode der Festplatten-Entfragmentierung angewendet werden soll. Die Methoden werden an anderer Stelle ausführlich erklärt. Es stehen folgende Optionen zur Verfügung:

/cc:	COMPRESS führt eine vollständige Bereinigung durch, die das Löschen aller freien Sektoren einschließt.
/cf:	COMPRESS führt eine vollständige Bereinigung durch, ohne die freien Sektoren zu löschen.
/cu:	COMPRESS bearbeitet die Festplatte mit der Option ENTFRAGMENTIEREN MIT MINIMALER BEREINIGUNG.

/nm: Normalerweise wird MIRROR sofort nach der Durchführung von COMPRESS automatisch gestartet, was sehr sinnvoll ist. "*/nm*" verhindert den automatischen Aufruf. Sie sollten diesen Parameter nur verwenden, wenn Sie sowieso von sich aus nach COMPRESS das MIRROR-Programm anwenden wollen.

/ox: Mit Hilfe der "*/ox*"-Parameter können Sie darauf Einfluß nehmen, in welcher Reihenfolge die Dateien auf der Festplatte abgelegt werden sollen. Dabei stehen Ihnen folgende Möglichkeiten offen:

/od:	Unterverzeichnisdateien werden zuerst abgelegt. Dies ist das von MS-DOS angewandte Verfahren.
/oo:	Zuerst werden die Unterverzeichnisse in DOS-Anordnung abgelegt.
/op:	.EXE- und .COM-Dateien werden zuerst abgelegt.
/os:	Standardanordnung von COMPRESS. Dabei werden die Unterverzeichnisse an den Anfang gestellt und dahinter die Dateien in beliebiger Reihenfolge angeordnet.

PCTV: Trägt dafür Sorge, daß COMPRESS auf LCD-Monitoren bzw. Monochrom-Bildschirmen die für die Lesbarkeit am besten geeigneten Farben verwendet. Mit "*PCTV= /BW*" wird dies für Monochrom-Monitore gewährleistet, während "*PCTV=/LCD*" für Leuchtkristall-Displays zu verwenden ist.

/sx: Mit den "*/sx*"-Befehlen ist es möglich, die Reihenfolge der Dateien auf der Festplatte zu bestimmen. Es stehen folgende Parameter zur Verfügung:

/sa: Aufsteigende Sortierung.

/sd: Abfallende Sortierung.

/sf: Sortieren nach Dateinamen.

/se: Sortieren nach Namenserweiterung.

/st: Sortieren nach dem Zeitpunkt der letzten Veränderung bzw. nach dem Erstellungsdatum.

Beispiele:

compress c: /cc /sf:
Die wirkungsvollste, aber auch zeitaufwendigste Methode wird auf das Laufwerk C: angewendet. Die Dateien werden nach ihrem Namen angeordnet.

compress a: /cu /op /bw:

Die Diskette in Laufwerk A wird mit der schnellsten, aber auch uneffektivsten Methode behandelt. Die Programm-Dateien werden zuerst auf der Festplatte abgelegt und die Monochrom-Darstellung eingeschaltet.

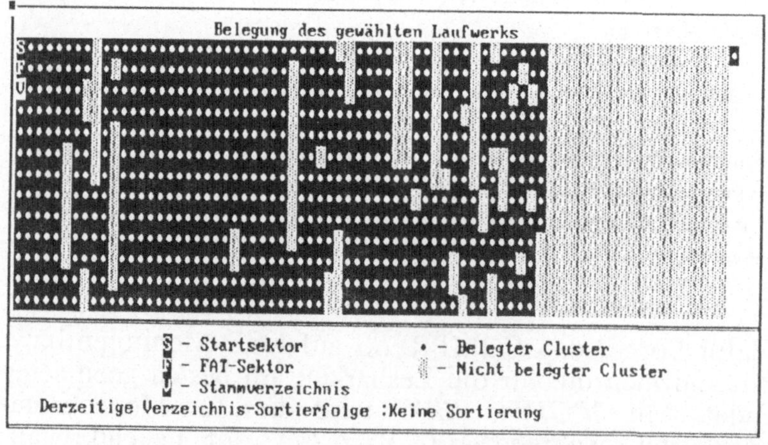

Bild 2-32 Arbeitsbildschirm von COMPRESS

Wenn Sie das Programm aus PC Shell heraus aktiviert haben, erscheint der Arbeitsbildschirm des Befehls (s. Bild 2-32). In der obersten Zeile sind die Untermenüs aufgelistet. In der Zeile darunter können Sie erkennen, welches Laufwerk gerade ausgewählt ist. Es ist hell unterlegt. Den Hauptteil des Bildschirms nimmt aber die grafische Darstellung des aktuellen Datenträgers in Anspruch. Mit Hilfe dieser Karte dokumentiert COMPRESS DISK den Zustand des Datenträgers und später seine Arbeit. Jedes cursorgroße Rechteck entspricht dabei einem Cluster und gibt dessen Zustand wieder. Unter dieser Arbeitsfläche befindet sich die Legende, die grafischen Symbole klarmacht, die hier nochmals erklärt werden:

```
"S Startsektor":            Startsektor des Datenträgers.
"F Dateizuweisungstab":     FAT-Cluster (s. zentrale Begriffe).
"H Hauptverzeichnis":       Hauptverzeichnis.
"  belegt":                 Mit einer Datei belegt.
"░ nicht belegt":           Freier Speicherplatz.
```

Eine Zeile darunter werden mit der Meldung "*Aktuelle Verzeichnis-Sortierfolge:*" die gerade aktuellen Sortierkriterien angegeben. Diese können im SORTIEREN-Menü neu eingestellt werden.

Die Menüs von COMPRESS

Wie in allen anderen PCTools-Programmen, findet auch bei COMPRESS die altbewährte Menüstruktur Verwendung. Der Aufruf von Funktionen unterscheidet sich also nicht von anderen Programmen der PCShell oder DESKTOP.

2.5.2.1 Das Sortieren-Menü

Mit diesem Menü können Sie für die Optimierung festlegen, nach welchen Sortierkriterien die Dateien aller Verzeichnisse sortiert werden sollen. Sie haben also die Möglichkeit, mit Hilfe von COMPRESS alle Verzeichnisse auf einmal einheitlich zu sortieren.

Unter "*Sortiere Verzeichnisse nach*" müssen Sie das Sortierkriterium bestimmen. Dabei bestehen folgende Möglichkeiten:

```
- Datum/Uhrzeit:   Anordnung nach dem Zeitpunkt der letzten
                   Veränderung bzw. dem Erstellungsdatum.
- Name:            Anordnung nach dem Dateinamen.
- Erweiterung:     Anordnung nach der Namenserweiterung.
- Größe:           Anordnung nach der Dateigröße.
```

Legen Sie mit *"Art der Sortierung"* fest, in welcher Reihenfolge sortiert werden soll:

```
- Keine:          Keine Sortierung.
- Aufsteigend:    Aufsteigende Reihenfolge.
- Absteigend:     Abfallende Reihenfolge.
```

Außerdem können Sie mit BEENDEN - COMPRESS das Programm ganz verlassen, während mit <Esc> oder <F3> lediglich das SORTIEREN-Menü verlassen wird.

2.5.2.2 Das Analyse-Menü

In diesem Menü stehen drei Möglichkeiten zur Auswahl, den Zustand der Datenträger zu untersuchen. Aus den Ergebnissen dieser Analysen können Sie dann schließen, ob sich die Anwendung von COMPRESS lohnt.

Datenträger-Information

Diese Funktion unterzieht Ihre Disketten oder Ihre Festplatte einer gründlichen Untersuchung. Die Analysemethode bezieht sich auf den gesamten Datenträger. Deshalb werden alle Cluster des Datenträgers untersucht. In einer Liste erscheinen folgende Informationen:

"Belegte Cluster": Gibt die Anzahl der mit Dateien belegten Cluster an.

"Nicht-belegte Cluster": Anzahl der freien Cluster.

"Defekte Cluster insgesamt": Anzahl der schadhaften Cluster, die bereits als solche markiert sind. Mit OBERFLÄCHENANALYSE können Sie weitere defekte Cluster herausfinden und markieren lassen.

"Dateiketten insgesamt": Anzahl der Dateiketten, also der Cluster von gleichen Dateien, die hintereinander abgespeichert sind. Die Dateien können trotzdem noch fragmentiert sein.

"Fragmentierte Dateiketten": Anzahl der Dateien, die bruchstückhaft auf den Datenträger verteilt sind.

"Prozentsatz der Dateifragmentierung": Anteil der fragmentiert gespeicherten Dateien.

"Nicht-zusammenhängende freie Speicherbereiche": Anzahl der freien Cluster, die alleine stehen, also nicht zusammenhängend mit anderen freien Clustern sind.

"Querverkettete Dateien": Anzahl der Datenketten, die untereinander quer verbunden sind, d.h. daß beispielsweise eine Datenkette zu zwei Dateien gehört. In einem solchen Falle sollten Sie DISKFIX anwenden. Dieser Befehl beseitigt solche Uneinheitlichkeiten.

"Lose Dateicluster": Anzahl der Cluster, die zwar in der FAT als belegt aufgeführt, aber keiner Datei zugeordnet sind. Damit sind nicht die Cluster gelöschter Dateien gemeint, die noch Daten enthalten; denn diese sind in der FAT zur Speicherung freigegeben, also unbenutzt (s. zentrale Begriffe). Auch diesen Mißstand entfernt DISKFIX.

"Defekte Cluster in Dateiketten": Anzahl der defekten Cluster innerhalb von Dateien. Diese Dateien sind dann, wenigstens zum Teil, nicht mehr lauffähig. DISKFIX rettet auch hier, was noch zu retten ist.

Dateienanalyse

Diese Analyse bezieht sich nur auf die Dateien. Dabei wird zu jeder einzelnen Datei angegeben, in wieviele Teile sie "gespalten" wurde.

COMPRESS V6 Sortieren Analyse Optionen Hilfe
Laufwerk: A B C D E

Dateizuordnungsanalyse

Pfad=D:\PCTOOLS

Name		Cluster	Teile	%	Name		Cluster	Bereiche	%
.	<DIR>	2	2	50%	MIRROR.COM		9	2	11%
..	<DIR>				REBUILD.COM		10	2	10%
PCSETUP.EXE		71	1	0%	UNDELETE.EXE		9	1	0%
PCSETUP.CFG		3	1	0%	MI.COM		3	1	0%
README.TXT		8	1	0%	PCSECURE.EXE		57	1	0%
PC-CACHE.COM		13	1	0%	PCSECURE.HLP		4	1	0%
PC-CNV1.OVL		9	1	0%	BEISPIEL	<DIR>	1	1	0%
PC-EXT1.OVL		10	1	0%	LLQC.EXE		11	1	0%
PC-EXP1.OVL		9	1	0%	LLS.EXE		27	2	3%
PCFORMAT.COM		9	1	0%	PCSHELL.EXE		72	2	1%
COMPRESS.EXE		36	1	0%	PCSHELL.OVL		122	1	0%
COMPRESS.HLP		4	1	0%	TEXT.VWR		5	1	0%
DISKFIX.EXE		86	2	1%	BINARY.VWR		6	1	0%

?origes ?ächstes ?rstes ?etztes ?eenden

ESC- od. F3-Taste drücken, um Dateianalyse abzubrechen

Bild 2-33 Fragmentierungsgrad der Dateien

Wie Bild 2-33 zeigt, ist das Fenster in zwei große Bereiche aufgeteilt: Im ersten steht die Dateiliste mit den dateispezifischen Angaben, im zweiten stehen die verschiedenen Befehle, die Sie jetzt noch ausführen können.

In der linken oberen Ecke sind hinter "*Pfad=* " das Laufwerk und das Verzeichnis angegeben, auf die sich die Analyse bezieht. Die Dateien selbst sind in zwei Spalten aufgeführt. Angegeben werden zu jeder Datei von links nach rechts: Dateiname, Dateigröße in Clustern, Anzahl der Teile, in welche die Datei aufgesplittert ist und der Prozentsatz der Fragmentierung. Ein "*<DIR>* " hinter dem Dateinamen zeigt an, daß es sich bei der vermeintlichen Datei um ein Verzeichnis handelt. Da bei der Speicherung von Dateien und Verzeichnissen unter MS-DOS kaum Unterschiede bestehen, werden diese gleich mitanalysiert.

Mit <PgUp> und <PgDn> blättern Sie seitenweise in der Dateiliste des aktuellen Verzeichnisses. Mit den Cursortasten können Sie sich Datei für Datei fortbewegen. Mit <Home> springen Sie zum Anfang und mit <End> zum Ende der Liste, mit <Esc> wird diese Funktion abgebrochen.

Unter der Tabelle mit den Dateinamen des aktuellen Verzeichnisses finden Sie fünf Befehle, die folgende Aufgaben erfüllen:

Voriges
Wechselt in das vorhergehende Verzeichnis. Damit ist nicht das übergeordnete Verzeichnis gemeint, sondern das im Verzeichnisbaum direkt darüber stehende Verzeichnis.

Nächstes
Wechselt in das nächste Verzeichnis, also das Verzeichnis, das in der gleichen Ebene im Verzeichnisbaum unter dem aktuellen Verzeichnis angeordnet ist. Erst wenn im letzten Verzeichnis einer Ebene diese Funktion aktiviert wird, werden die Verzeichnisse angesteuert, die sich eine Ebene weiter unten befinden.

Erstes
Wechselt in das Hauptverzeichnis.

Letztes
Wechselt in das letzte Verzeichnis der untersten Ebene.

Beenden
Verläßt die Funktion DATEIENANALYSE.

Oberflächenanalyse

Mit dieser Analysemethode wird der Datenträger auf fehlerhafte Cluster hin untersucht. Diese werden dann als solche markiert und zur Speicherung gesperrt, womit sichergestellt ist, daß keine Dateien in ihnen gespeichert werden. Damit können Sie keinen Schaden mehr anrichten. Die Untersuchung kann sehr viel Zeit in Anspruch nehmen. Ein Anhaltspunkt für Sie: ein einziger Durchlauf auf einer 20 MB-Festplatte dauert ungefähr 10 Minuten.

Nach dem Aufruf müssen Sie angeben, wie oft die Funktion den Datenträger untersuchen soll (*"Zahl der Wiederholungen:"*). Mit OK wird der eingegebene Wert bestätigt, mit BEENDEN wird die Funktion verlassen. FORTLAUFEND läßt die Analyse solange laufen, bis Sie diese abbrechen.

Als nächstes müssen Sie entscheiden, was mit dem Bericht über die Analyse geschehen soll. Mit DRUCKEN wird ein Ausdruck erstellt, mit DATENTRÄGER wird er unter dem Namen SCANEXCP.RPT abgespeichert. Sie müssen dann das Laufwerk angeben, in dem der Report gespeichert werden soll. Wenn Sie KEIN BERICHT auswählen, wird kein Bericht erstellt. BEENDEN verläßt die Funktion.

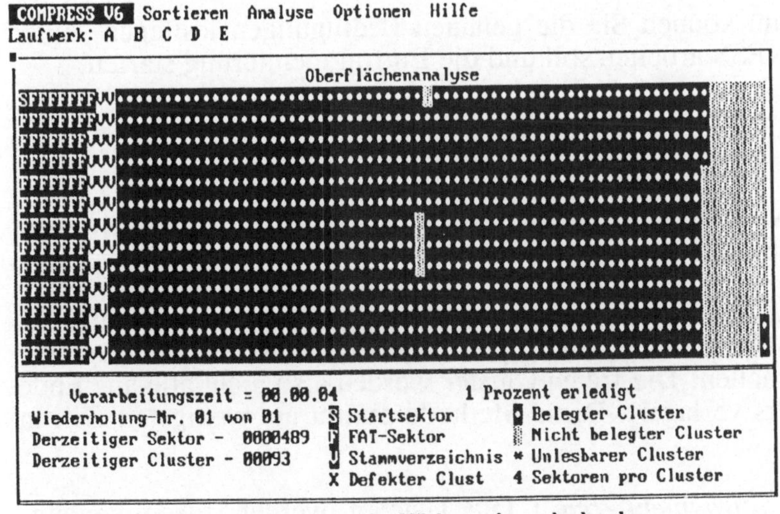

Bild 2-34 Untersuchung der Festplatte

Nun beginnt die Untersuchung des Datenträgers, der mit der schon bekannten grafischen Karte dokumentiert wird (s. Bild 2-34). Unterhalb dieser Grafik ist das Meldungsfenster untergebracht. In ihm sind die Legende und verschiedene andere Angaben enthalten.Neu hinzugekommene Symbole sind "*X*" und "*". Ein "*X*" bezeichnet einen defekten Cluster. Unlesbare Cluster sind mit einem "*" kenntlich gemacht. Zusätzlich gibt das Programm in der Legende noch bekannt, aus wievielen Sektoren sich ein Cluster zusammensetzt. "*Verarbeitungszeit*" informiert darüber, wieviel Zeit seit dem Beginn der Untersuchung verstrichen ist. "*Derzeitiger Sektor*" und "*Derzeitiger Cluster*" informieren darüber, welchen Cluster und Sektor das Programm gerade bearbeitet. Außerdem wird über die Anzahl der vollständigen Durchläufe informiert. Schließlich werden Sie noch darüber informiert, wieviel Prozent der Arbeit die Funktion schon verrichtet hat.

Sie können den Vorgang jederzeit mit <Esc> abbrechen. Wenn COMPRESS einen defekten Cluster findet, wird dieser für die Speicherung gesperrt. Wenn der Cluster bereits Daten enthält, schreibt das Programm soviel wie möglich von diesen Daten an eine andere Stelle und sperrt dann den Cluster. Manchmal gelingt es dem Programm sogar, einen fehlerhaften Cluster wieder lesbar zu machen.

2.5.2.3 Das Optionen-Menü

In diesem Menü können Sie die genauen Bedingungen festlegen, unter denen COMPRESS arbeiten soll und die Entfragmentierung starten.

Art der Entfragmentierung

ART DER ENTFRAGMENTIERUNG bietet Ihnen drei Arbeitsweisen von COMPRESS an:

"*Dateien entfragmentieren*": Sorgt lediglich dafür, daß alle Dateien an einem Stück abgespeichert sind. Die "Löcher" zwischen den Dateien bleiben aber erhalten. Die freien Cluster werden also nicht alle ans Ende des Datenträgers verlagert. Diese Methode nimmt am wenigsten Zeit in Anspruch.

"*Vollkommen entfragmentieren*": Die Dateien werden zusammenhängend abgespeichert. Zusätzlich werden die Löcher zwischen den Dateien entfernt. Am Ende dieser Maßnahme befinden sich also alle Cluster beieinander, die Daten enthalten, und alle leeren Cluster in einem anderen Block. Das erhöht die Zugriffszeiten des Laufwerks erheblich.

"Entfragmentieren + löschen": Bewirkt das gleiche wie *"Vollkommen entfragmentieren"*. Zusätzlich wird bei allen Clustern, die in der FAT keiner Datei zugeordnet sind, der Inhalt gelöscht. Cluster, die zur Speicherung freigegeben wurden und noch Daten gelöschter Dateien enthalten, werden also entleert. Nach der Durchführung sind deshalb keine Reste mehr von gelöschten Dateien vorhanden. Daß bedeutet, daß eine Restauration dieser Dateien nun unmöglich ist. Diese Methode beansprucht am meisten Zeit.

Ordnungsoptionen

Hiermit können Sie festlegen, in welcher Reihenfolge die Dateien auf der Festplatte oder der Diskette abgelegt werden sollen.

"Standard": Die Unterverzeichnisse werden an den Anfang gelegt, während die Dateien in beliebiger Reihenfolge abgelegt werden. Das hat den Vorteil, daß COMPRESS dadurch weitaus schneller arbeiten kann.

".COM & .EXE zuerst": Alle Dateien mit den Namenserweiterungen .COM und .EXE werden an den Anfang der Festplatte gestellt. Diese werden dann erheblich schneller geladen.

"DOS (Unterverz.zuerst)": Hinter den Unterverzeichnissen, die ganz an den Anfang verlegt werden, werden die Dateien verzeichnisweise abgelegt. Diese Anordnung sorgt für die maximale Arbeitsgeschwindigkeit der Festplatte.

"DOS (Unterverz. mit Dateien)": Jedes Unterverzeichnis wird direkt seinen zugehörigen Dateien vorangestellt. Auch diese Anordnung zeichnet sich durch hohe Effizienz aus.

Datenträger-Analyse

Dieser Menüpunkt teilt Ihnen mit, ob die Durchführung von COMPRESS ratsam ist oder nicht. Auf dieses Urteil können Sie sich verlassen.

Bereinigung beginnen

Das Programm beginnt mit seiner Arbeit. Nach dem Aufruf erscheint eine Warnung. Sie teilt Ihnen mit, daß alle speicherresidenten Programme bis auf die PCTools nun beendet sein müssen. Sie meldet auch, daß auf das Laufwerk ab jetzt nicht mehr zugegriffen werden darf. Außerdem empfiehlt sie, vorher noch eine Sicherheitskopie der Festplatte anzulegen. Mit FORTFAHREN beginnt die eigentliche Optimierungsroutine.

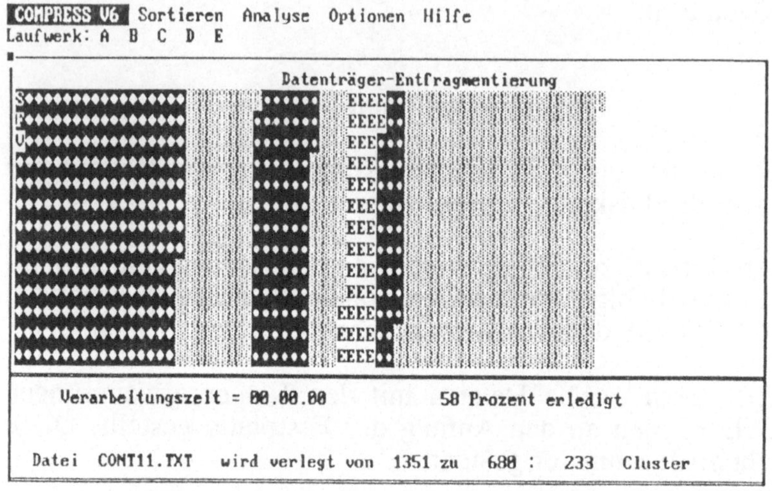

Bild 2-35 Anzeige des Optimierungsvorgangs

Wie Sie Bild 2-35 entnehmen können, zeigt das Programm an, welche Cluster gerade gelesen ("*R*": Read), welche gerade zurückgeschrieben ("*W*": Write) und welche gelöscht werden ("*C*": Clear). Hinter "*Elapsed time*" wird die Zeit angegeben, die seit dem Beginn der Routine verstrichen ist. "*x Percent Complete*" gibt an, welchen Teil der Arbeit COMPRESS DISK schon hinter sich gebracht hat.

Nach der Beendigung der Routine fragt Sie COMPRESS, ob Sie MIRROR laufen lassen wollen, um die neue Anordnung der Cluster gleich zu erfassen. Diese Möglichkeit sollten Sie unbedingt wahrnehmen, damit Sie mit MIRROR nach der Optimierung gelöschte Dateien retten können. Dann empfiehlt COMPRESS DISK noch, den Rechner neu zu starten, um Konflikte mit anderen Programmen zu vermeiden, die sich noch auf die alte Datenstruktur beziehen und auf diese Weise viel Schaden anrichten können. Auch das sollten Sie unbedingt tun.

Protokoll drucken

Wenn Sie vom Verlauf der Optimierung einen umfangreichen Bericht erstellt haben möchten, müssen Sie diese Option aktivieren. Wählen Sie nach dem Aufruf, ob der Bericht ausgedruckt (DRUCKEN) oder in der Datei COMPRESS.RPT abgespeichert werden soll (DATENTRÄGER). Damit Sie ein Protokoll erstellen lassen können, müssen Sie vor dem Beginn der Entfragmentierung diese Option einschalten.

2.5.3 PCBackup

Mit Hilfe dieses Programms können Sie eine Sicherungskopie Ihrer Festplatte (ein sogenanntes Backup) machen. Das kann sehr wichtig sein, weil Sie bei unwiderruflichen Datenverlusten eine Sicherheitskopie der Festplatte auf Diskette noch zur Verfügung zu haben. Sie können diese Kopie dann mit PCBackup wieder auf die Festplatte kopieren. Dieses Programm erfüllt die gleichen Aufgaben wie die MS-DOS-Befehle BACKUP und RESTORE, besticht jedoch durch seine leichte Bedienung, seine ungeheuren Möglichkeiten und ist außerdem um ein Vielfaches schneller als sein DOS-Pendant.

Das Backup kann auf Disketten, Festplatten oder Bandlaufwerken (Streamern) gespeichert werden. Das Programm ist nur lauffähig auf Rechnern mit mindestens 512 kByte und einer MS-DOS-Version von 3.0 an aufwärts.

Achtung! Leider können Sie alte Sicherheitskopien Ihrer Festplatte nicht mit PCBackup 6.0 bearbeiten, da dieses nicht zu den alten Versionen kompatibel ist. Sie sollten deshalb mit der neuen Version sofort ein Backup erstellen, da die alten Backups nutzlos sind. Bei Laufwerken, die in mehrere Partitionen eingeteilt sind, sollte jede Partition wie eine eigenständige Festplatte behandelt werden.

Achtung! PCBackup arbeitet mit Platten, die mit den DOS-Befehlen ASSIGN, SUBST oder JOIN "behandelt" wurden, nicht fehlerfrei zusammen!

Sie können das Programm aus dem Programm-Menü aufrufen oder von MS-DOS aus mit PCBackup starten. Auch hier soll der Aufruf mit MS-DOS genauer beschrieben werden:

PCBackup [Laufwerk] [Setup] [Parameter]

[Laufwerk]: Hiermit bestimmen Sie, von welcher Festplatte das Backup gemacht wird. Das ist nur nötig, wenn Sie mehrere Festplatten besitzen. Sie können die richtige Festplatte auch mit der Funktion SICHERN VON aus dem Sichern-Menü oder mit ZURÜCKLESEN AUF aus dem Zurücklesen-Menü auswählen. Diese Wahl erübrigt sich, wenn Sie nur eine Festplatte besitzen.

[Setup]: Wenn Sie mit EINSTELLUNG SPEICHERN ein oder mehrere Setups abgespeichert haben, können Sie PCBackup mit diesen Voreinstellungen aufrufen. Sie müssen dann nur den Namen des Setups angeben und die Voreinstellungen werden automatisch vorgenommen.

[Parameter]:
/bw: PCBackup wird im Schwarz-Weiß-Modus aufgerufen. Das ist besonders für Benutzer wichtig, deren Rechner eine Farbgrafikkarte (CGA, EGA oder VGA) eingebaut haben, aber einen Monochrommonitor benutzen.

/dob: Wenn Sie ein Deluxe Option Board auf ihrem System installiert haben, wird es durch diesen Schalter automatisch in die Arbeit eingebunden. Es verbessert dann die Arbeitsgeschwindigkeit beim Lesen und Beschreiben von unformatierten Disketten während des Kopiervorgangs um 20-40 %.

/lcd: Gut lesbare Darstellung für LCD-Monitore.

/le: Wenn Sie Linkshänder sind, können Sie mit Hilfe dieses Schalters die Funktionen des rechten und des linken Mausknopfes vertauschen. Dieser Parameter ist sowohl für nagetierlose Haushalte als auch für Rechtshänder uninteressant.

/no: Der DMA-Modus (*"Direct Memory Access"*: Direkter Speicherzugriff) wird ausgeschaltet. In diesem Modus wird gleichzeitig von der Festplatte gelesen und auf die Diskette geschrieben, was einen erheblichen Geschwindigkeitsvorteil mit sich bringt. Auf einigen Rechnern führt diese Arbeitsweise zu Systemabstürzen. Wenn das auf Ihrem Rechner der Fall ist, kann der Modus durch */no* abgeschaltet werden. Der DMA-Modus wird an späterer Stelle genauer beschrieben.

/ps2: Falls die Mausbedienung auf Ihrem PS/2-Rechner nicht funktionieren sollte, müssen Sie diesen Parameter setzen.

/r: Schaltet automatisch in den Zurücklesen-Modus um. Sie werden dann aufgefordert, die letzte Diskette Ihres Festplattenbackups einzulegen. Da sich das Programm fortan in diesem Modus befindet, müssen die Verzeichnisse und Dateien der Platte nicht eingelesen werden.

"/?": Gibt Hilfestellung zu den verschiedenen Aufruf-Parametern.

```
Beispiele:

PCBackup c: einst:
PCBackup wird aufgerufen. Dabei wird Laufwerk C eingestellt und die in "einst"
gespeicherten Einstellungen werden vorgenommen.

PCBackup einst /no /le:
PCBackup wird mit den in "einst" gespeicherten Einstellungen aufgerufen. Dabei
wird der DMA-Modus ausgeschaltet und die Maus "linkshändertauglich" gemacht.

PCBackup /r:
PCBackup wird aufgerufen. Es wird automatisch in den Zurücklesen-Modus
geschaltet.
```

2.5.3.1 PCBackup konfigurieren

PCBackup müssen Sie nur einmal, nämlich beim ersten Aufruf des Programmes, konfigurieren. Das Programm öffnet in diesem Falle folgendes Fenster:

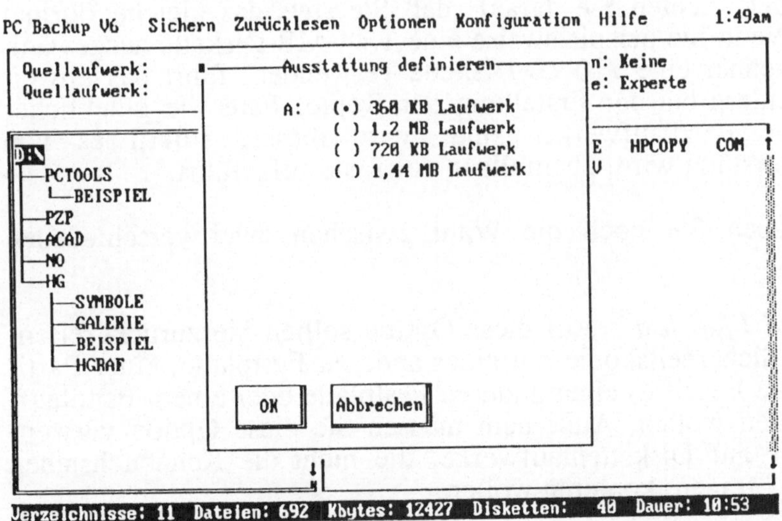

Bild 2-36 Bestimmung der Laufwerkskonfiguration

Drücken Sie <Return>, um zur ersten Dialogbox zu kommen. In dieser müssen Sie bestimmen, welche Laufwerkskonfiguration Ihnen zur Verfügung steht. Mit OK gelangen Sie dann in die zweite Dialogbox (s. Bild 2-37)

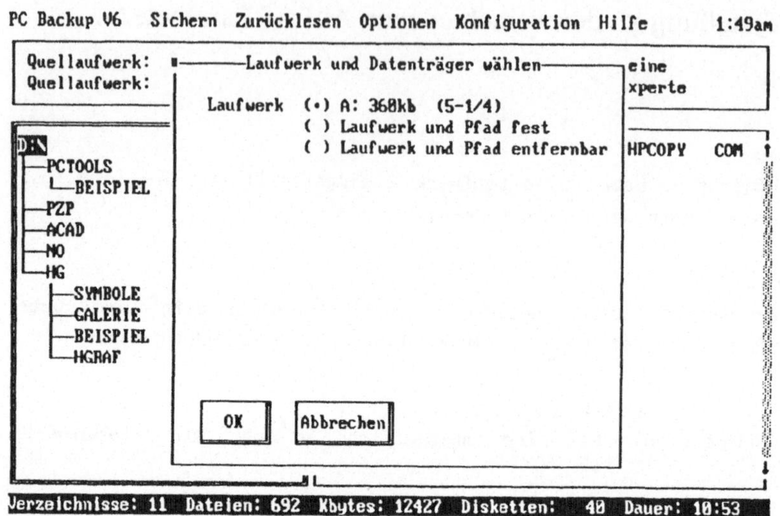

Bild 2-37 Bestimmung des verwendeten Diskettenlaufwerks

Mit Hilfe dieses Fensters legen Sie fest, welche(s) Laufwerk(e) zum Backup verwendet werden und welche Diskettenkapazität dabei Verwendung findet. Achten Sie darauf, daß Sie stets das gleiche Format verwenden. Wenn Sie beispielsweise eine 1.44-MB-Diskette ausgewählt haben und nachher eine 720-kB-Diskette verwenden, führt das unweigerlich zu Fehlern bei der Erstellung der Kopie. Falls Sie glücklicher Besitzer eines Bandlaufwerkes sind, wird dieses, sofern es von BACKUP unterstützt wird, ebenfalls in der Liste aufgeführt.

Außerdem haben Sie noch die Wahl zwischen zwei verschiedenen Arbeitsmodi:

"Laufwerk und Pfad fest": Auf diese Option sollten Sie zurückgreifen, wenn Sie die Sicherheitskopie mit einer anderen Festplatte, einer Partition (s. zentrale Begriffe) einer anderen Festplatte oder einem Bandlaufwerk vornehmen wollen. Außerdem müssen Sie diese Option verwenden, wenn Sie auf Diskettenlaufwerke, die nicht die Kennbuchstaben "A:" oder "B:" tragen, kopieren wollen.

"Laufwerk und Pfad entfernbar": Alle anderen Laufwerke mit entfernbaren Datenträgern sollten in diesem Modus betrieben werden.

Sollten Sie in der glücklichen Lage sein, zwei Diskettenlaufwerke gleicher Kapazität und Bauart zu besitzen, kommen Sie außerdem in den Genuß eines weitaus schnelleren Backups. Sie können dann in einem zusätzlichen Fenster, das automatisch geöffnet wird, die Betriebsart *"Backup mit zwei Laufwerken"* auswählen, die Ihren Arbeitsaufwand doch erheblich verringert.

Nun erscheint noch ein Fenster, daß Ihnen anbietet, einen Geschwindigkeitstest durchzuführen, um die größtmögliche Arbeitsgeschwindigkeit zu erreichen. Dazu benötigen Sie lediglich eine alte Diskette, deren Inhalt nicht mehr wichtig ist oder eine Leerdiskette. Das Programm führt nun einen Probelauf durch, der einige Minuten in Anspruch nimmt und teilt Ihnen danach mit, welche Geschwindigkeit für Sie in Frage kommt.

2.5.3.2 Der Arbeitsbildschirm von PCBackup

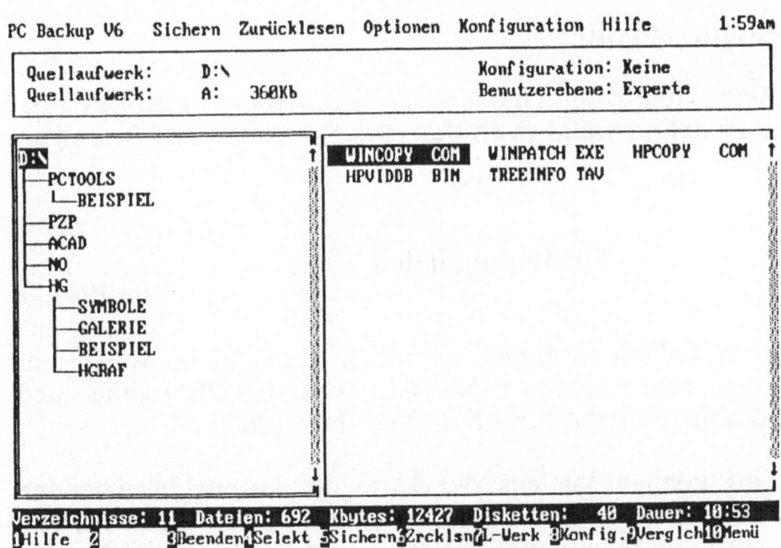

Bild 2-38 Arbeitsbildschirm von PCBackup

Nach dem Aufruf präsentiert sich das Programm ähnlich wie PCShell: Das Fenster unterhalb der Menüleiste ist eine der wenigen Veränderungen (s. Bild 2-38). In ihm steht, von welchem Laufwerk aus die Kopie gemacht werden soll (*"Quellaufwerk"*), und auf welchem Laufwerk das Backup abgespeichert werden soll (*"Ziellaufwerk"*). Von diesem Laufwerk ist auch die Speicherkapazität angegeben. Außerdem wird die Benutzerebene, in der Sie sich befinden, angegeben und über die Konfiguration informiert.

In der vorletzten Zeile werden die Anzahl der Verzeichnisse und Dateien, die Gesamtgröße aller Dateien der Festplatte, die Anzahl der für das Backup benötigten Disketten und die Zeit, die schätzungsweise für die Kopie benötigt wird, angegeben. Ansonsten ist bei der Bedienung und Anzeige alles beim alten geblieben.

Die Menüs von PCBackup

Sämtliche Funktionen des Programmes sind in seinen vier Menüs zu finden.

2.5.3.3 Das Optionen-Menü

Dieses Menü bietet viele Möglichkeiten, auf die Arbeitsweise des Programms Einfluß zu nehmen und es so den persönlichen Wünschen anzupassen.

Einstellung laden

Alle Ebenen

Diese Funktion ermöglicht es Ihnen, eventuell abgespeicherte Voreinstellungen zu laden oder löschen. EINSTELLUNG LADEN kann auch mit der Tastenkombination <Alt> +E aufgerufen werden.

Nach dem Aufruf können Sie aus der Liste der bereits bestehenden Konfigurations-Dateien eine auswählen. Mit OK wird sie geladen, mit ABBRECHEN wird der Menüpunkt verlassen und mit LÖSCHEN wird sie aus der Liste entfernt.

Einstellung speichern

Fortgeschrittenen-Ebene,
Experten-Ebene

Speichert die vorgenommenen Einstellungen ab. Wenn Sie jedes Mal dieselben Einstellungen verwenden, können Sie durch Laden der Konfigurations-Datei viel Zeit sparen (kann auch mit <Alt>+I aufgerufen werden).

Folgende Informationen werden gesichert:

- Zu sichernde Festplatte,
- Ziel-Laufwerk,
- Benutzerebene, Farben,
- Backup-Geschwindigkeit und -Methode,
- Unterverzeichnisse und Dateien ein/ausschließen,
- Aktivierte Optionen wie Bericht, Attribute ausschließen,
- Überschreibwarnung,
- Wahl der Zeitspanne.

Geben Sie den Namen ein, unter dem Sie die Datei abspeichern wollen. Bestätigen Sie ihn mit OK oder verlassen Sie den Befehl mit CANCEL.

Backup-Methode

Fortgeschrittenen-Ebene,
Experten-Ebene

Diese Funktion legt fest, auf welche Weise PCBackup eine Sicherheitskopie macht. Dabei stehen Ihnen verschiedene Modi zur Verfügung:

"*Vollständig*": Es werden alle Dateien ins Backup übernommen. Bei allen Dateien wird das Archiv-Bit (s. zentrale Begriffe) zurückgesetzt, was bedeutet, daß sie als gesichert markiert werden. Diese Arbeitsweise ist voreingestellt und die einzige, auf die Sie in der Anfänger-Ebene zurückgreifen können.

"*Inkremental*": Alle neuen oder geänderten Dateien seit dem letzten vollständigen oder teilweisen Backup werden von neuem abgespeichert. Diese Daten werden an die alten Backup-Dateien angehängt. Das Archive-Attribut wird zurückgesetzt.

"Differentiell": Alle Dateien, die seit dem letzten vollständigen Backup geändert wurden, werden abgespeichert. Das Archive-Attribut wird nicht zurückgesetzt.

"Vollständige Kopie": Arbeitet wie *"Vollständig"* - allerdings mit dem Unterschied, daß das Archive-Bit nicht zurückgesetzt wird.

"Getrennt Inkremental": Geänderte und neue Dateien werden gesichert, das Archive-Bit gesetzt. Allerdings wird dieses Backup nicht an die alten Backup-Dateien angehängt, sondern für sich abgespeichert.

Berichten

Fortgeschrittenen-Ebene,
Exxperten-Ebene

Wenn Sie sich einen Bericht über den Verlauf des Backups wünschen, können Sie ihn entweder ausdrucken oder in einer Textdatei abspeichern.

Der Report gibt an, zu welchem Zeitpunkt das Backup gemacht wurde. Außerdem wird angeführt, mit welchen Laufwerken die Sicherheitkopie durchgeführt und welche Voreinstellungen berücksichtigt wurden. Desweiteren erfährt der Benutzer, wieviele Verzeichnisse und Dateien gespeichert und wieviel Disketten gebraucht wurden. Zum Schluß erfolgt eine Liste aller dieser Dateien und Verzeichnisse.

Aus folgenden Möglichkeiten können Sie sich eine auswählen:

"Kein": Es wird kein Bericht abgegeben. Diese Option ist voreingestellt.

"Zum Drucker": Der Bericht wird ausgedruckt.

"Zur Datei": Der Bericht wird in einer Datei abgespeichert. Der Dateiname setzt sich dabei folgendermaßen zusammen: Der erste Buchstabe des Namens gibt den Laufwerksbuchstaben an, die folgenden sechs das Erstellungsdatum der Datei (Format: JJMMTT) und der letzte Buchstabe, um das wievielte Backup des Tages es sich handelt. Die Namenserweiterung ist ".RPT".

Komprimieren

Experten-Ebene

Mit dieser Funktion können Sie festlegen, ob und in welchem Umfang PCBackup die Daten beim Backup komprimieren soll. Eine Datenkomprimierung kann sehr viel Platz sparen. Bereits von anderen Programmen komprimierte Dateien werden nicht nochmals bearbeitet. Sie haben folgende Möglichkeiten:

"*Keine*": Die Daten werden überhaupt nicht komprimiert.

"*Platz minimalisieren*": In diesem Modus werden die Daten optimal komprimiert. Das bedeutet, daß nur so wenig Disketten wie unbedingt nötig für das Backup benötigt werden. Auf diese Weise können 10 bis 60 Prozent Platz gespart werden. Allerdings dauert die Datensicherung dann erheblich länger.

"*Zeit minimalisieren*": Die Daten werden ebenfalls komprimiert, aber nur wenn der Computer Rechenkapazität frei hat. Die Dauer eines Backups verlängert sich durch die Anwendung dieser Funktion nur unwesentlich. Wie stark die Daten zusammengefaßt werden, hängt von der Schnelligkeit des Rechners ab. Ein XT wird mit dieser Funktion nie die Datendichte eines AT-Rechners erreichen. Diese voreingestellte Option kann nur auf Rechnern mit aktiviertem DMA-Modus arbeiten.

Prüfen

Experten-Ebene

Wenn Sie eine der Prüfungsoptionen aktiviert haben, werden die Backup-Disketten auf Schäden und Fehler hin untersucht. Allerdings wird kein Vergleich der Daten auf der Festplatte mit den Daten auf den Disketten vorgenommen. PRÜFEN stellt Ihnen folgende Prüfungsmöglichkeiten zur Verfügung:

"*Keine*": Die Disketten und Daten werden überhaupt nicht überprüft.

"*Bei Formatierung*": Die Disketten werden beim Formatieren auf Fehler hin untersucht. So werden die meisten Fehler entdeckt werden können. Wenn die Disketten, die Sie zum Backup verwenden, allerdings nicht formatiert werden müssen, bringt Ihnen dieser Modus nichts. "*Bei Formatierung*" ist voreingestellt.

"Stets prüfen": Wenn Sie diese Option aktiviert haben, werden die Disketten auf jeden Fall vollständig überprüft. Bei dieser Methode können Sie zu hundert Prozent sichergehen, daß die Disketten keinerlei Fehler aufweisen. Die Backupzeit erhöht sich allerdings beträchtlich.

Stets formatieren

Experten-Ebene

Hier können Sie bestimmen, ob die verwendeten Disketten grundsätzlich formatiert werden sollen oder nicht. Ein Häkchen neben der Funktion im Optionen-Menü gibt Auskunft darüber, ob diese Option aktiviert ist oder nicht.

Fehlerkorrektur

Experten-Ebene

Wenn FEHLERKORREKTUR aktiviert ist, spürt das Programm während des Backup-Vorgangs automatisch bis zu 158 Fehler pro Diskette auf. Die Funktion speichert dann für jeden Fehler Korrektur-Informationen auf der Diskette ab, so daß die Fehler keinen Schaden mehr anrichten können. Es wird zwar etwas mehr Zeit und Platz in Anspruch genommen, doch die Datensicherheit erhöht sich wesentlich, so daß die Verwendung dieser Option nur zu empfehlen ist.

Standardformat

Experten-Ebene

PCBackup bietet Ihnen zum Formatieren neben dem Standard-DOS-Format noch ein eigenes Format an, das die Speicherkapazizät der Disketten erhöht (je Spur kommt ein Sektor hinzu). Solche Disketten können von DOS aus nicht gelesen werden. Alte Versionen des Programmes verwendeten grundsätzlich dieses neue Format. Wenn Sie Disketten benutzen wollen, die nicht von einem alten PCBackup formatiert wurden, ist das Standardformat eingestellt. Sie können es jedoch auch ausschalten.

Der einzige Nachteil des PCBackup-eigenen Formates ergibt sich daraus, daß Sie die Diskette von DOS aus nicht lesen können und deshalb neu formatieren müssen, wenn Sie für neue Zwecke verwenden wollen.

Unterverzeichnisse einschließen

Fortgeschrittenen-Ebene,
Experten-Ebene

Wenn diese Option aktiviert ist, werden bei der Verzeichnis- und Dateiwahl auch diejenigen Verzeichnisse berücksichtigt, die dem Betroffenen direkt untergeordnet sind. Ist sie ausgeschaltet, wird nur das aktuelle Verzeichnis beachtet. Die direkt untergeordneten Verzeichnisse werden vernachlässigt. Durch einen Haken neben der Option wird angegeben, ob sie eingestellt ist oder nicht. Sie ist von vornherein eingestellt.

Dateien ein/ausschließen

Fortgeschrittenen-Ebene
Experten-Ebene

Im Normalfall werden alle Dateien in allen Verzeichnissen (außer Systemdateien und versteckten Dateien) für das Backup berücksichtigt. Wenn Sie jedoch nur bestimmte Dateien der Festplatte abspeichern wollen, gibt es für deren Auswahl mehrere Möglichkeiten:

Beispielsweise können Sie nur die Dateien für das Backup berücksichtigen, die seit der letzten Sicherheitskopie neu erstellt oder verändert wurden. Wählen Sie dazu bei BACKUP-METHODE den entsprechenden Arbeitsmodus. Außerdem können Sie mit VERZEICHNISSE WÄHLEN aus dem Sichern-Menü bestimmte Verzeichnisse und Dateien auswählen.

Wenn Sie Ihre Dateien aber nach anderen Kriterien auswählen wollen, bietet Ihnen diese Funktion eine weitere Möglichkeit an, die gewünschten Dateien zu markieren. Soll sich die Dateiwahl auch auf alle untergeordneten Verzeichnisse beziehen, ist UNTERVERZEICHNIS EINSCHLIESSEN vor der Wahl der Dateien zu aktivieren. Wenn es nach der Dateiwahl aufgerufen wird, wird diese wieder rückgängig gemacht.

Nach dem Aufruf erscheint ein Fenster, in dem Sie bis zu sechzehn Dateiwahlbedingungen angeben können (s. Bild 2-39). Sie können nun festlegen, welche Dateien ausgewählt werden sollen. Wildcards (s. zentrale Begriffe) können ebenfalls verwendet werden. Im Normalfall sind alle Dateien betroffen, so daß ein "*.*" in der Eingabezeile erscheint.

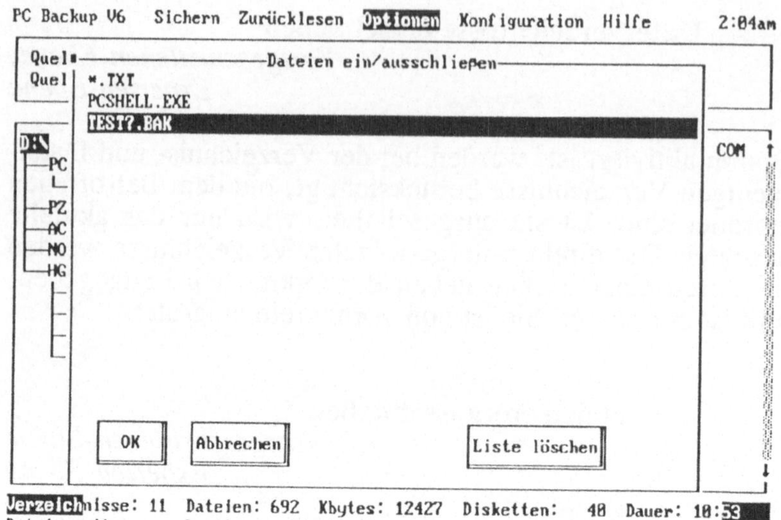

Bild 2-39 Auswahl der Dateien

Sie können jedoch diese Eingabe nach Belieben ändern. Einige Beispiele:

"-*.*": Alle Dateien werden von der Wahl ausgeschlossen.

"\PCTOOLS\TEST*.*": Alle Dateien des Verzeichnisses TEST werden ausgewählt. Es ist immer der komplette Pfadname anzugeben (\TEST*.* hätte also nicht ausgereicht).

"-\PCTOOLS*.BAT": Alle Dateien des Verzeichnisses PCTools und, bei aktiviertem UNTERVERZEICHNIS EINSCHLIESSEN, auch aller untergeordneter Verzeichnisse mit der Endung ".BAT" werden ausgeschloßen.

Wenn Sie nach einer Dateienbestimmung <RETURN> drücken, wird diese in die Liste aufgenommen. Mit OK werden die Dateien, die diese Bedingungen erfüllen, ausgewählt bzw. ausgeschlossen, mit ABBRECHEN kehrt das Programm ins Optionen-Menü zurück. Mit LISTE LÖSCHEN wird die Liste der Dateibestimmungen gelöscht.

DATEIEN EIN/AUSSCHLIESSEN und VERZEICHNISSE WÄHLEN aus dem Sichern-Menü schließen sich aus. Wenn Sie mit ersterem bestimmte Dateien markiert haben und dann mit VERZEICHNISSE WÄHLEN eine neue Auswahl vornehmen, werden die Auswahlbedingungen von DATEIEN EIN/AUSSCHLIESSEN außer Kraft gesetzt. Es wird also immer nur die als letzte gewählte Funktion berücksichtigt.

Attribute ausschliessen

Fortgeschrittenen-Ebene,
Experten-Ebene

Mit dieser Funktion können Sie weitere Einschränkungen bei der Dateiwahl vornehmen. Sie können versteckte Dateien, Systemdateien und Read-Only-Dateien ausschließen.

"*Versteckte Dateien ausschliessen*": Dateien, die mit dem Attribut "*Hidden*" (s. zentrale Begriffe) versehen sind, werden von der Dateiwahl mit DATEIEN EIN/AUSSCHLIESSEN grundsätzlich ausgeschlossen. Da viele Kopierschutze mit versteckten Dateien arbeiten, ist diese Option voreingestellt.

"*System-Dateien ausschliessen*": Dateien, die mit dem Attribut "*System*" versehen sind, werden von der Dateiwahl grundsätzlich ausgeschlossen. Diese Option ist voreingestellt.

"*Nur-Lese-Dateien ausschliessen*": Dateien, die mit dem Attribut "*Read Only*" versehen sind, werden von Dateiwahl grundsätzlich ausgeschlossen. Diese Option ist nicht voreingestellt.

Zeitspanne wählen

Fortgeschrittenen-Ebene,
Experten-Ebene

Unter Zuhilfenahme dieser Funktion können Sie Dateien nach ihrem Datum auswählen. Wenn Sie z. B. bei DATEIEN EIN/AUSSCHLIESSEN mit der Dateiwahlbedingung "**.BAT*" alle Dateien mit der Dateinamenserweiterung .BAT markiert haben und mit dieser Funktion die Dateien dieses Monats auswählen, werden nur die Dateien dieses Monats mit der Endung ".BAT" markiert.

Nach dem Aufruf müssen Sie wählen, ob Sie die Dateiwahl an- oder ausschalten wollen. Dann können Sie den Zeitraum wählen. Geben Sie hinter "*Von*" das Anfangsdatum ein und hinter "*Bis*" das Enddatum. Mit OK werden dann die entsprechenden Dateien ausgewählt, mit ABBRECHEN wird ins Optionen-Menü zurückgekehrt, ohne daß die Dateien markiert werden.

Zusammenfassung speichern

Experten-Ebene

Für jedes Backup speichert das Programm eine Zusammenfassung des Verlaufes auf der letzten Backup-Diskette ab. Sie gibt Auskunft über folgende Daten:

- Name des Backups
- Namen aller gesicherten Dateien und Verzeichnisse
- Zeitpunkt der Sicherung
- Art & Umfang des Backups.

Wenn ZUSAMMENFASSUNG SPEICHERN aktiviert ist, wird diese Zusammenfassung auch auf der Festplatte gespeichert. Das hat den Vorteil, daß Sie beim Zurücklesen oder Vergleichen der Daten (s. Zurücklesen-Menü) nicht erst die letzte Diskette des Backups einlegen müssen, um an die Informationen zu gelangen. Stattdessen öffnet das Programm ein Fenster, aus dem Sie auf komfortable Weise die gewünschte Sicherheitskopie auswählen können. Diese Option ist normalerweise eingestellt und sollte nur zurückgesetzt werden, wenn der Platz auf Ihrer Festplatte außerordentlich knapp ist.

Zeitanzeige

Experten-Ebene

Hiermit können Sie die Anzeige der benötigten Arbeitszeit während des Backup-Vorgangs ein- oder ausschalten. Es kann bei manchen Rechnern in seltenen Fällen vorkommen, daß die Zeitanzeige zu Problemen führt. Im Netzwerkbetrieb ist von ihr abzuraten, da dort der Arbeitsablauf gestört wird. Die Zeitangabe ist von vornherein voreingestellt, durch den Aufruf dieses Menüpunktes wird sie also abgeschaltet. Ein Haken zeigt an, ob die Funktion aktiviert ist oder nicht.

Überschreibwarnung

Fortgeschrittenen-Ebene,
Experten-Ebene

Sie können festlegen, ob das Programm Sie vor Speichervorgängen warnen soll, die zu Datenverlusten führen könnten. Das kann zum einen der Fall sein, wenn das Backup auf Disketten gespeichert wird, die bereits mit einer älteren Sicherheitskopie belegt sind. Zum anderen warnt es Sie auch dann, wenn bei der Datenrettung eine Datei auf die Festplatte geschrieben werden soll, die bereits auf dieser existiert.

Sollte PCBackup feststellen, daß sich auf der gerade für das Backup verwendeten Diskette bereits eine alte Sicherheitskopie befindet, wird eine Warnung mit einer Sicherheitsabfrage ausgegeben. Mit OK wird die Arbeit trotz der Warnung fortgesetzt, mit ABBRECHEN wird das Backup beendet, mit WIEDERHOLEN können Sie nach dem Einlegen einer anderen Diskette den Versuch wiederholen.

Wenn beim Zurücklesen der Daten eine Datei auf die Festplatte geschrieben werden soll, und bereits eine namensgleiche Datei im selben Verzeichnis existiert, würde die Datei von der Diskette die Festplattendatei überschreiben. Wenn es sich bei der Datei auf der Festplatte um eine aktuellere Version der Datei auf der Diskette handelt, wird das nicht wünschenswert sein. In einem solchen Falle wird bei eingeschalteter ÜBERSCHREIBWARNUNG ein Fenster geöffnet, in dem die Größe und das Alter der beiden Dateien verglichen werden. Es stehen Ihnen dann folgende Möglichkeiten offen:

"Überschreiben": Die Datei auf der Festplatte wird überschrieben.

"Nur mit neuerer Datei überschreiben": Die Datei wird nur dann auf die Festplatte geschrieben, wenn Sie neuer ist als die Datei auf der Festplatte.

"Diese Datei überspringen": Die Datei wird nicht auf der Festplatte gespeichert.

"Für alle späteren Dateien wiederholen": Falls Sie diese Option einschalten, wird für alle anderen Dateien, die doppelt vorhanden sind, die Vorgehensweise, die Sie in diesem Falle bevorzugen, automatisch übernommen. Ein Warnungsfenster wird dann nicht mehr geöffnet.

2.5.3.4 Das Sichern-Menü

In diesem Menü befindet sich die eigentliche Backup-Routine (SICHERUNG STARTEN). Außerdem können Sie hier festlegen, von welcher Festplatte ein Backup gemacht werden soll. Schließlich wird Ihnen mit VERZEICHNISSE WÄHLEN eine Möglichkeit gegeben, bestimmte Dateien und Verzeichnisse zu markieren.

Sicherung starten

Alle Ebenen

Haben Sie alle Voreinstellungen vorgenommen und sind Sie sich Ihrer Sache absolut sicher? Dann kann es ja endlich losgehen mit der Sicherheitskopie der Festplatte.

Nach dem Aufruf werden Sie aufgefordert, die erste Diskette ins Laufwerk einzulegen. Wenn Sie sich im DOS-Modus befinden, können Sie nach dem Einlegen jeder Diskette diese mit FORMAT erst formatieren. Immer wenn eine Diskette voll ist, werden Sie aufgefordert, eine neue einzulegen. Sie sollten die Backupdisketten durchnumerieren, damit Sie später bei einer Rettungsaktion die richtige Reihenfolge einhalten können

Das Verzeichnis, von dem gerade ein Backup gemacht wird, ist immer farblich hervorgehoben (s. Bild 2-40). Wenn dieses Verzeichnis aktiviert ist, wird noch zusätzlich die Datei markiert, die gerade gesichert wird. In der vorletzten Zeile ist angegeben, welche Diskette im Augenblick beschrieben wird. Außerdem werden Sie darüber informiert, welchen Prozentsatz seiner Arbeit das Programm schon verrichtet hat. Auf der rechten Seite dieser Zeile steht, wieviel Zeit seit dem Beginn des Backupvorgangs vergangen ist (*"Dauer:"*), und in welcher Spur der Diskette sich PCBackup gerade befindet (*"Spur"*). Die Spurangabe erfolgt nur im DMA-Modus.

```
PC Backup V6   Sichern  Zurücklesen  Optionen  Konfiguration  Hilfe        2:00am

 Quellaufwerk:      D:\                      Konfiguration: Keine
 Quellaufwerk:      A:    360Kb              Benutzerebene: Experte

D:\                PCSETUP  EXE   PCSETUP  CFG   README   TXT
 ├─PCTOOLS         PC-CACHE COM   PC-CNV1  OVL   PC-EXT1  OVL
 │ └─BEISPIEL      PC-EXP1  OVL   PCFORMAT COM   COMPRESS EXE
 ├─PZP             COMPRESS HLP   DISKFIX  EXE   MIRROR   COM
 ├─ACAD            REBUILD  COM   UNDELETE EXE   MI       COM
 ├─NO              PCSECURE EXE   PCSECURE HLP   LLQC     EXE
 └─HG              LLS      EXE   PCSHELL  EXE   PCSHELL  OVL
   ├─SYMBOLE       TEXT     VWR   BINARY   VWR   PCRUN    COM
   ├─GALERIE       KILL     EXE   PCSHELL  HLP   PARK     COM
   ├─BEISPIEL      ARCHIVE  VWR   DWRITE   VWR   EXCEL    VWR
   └─HGRAF         PARADOX  VWR   MULTMATE VWR   PCXVIEW  VWR
                   RBASE    VWR   SPREAD1A VWR   SPREAD20 VWR
                   SYMPHONY VWR   WORDPERF VWR   WORDSTAR VWR
                   WORKS    VWR   WPWORKS  VWR   WS2000   VWR
                   DBASE    VWR   WORD     VWR   WP4      VWR
                   XYWRITE  VWR   OLDSHELL CFG   ASCII    OVL

   Sichern: Diskette   1 von 40    3% erledigt    Dauer: 00.03.22  Spur 38
Sicherung: ESC = Abbrechen                        Kompression = 22%
```

Bild 2-40 Schaubild des Backup-Vorgangs

Wenn das Programm seine Arbeit beendet hat, gibt PCBackup an, wieviele Verzeichnisse, Dateien und Kilobyte gesichert wurden. Zusätzlich informiert es noch darüber, wieviele Disketten verwendet wurden, wieviel Zeit beansprucht wurde und wieviel kBytes pro Minute das Programm durchschnittlich abspeicherte.

Sichern von

Alle Ebenen

Wenn Sie nur eine Festplatte besitzen, müssen Sie nicht festlegen, von welcher Sie ein Backup machen wollen. Bei mehreren Festplatten können Sie entweder direkt beim Aufruf des Programms von MS-DOS aus die gewünschte Festplatte angeben oder sich dieses Menüpunktes bedienen. Diese Einstellung können Sie mit ALS STANDARDS SPEICHERN auch sichern.

Nach dem Aufruf können Sie in der Eingabezeile den richtigen Laufwerksbuchstaben eingeben. Wenn Sie wollen, können Sie dann dahinter auch ein Verzeichnis angeben. Von diesem muß allerdings der gesamte Pfad beschrieben werden (z.B. \WORD\TEXTE, nur \TEXTE wäre nicht genug). In diesem Falle werden nur die Dateien dieses Verzeichnisses und, bei aktiviertem UNTERVERZEICHNISSE EINSCHLIESSEN, der direkt untergeordneten Verzeichnisse beim Backup berücksichtigt. Wenn Sie mit Ihrer Eingabe zufrieden sind, drücken Sie <RETURN>. Mit OK oder nach nochmaligem Drücken der <RETURN>-Taste wird dann die Eingabe übernommen, mit ABBRECHEN wird sie übergangen.

Verzeichnisse wählen

Alle Ebenen

Diese Funktion stellt eine weitere Möglichkeit dar, um bestimmte Dateien zu markieren. Da im Normalfall alle Dateien aller Verzeichnisse mit Ausnahme der Systemdateien und der versteckten Dateien markiert sind, können Sie hiermit eine genaue Dateiwahl vornehmen. Die Funktion kann auch direkt mit <F4> aufgerufen werden.

DATEIEN EIN/AUSSCHLIESSEN aus dem Optionen-Menü und VERZEICHNISSE WÄHLEN schließen sich aus. Wenn Sie mit ersterem bestimmte Dateien markiert haben und dann mit VERZEICHNISSE WÄHLEN andere Verzeichnisse und Dateien auswählen, werden die Auswahlbedingungen von DATEIEN EIN/AUSSCHLIESSEN außer Kraft gesetzt. Es wird immer nur die als letzte gewählte Funktion berücksichtigt.

Nach dem Aufruf befinden Sie sich im Verzeichnisfenster, in dem alle Verzeichnisse markiert sind. Sie können den Cursor mit den Cursortasten fortbewegen oder ihn mit der Maus an die gewünschte Stelle im Verzeichnisbaum bewegen. Die Dateien des aktuellen Verzeichnisses werden im rechten Fenster aufgelistet. Wenn Sie ein bestimmtes Verzeichnis auswählen wollen, müssen Sie es anwählen und mit <RETURN> markieren, oder den linken Mausknopf drücken. Umgekehrt wird ein bereits markiertes Verzeichnis mit <RETURN> oder der Maus wieder ausgeschlossen. Sie können alle Verzeichnisse auf einen Schlag ausschließen bzw. markieren, wenn Sie das Hauptverzeichnis auswählen und <RETURN> drücken.

Wenn Sie nicht alle Dateien innerhalb eines Verzeichnisses kopieren wollen, drücken Sie <TAB> oder klicken das Dateifenster mit der Maus an. Nun können Sie wie gehabt die gewünschten Dateien markieren bzw. ausschließen. Mit einem erneuten Drücken von <TAB> wechseln Sie wieder ins Verzeichnisfenster. Sie können diesen Menüpunkt einfach verlassen, indem Sie direkt auf die gewohnte Weise einen anderen Menüpunkt aufrufen.

Beenden

Alle Ebenen

Verläßt PCBackup nach einer Sicherheitsabfrage. Diese Funktion kann ebenfalls mit <F3> aufgerufen werden.

2.5.3.5 Das Zurücklesen-Menü

Mit Hilfe dieses Menüs können Sie das aktuelle Backup zurück auf die Festplatte kopieren, wenn dies wegen eines totalen Datenverlustes der Festplatte nötig werden sollte. Sie sollten PCBackup von der Diskette aufrufen, wenn Ihre Festplatte vor dem "Unfall" schon ziemlich voll war. Wenn Sie nämlich nach dem Datenverlust erst noch die PCTools auf die Festplatte kopieren, wird Festplattenkapazität belegt. Es kann dann vorkommen, daß nicht mehr alle Dateien des Backups auf die Festplatte passen.

Zurücklesen starten

Alle Ebenen

Nach einem Datenverlust der Festplatte, der so schwerwiegend ist, daß es nötig wird, ein Restore durchzuführen, müssen Sie diesen Menüpunkt aufrufen, der auch direkt mit <F6> aktiviert werden kann. Allerdings sollten Sie zuerst mit ZURÜCKLESEN AUF und VERZEICHNISSE WÄHLEN aus diesem Menü das betreffende Laufwerk und, falls Sie nicht alle Daten auf die Platte zurückschreiben wollen, die gewünschten Verzeichnisse und Dateien markieren.

Nach dem Aufruf werden Sie dazu aufgefordert, die letzte Diskette des Backups einzulegen. Auf dieser Diskette sind alle wichtigen Daten über die Struktur der Festplatte (z.B. der Verzeichnisbaum) enthalten. Dann werden Sie aufgefordert, die erste Diskette und danach alle folgenden einzulegen. Befolgen Sie die Anweisungen des Programms. Wenn das Kopieren der Dateien auf die Festplatte beendet ist, erscheint in einem speziellen Fenster die Meldung *"Zurücklesen beendet!"* mit folgenden Informationen:

Anzahl der

- Verzeichnisse,
- Dateien,
- Kilobytes,
- Backup-Disketten.

Klicken Sie OK an, um wieder ins Zurücklesen-Menü zurückzukehren.

Wenn Sie eine Datei auf die Festplatte kopieren und in demselben Verzeichnis bereits eine Datei gleichen Namens existiert, stellt Sie das Programm vor die Wahl, diese Datei auf der Festplatte abzuspeichern, sie nur zu kopieren, wenn sie jüngeren Datums ist, oder diese Datei nicht auf die Festplatte zu kopieren. Diese Sicherheitsabfrage taucht allerdings nur auf, wenn Sie ÜBERSCHREIBWARNUNG aus dem Optionen-Menü aktiviert haben. Bitte ziehen Sie für weitergehende Informationen die Beschreibung dieser Funktion zu Rate.

Vergleich starten

Alle Ebenen

Diese Funktion dient zum Vergleich des Festplatteninhaltes mit dem Inhalt der Backup-Disketten. Mit ihrer Hilfe können Sie beispielsweise nach Erstellung eines Backups überprüfen, ob die Daten auf beiden Datenträgern auch übereinstimmen. Außerdem können Sie mit seiner Hilfe herausfinden, welche Dateien sich seit dem letzten Backup verändert haben. VERGLEICH STARTEN kann auch mit <F9> aufgerufen werden.

Um einen Vergleich zu starten, müssen Sie zuerst mit VERZEICHNISSE WÄHLEN aus dem Zurücklesen-Menü aus der Liste aller Backups die gewünschte Sicherheitskopie auswählen. Falls sie nicht in der Liste vorkommen sollte, legen Sie einfach die letzte Diskette des gewünschten Backups ein.

Nun wird der Verzeichnisbaum des gewählten Backups mit allen betroffenen Backups dargestellt (s. Bild 2-41). Wählen Sie sich die gewünschten Dateien und Verzeichnisse aus, falls Sie nicht den gesamten Inhalt überprüfen wollen. Dieser Vorgang ist unter VERZEICHNISSE WÄHLEN beschrieben.

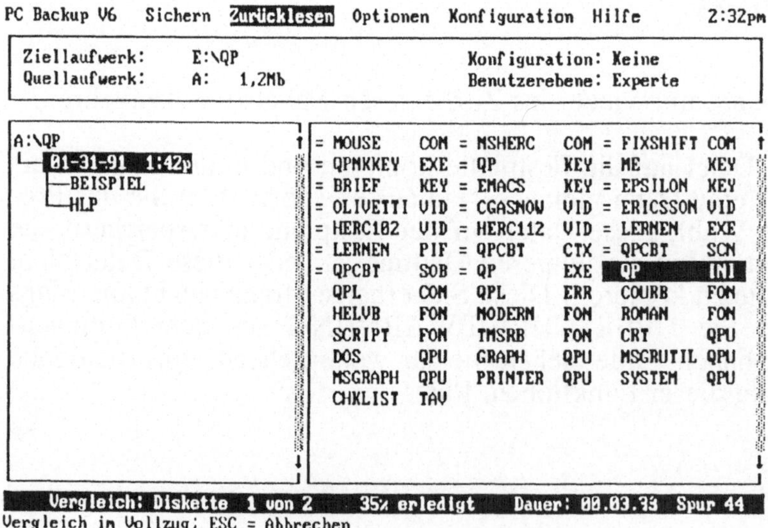

Bild 2-41 Vergleich des Originals mit der Kopie

Rufen Sie schließlich VERGLEICH STARTEN auf. Der Datenvergleich beginnt, nachdem Sie eine Diskette des Backups eingelegt haben. Sie können nun die Arbeit der Funktion mit Hilfe des Cursors mitverfolgen, der sich immer bei der gerade bearbeiteten Datei befindet. Neben jeder Datei erscheint nach dem Vergleich ein Zeichen. Folgende Zeichen können auftreten:

"=": Die Datei hat sich nicht verändert.

"<": Die Backup-Datei ist älter, der Inhalt ist jedoch gleich geblieben.

"<<": Die Backup-Datei ist älter, der Inhalt hat sich geändert.

">": Die Backup-Datei ist jünger, der Inhalt ist aber gleich.

">>": Die Backup-Datei ist jünger, der Inhalt hat sich geändert.

"s": Obwohl Datum und Zeit übereinstimmen, ist die Größe der Dateien unterschiedlich.

"-": Die Backup-Datei ist nicht mehr auf der Festplatte vorhanden.

"x": Obwohl Datum und Zeit übereinstimmen, sind die beiden Dateien nicht miteinander vergleichbar.

Falls ein *"x"* neben einer Datei erscheint, weisen beide Dateien so gravierende Unterschiede auf, daß sie nicht mehr vergleichbar sind. Um solchen Unglücksfällen vorzubeugen, sollten Sie folgenden Hinweisen Beachtung schenken:

- Stellen Sie sicher, daß sich in Zukunft keine speicherresidenten Programme im Speicher befinden, die Dateien während des Backup-Vorgangs verändern könnten.

- Probieren Sie das nächste mal eine andere Backup-Geschwindigkeit aus.

- Falls die Dateien von besonderer Wichtigkeit waren, wiederholen Sie das Backup für diese Dateien und starten Sie einen neuen Vergleich.

Haben Sie die BERICHTEN-Option im Optionen-Menü aktiviert, wird ein Bericht über den Verlauf des Vergleichs entweder ausgedruckt oder aber in der Datei COMPARE.RPT gespeichert. Der Bericht gibt das

Erstellungsdatum des Backups, die Anzahl der getesteten Dateien und Verzeichnisse sowie Informationen über diejenigen Dateien aus, die Unterschiede aufwiesen.

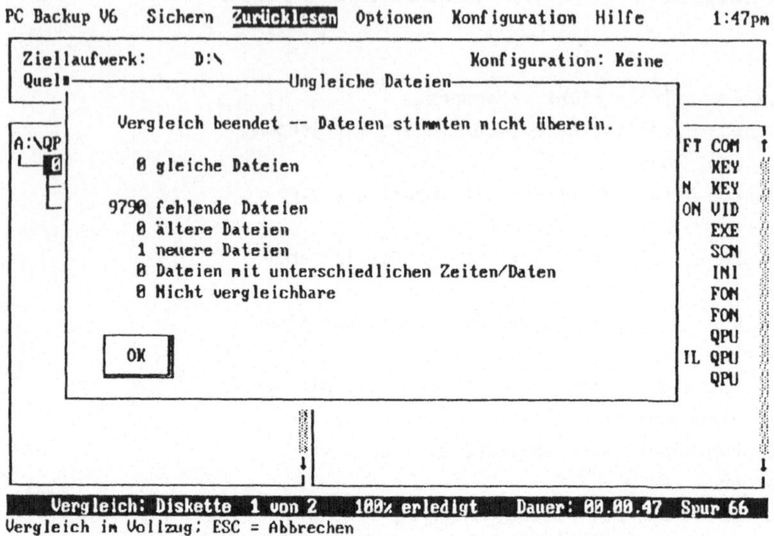

Bild 2-42 Zusammenfassung aller Unterschiede

Am Ende des Vergleiches blendet die Funktion ein Fenster ein, in dem alle Unterschiede und Übereinstimmungen zusammengefasst werden (s. Bild 2-42)

Zurücklesen auf

Alle Ebenen

Wenn Sie alle Dateien der Sicherheitskopie wieder auf dieselbe Festplatte und in dieselben Verzeichnisse kopieren wollen, ist dieser Menüpunkt für Sie unbedeutend. Wenn Sie aber nur einen Teil des Verzeichnisbaums in das Backup übernommen haben (s. SICHERN VON) oder wenn Sie nur Teile der Festplatte wiederherstellen müssen, können Sie diese Auswahl mit Hilfe dieser Funktion vornehmen. Sie ist das Gegenstück zu SICHERN VON.

Geben Sie nach dem Aufruf das gewünschte Festplattenlaufwerk und eventuell den gewünschten Verzeichnispfad an und schließen Sie die Eingabe mit <RETURN> ab. Mit OK werden dann diese Werte übernommen, mit ABBRECHEN wird ins Zurückschreiben-Menü zurückgekehrt, ohne die eingegebenen Werte zu berücksichtigen.

Verzeichnisse wählen

Alle Ebenen

Ist es Ihr Wunsch, nur bestimmte Dateien und Verzeichnisse von den Backupdisketten wieder auf die Festplatte zu kopieren, können Sie diese hiermit einzeln auswählen.

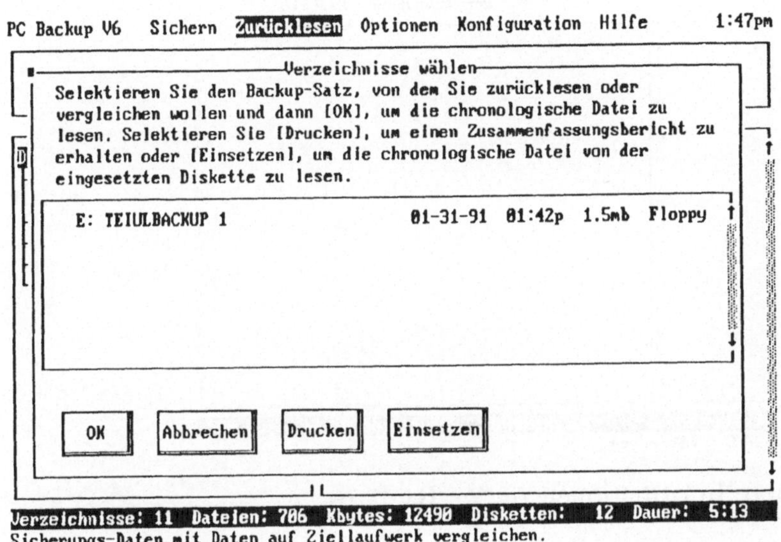

Bild 2-43 Liste aller Backups

Die Funktion öffnet ein Fenster, in dem eine Liste der Zusammenfassungen aller Backups, die auf der Festplatte gefunden wurden mit Namens-, Alters- und Größenangabe angezeigt wird (s. Bild 2-43). Wenn Sie stets die Option ZUSAMMENFASSUNG SPEICHERN aktiviert hatten, sind das alle Sicherheitskopien. Außerdem stehen Ihnen folgende Befehle zur Verfügung:

DRUCKEN: Gibt die Liste auf dem Drucker aus.

EINSETZEN: Wenn die Zusammenfassung des gewünschten Backups nicht auf der Festplatte gefunden wurde, legen Sie die letzte Diskette des betroffenen Backups in das Laufwerk ein und wählen Sie EINSETZEN.

Wählen Sie ansonsten aus der Liste das gewünschte Backup aus (was im Normalfall immer das Aktuellste ist). Mit OK wird dann dieses Backup als Vorlage genommen.

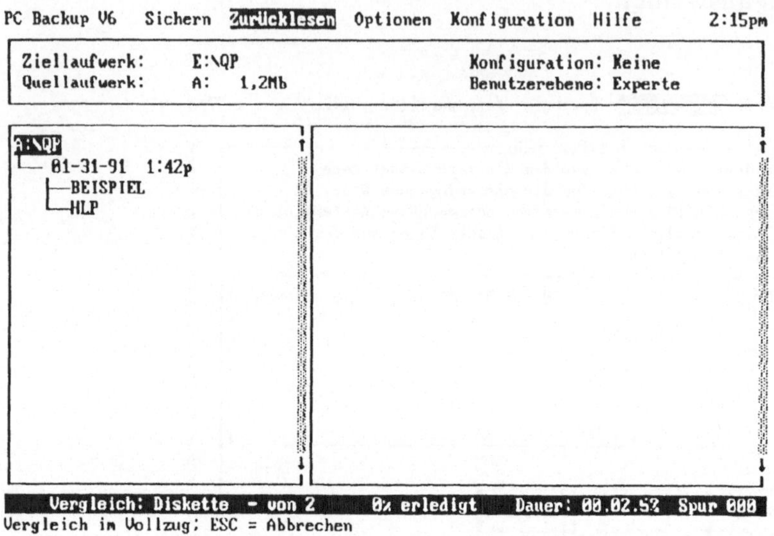

Bild 2-44 Nähere Informationen zu den Backups

Im Verzeichnis-Fenster wird nun von allen betroffenen Backups der Verzeichnisbaum mit Datumsangabe ausgegeben (s. Bild 2-44). Wenn Sie beispielsweise ein vollständiges Backup vom gewählt haben, aber außerdem noch aktuellere Backups existieren, die die neu hinzugekommenen oder veränderten Dateien beinhalten, werden diese auch berücksichtigt, damit Sie jeweils die aktuellsten Versionen der Dateien bzw. die neuen Dateien auch zur Verfügung haben.

Nun können Sie die zu kopierenden Dateien und Verzeichnisse der Backupdisketten markieren. Die Bedienung entspricht VERZEICHNISSE WÄHLEN aus dem Sichern-Menü. Dasselbe erreichen Sie auch mit DATEIEN EIN/AUSSCHLIESSEN. Nachdem Sie alle gewünschten Dateien und Verzeichnisse ausgewählt haben, können Sie ZURÜCKLESEN STARTEN aufrufen.

Zusammenfassung drucken

Alle Ebenen

Wie Sie bereits wissen, erstellt PCBackup eine Zusammenfassung des Verlaufs des Backup-Vorgangs und speichert diesen auf der letzten Diskette des Backups und normalerweise auch auf der Festplatte ab. Wenn Sie diesen Schwarz auf Weiß erhalten wollen, müssen Sie diese Funktion aufrufen.

2.5.3.6 Das Konfigurations-Menü

In diesem Menü können Sie die beim ersten Aufruf von PCBackup eingestellte Konfiguration verändern. Außerdem wird es Ihnen ermöglicht, mit FARBSELEKTION die Bildschirmfarben neu zu vergeben und Ihre Systemkonfiguration mit Hilfe der Funktion ALS STANDARD SPEICHERN zu sichern.

Laufwerk und Datenträger wählen

Alle Ebenen

In diesem Menüpunkt können Sie bestimmen, mit welchem Laufwerk und mit welcher Diskettenkapazität das Backup vollzogen werden soll. Diese Funktion kann auch mit <F7> aufgerufen werden. Sie haben sie übrigens bereits beim ersten Aufruf von PCBackup kennengelernt.

Nach dem Aufruf erscheint ein Fenster, in dem eine Liste aller möglichen Laufwerke und deren möglicher Kapazitäten erscheint. Aus dieser Liste können Sie nun die gewünschte Konfiguration mit <RETURN> auswählen und mit OK diese Einstellungen übernehmen. Genauere Erläuterungen entnehmen Sie bitte dem Unterkapitel "PCBackup konfigurieren".

Ausstattung definieren

Alle Ebenen

Auch diese Funktion muß beim ersten Aufruf von PCBackup von Ihnen durchlaufen werden. Sie führt einen Hardware-Test durch, der Ihre Laufwerke und deren Kapazitäten herausfindet. Sie können dann, falls die herausgefundenen Werte nicht mit den tatsächlichen übereinstimmen, die richtigen Werte eingeben. Diese Funktion müssen Sie eigentlich nur aufrufen, wenn Sie ein neues Laufwerk installiert haben.

Backup-Geschwindigkeit

Alle Ebenen

Das Erstellen eines Backups ist bei PCBackup mit verschiedenen Arbeitsgeschwindikeiten möglich. Normalerweise wird das Programm die richtige Geschwindigkeit für Ihr System herausfinden. Wenn Sie aber Probleme mit der von PCBackup festgelegten Einstellung haben, können Sie mit Hilfe dieser Funktion manuell die Geschwindigkeit verändern. Es gibt drei Geschwindigkeiten in PCBackup:

"*Hohe Geschwindigkeit*": Die schnellste Backup-Geschwindigkeit greift auf den sogenannten DMA-Controller zurück, der in den meisten Computern vorhanden ist. DMA heißt "*Direct Memory Access*" (Direkter Speicherzugriff). Bei dieser Arbeitsweise wird gleichzeitig von der Festplatte gelesen und auf die Diskette geschrieben, was die Dauer eines Backups erheblich verkürzt. Auf Geräten ohne DMA-Controller führt sie aber zu Fehlern oder Systemabstürzen.

Der DOS-Befehl DIR kann die Dateien von Backup-Disketten, die mit der DMA-Methode erstellt wurden, nicht sichtbar machen. Sie können sich jedoch mit dem MS-DOS-Befehl PCBDIR folgende Informationen anzeigen lassen:

```
- Nummer der Diskette innerhalb des Backups
- Zeitpunkt der Erstellung
- Anzahl der Dateien und Verzeichnisse
```

"*Mittlere Geschwindigkeit*": Falls Ihr Computer Schwierigkeiten mit der Geschwindigkeit eines DMA-Backups haben sollte, können Sie diesen Modus verwenden, der das Tempo etwas drosselt. Für die mittlere Geschwindigkeit benötigen Sie keinen DMA-Controller.

"*Niedrige Geschwindigkeit/DOS*": Die Sicherheitskopie wird im DOS-kompatiblen Modus erstellt. Das gewährleistet, daß die Disketten von MS-DOS lesbar sind. Falls Sie das Backup weder auf Disketten noch auf Magnetbändern sichern, müssen Sie auf die niedrige Geschwindigkeit zurückgreifen. Auch wenn Ihr Rechner noch Probleme mit der mittleren Geschwindigkeit haben sollte, ist dieser Modus zu verwenden.

Wählen Sie eine der drei Geschwindigkeiten aus. Mit OK wird sie übernommen. Mit TEST wird ein Geschwindigkeitstest durchgeführt, zu dem Sie eine alte Diskette benötigen.

Benutzerebene

Alle Ebenen

Mit Hilfe dieser Funktion legen Sie die Benutzerebene fest. Es gibt drei Ebenen: Anfänger, Fortgeschrittener und Experte. Je höher die Ebene, desto mehr Befehle stehen Ihnen in den Menüs zur Verfügung.

Farbselektion

Alle Ebenen

In diesem Menü können Sie bei PCBackup die Farben nach Ihren Wünschen verändern. Auf Rechnern mit Monochrommonitor kann diese Funktion nicht angewendet werden.

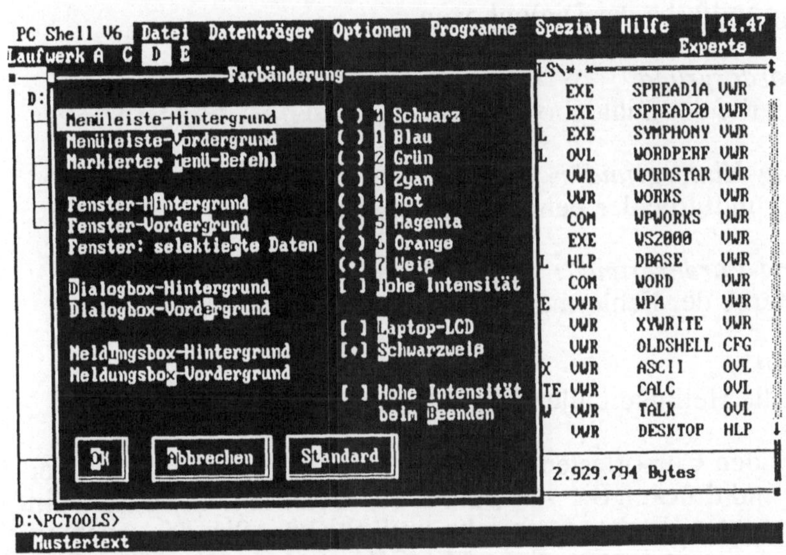

Bild 2-45 Auswahl der Farben

Nach dem Aufruf wird ein Fenster geöffnet, in dem auf der linken Seite die verschiedenen Farbbereiche aufgelistet sind (s. Bild 2-45). Auf der rechten Seite werden alle möglichen Farben aufgezeigt. Zusätzlich können Sie noch mit HOHE INTENSITÄT die Helligkeit bei der Darstellung der Farben erhöhen (allerdings nur bei den Schriftfarben). Auf folgende Bereiche können Sie Einfluß nehmen:

"Menübalken-Hintergrund":
Hintergrundfarbe der Menüleiste.

"Menübalken-Vordergrund":
Schriftfarbe der Menüleiste.

"Selektiertes Menü":
Farbe der hervorgehobenen Buchstaben in den Menüs.

"Hauptbildschirm-Hintergrund":
Hintergrundfarbe des Fensters.

"Hauptbildschirm-Vordergrund":
Schriftfarbe des Fensters.

"Dialogbox-Hintergrund":
Hintergrundfarbe der Dialogboxen.

"Dialogbox-Vordergrund":
Schriftfarbe der Dialogboxen.

"Fehlermeldung-Hintergrund":
Hintergrundfarbe der Fehlermeldungs-Fenster.

"Fehlermeldung-Vordergrund":
Schriftfarbe der Fehlermeldungs-Fenster.

"Hohe Intensität":
Erhöht die Helligkeit aller Schriftfarben.

Wählen Sie mit den Cursortasten den Bereich aus, dessen Farbe Sie verändern wollen und drücken Sie <RETURN>. Geben Sie nun die Zahl ein, die der gewünschten Farbe entspricht und steuern Sie den nächsten Bereich an, den Sie ändern wollen. Mit OK werden alle Änderungen übernommen. Falls die neuen Farben bei jedem Aufruf berücksichtigt werden sollen, sollten Sie diese mit ALS STANDARD SPEICHERN sichern.

Als Standard speichern

Alle Ebenen

Wenn Sie das erste Mal mit PCBackup arbeiten wollen, müssen Sie zuerst verschiedene Abfragen über sich ergehen lassen. Diese Einstellungen werden in der Datei PCBACKUP.CFG gespeichert. Wenn Sie mit diesen Werten nicht mehr zufrieden sind, können Sie neue einstellen und diese dann mit Hilfe dieses Menüpunktes abspeichern. Die alten Einstellungen werden dann überschrieben.

2.5.4 PCFormat

PCFormat ist eine gute Alternative zu dem MS-DOS-Befehl FORMAT: Es ist deutlich schneller, komfortabler und bietet im Bereich der Datensicherheit Neues. Bislang war es Ihnen unmöglich, die Daten einer versehentlich formatierten Diskette wiederzugewinnen, da FORMAT alle Cluster beim Formatieren löscht. PCFormat tut dies nicht und schafft Ihnen somit einen doppelten Vorteil: Erstens spart es einen Arbeitsschritt und ist dadurch schneller als der DOS-Befehl. Zweitens können Sie nun mit Hilfe von MIRROR und REBUILD die Daten einer versehentlich formatierten Diskette "aus dem Nirwana zurückbeordern".

Wenn Sie die PCTools mit PCSetup installiert haben, hat das Programm die MS-DOS-Datei FORMAT.COM in FORMAT!.COM umbenannt und gleichzeitig PCFormat.COM in FORMAT.COM. Durch Eingabe von "*FORMAT*" wird also automatisch PCFormat aktiviert.

Wenn Sie das Programm aus dem Programm-Menü aufrufen, wird das Laufwerk A formatiert; und zwar im größtmöglichen Format. Wenn Sie etwa ein AT-Laufwerk besitzen, wird die eingelegte Diskette so formatiert, daß nach dem Formatieren 1,2 MByte zur Verfügung stehen. Sie müssen also eine geeignete Diskette parat haben. PCFormat informiert Sie stets darüber, wie weit es in seiner Arbeit fortgeschritten ist. Es wird immer angezeigt, bei welchem Zylinder sich das Programm gerade aufhält. Enthält die zu formatierende Diskette noch Daten, so müssen Sie erst noch bestätigen, daß die Diskette formatiert werden soll.

Beim Aufruf von MS-DOS aus stehen vielfältige Parameter zur Verfügung. Zur Formatierung einer Festplatte können jedoch nur "*/p*", "*/q*", "*/s*", "*/test*" und "*/v*" angegeben werden.

PCFormat Laufwerk [Parameter]

/1: Die Diskette wird nur einseitig formatiert.

/4: Disketten mit einer Kapazität von 180 kB oder 360 kB werden korrekt in einem AT-Laufwerk (1,2 MB) formatiert.

/8: Die Diskette wird in acht Segmente (s. zentrale Begriffe) eingeteilt. Normalerweise üblich sind 9 oder 15 Segmente, die DOS-Versionen vor 2.0 jedoch benötigen dieses Format.

/destroy: Die Daten auf der Diskette werden beim Formatieren gelöscht.

/f: Wirkt wie "*/r*". Es wird allerdings die FAT gelöscht. Die Daten können mit REBUILD trotzdem gerettet werden.

/F:nnnnk: Mit diesem Paramter können Sie direkt bestimmen, über welche Kapazität die Diskette nach dem Formatieren verfügen soll. Bei "*nnnn*" können Sie 160, 180, 320, 360 oder 1200 einsetzen, wenn das Laufwerk 5,25"-Disketten verarbeitet. Bei 3.5"-Disketten ist an dieser Stelle 720 oder 1440 einzusetzen.

/Nxx: Angabe der Anzahl der Sektoren, die die Diskette besitzen soll. Sie können bei "*xx*" 8, 9, 15 oder 18 einsetzen. Dieser Parameter kann nur in Verbindung mit */T:xx* gebraucht werden.

/p: Ein Bericht über den Verlauf des Formatiervorgangs wird ausgedruckt.

/q: Mit diesem Parameter wird eine Schnellformatierung eingeleitet: Die Diskette wird nicht tatsächlich formatiert, sondern es werden lediglich das Verzeichnis und die FAT gelöscht.

/r: PCFormat liest die Daten jeder Spur, formatiert diese und schreibt die Daten wieder auf die Spur. Die FAT und das Hauptverzeichnis werden nicht angetastet.

/s: Die Diskette bzw. Festplatte wird bootfähig gemacht.

/test: Testdurchlauf des Formatiervorgangs. Eine Formatierung findet nicht wirklich statt.

/T:xx: Legt die Anzahl der Spuren der Diskette fest. Bei "*xx*" können Sie 40 oder 80 einsetzen. Nur in Verbindung mit "*/N:xx*" zulässig.

/v: Der Diskette bzw. Festplatte wird menügesteuert ein Name gegeben, der von nun an bei jedem DIR-Befehl angegeben wird.

Beispiele:

PCFORMAT a: /N:15 /T:40

Die Diskette in Laufwerk A wird mit 15 Segmenten und 40 Spuren formatiert.

PCFORMAT a: /s /p

Die Diskette in Laufwerk A wird so formatiert, daß Sie nach dem Formatieren bootfähig ist. Zusätzlich wird ein Protokoll auf dem Drucker ausgegeben.

PCFORMAT a: /F:360k /v

Die Diskette in Laufwerk A wird mit 360 kByte formatiert. Nach der Formatierung wird ein Name für die Diskette vergeben.

2.5.5 PCSecure

Mit PCSecure können Sie Ihre Daten vor unberechtigtem Zugriff schützen. Wenn Sie eine Orginalversion der PCTools aus Amerika erworben haben, können Sie Ihre Dateien auf verschiedene Art und Weise verschlüsseln. Wegen der strengen Exportbestimmungen der USA durfte diese Funktion des Programms nicht ausgeführt werden. Stattdessen wurde den für den Export bestimmten Programmpaketen ein Datenkomprimierungsprogramm eingebaut. Dieses Komprimierungsprogramm wird an dieser Stelle besprochen. Da komprimierte Daten auf gewisse Weise ebenfalls verschlüsselt sind, wurde der Dateiname PCSecure beibehalten.

Das Programm kann aus dem Programm-Menü heraus ausgerufen werden. Es ist aber auch möglich, PCSecure von MS-DOS aus aufzurufen:

pcsecure [Parameter]

[Parameter]:
/350: Nur auf Rechnern mit VGA-Karte lauffähig. Die vertikale Auflösung des Bildschirms wird auf 350 Zeilen erhöht.

/bw: PCBackup wird im Schwarz-Weiß-Modus aufgerufen. Das ist besonders für Benutzer wichtig, deren Rechner eine Farbgrafikkarte (CGA, EGA oder VGA) eingebaut haben, aber einen Monochrommonitor benutzen.

/k: Sie müssen nach dem Aufruf ohne Aufforderung das Kennwort eingeben. Wenn Sie vor der Eingabe die Leertaste oder <RETURN> drükken, ist das Kennwort ungültig.

/kxxxxx: Legt "*xxxxx*" als Kennwort fest

/p: Fordert Sie auf, das Kennwort einzugeben.

Wenn Sie PCSecure zum ersten Mal aufrufen, müssen Sie das sogenannte Master-Paßwort festlegen, das Ihnen in Zukunft Zutritt zu dem Programm verschaffen wird. Mit Hilfe dieses Paßwortes können Sie auch alle komprimierten Dateien entschlüsseln, wenn Sie die entsprechenden Kennworte vergessen haben. Eine Ausnahme bilden diejenigen Dateien, die von der DOS-Befehlszeile aus komprimiert wurden oder die im Experten-Modus komprimiert wurden.

Geben Sie zur Eingabe des Master-Kennwortes hinter der Eingabeaufforderung "*Kennwort bitte eingeben:*" ein Paßwort ein, das 5 bis 32 Zeichen lang sein muß und drücken Sie <RETURN>. Wenn Sie das Paßwort im Hexadezimalcode eingeben wollen, müssen Sie vor der Eingabe <F9> drücken. Die maximale Länge bei der Eingabe beträgt hier 16 Zeichen. Nun müssen Sie hinter der Meldung "*Kennwort erneut eingeben:*" Ihr Paßwort zur Bestätigung noch einmal eingeben. Nachdem Sie auch diese Klippe umschifft haben, erscheint der Arbeitsbildschirm des Programms:

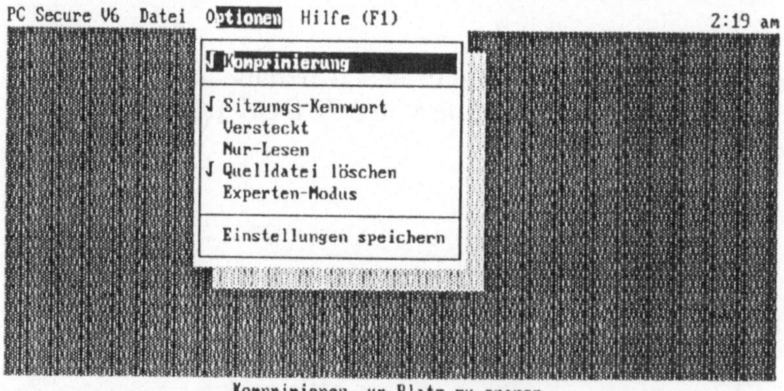

Bild 2-46 Arbeitsbildschirm von PCSecure

Die Menüs von PCSecure

Alle Befehle von PCSecure sind in zwei Menüs zusammengefaßt: Dem Datei-Menü und dem Optionen-Menü.

2.5.5.1 Das Datei-Menü

Im Datei-Menü sind die Routinen zum Komprimieren und Dekomprimieren der Daten enthalten. In der amerikanischen Version befinden sich an dieser Stelle die Routinen zur Ver- und Entschlüsselung der Daten. Die Bedienung ist in der amerikanischen Version zum Großteil gleich wie in der Exportversion. Wo Unterschiede auftreten, sind diese erläutert.

Komprimieren

Alle Ebenen

Mit diesem Menüpunkt werden die Dateien komprimiert bzw. verschlüsselt. Sie sollten keine kopiergeschützten Dateien komprimieren, da der Kopierschutz sonst diese Dateien als Raubkopien identifizieren könnte und diese dann nicht mehr lauffähig wären. Es ist auch unnütz, bereits komprimierte Dateien nochmals zu komprimieren, da eine noch größere Informationsdichte nicht mehr erreicht werden kann. Diese Funktion kann auch mit <F4> aufgerufen werden.

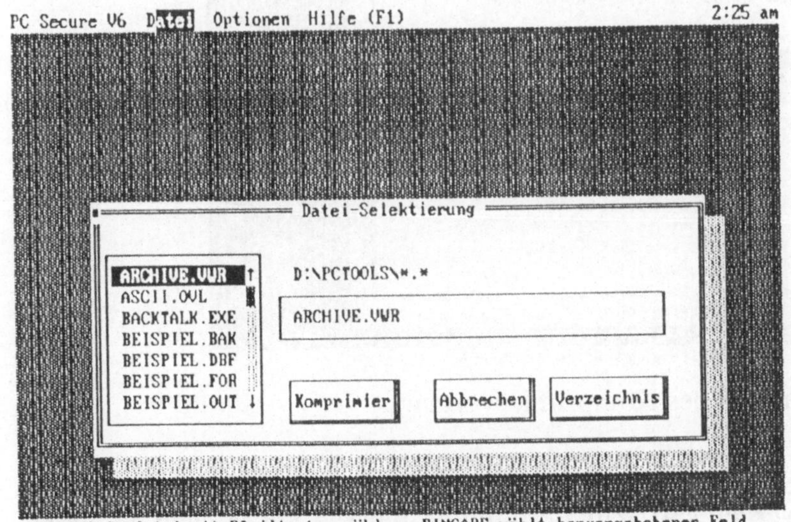

Bild 2-47 Bestimmung der zu komprimierenden Datei

Nach dem Aufruf des Menüpunktes müssen Sie im bereits bekannten Lade-Fenster das Laufwerk, das Verzeichnis und die Datei bestimmen, die komprimiert werden soll (s. Bild 2-47). Sie können auch ein gesamtes Verzeichnis zusammenfassen. Bestimmen Sie zuerst das gewünschte Laufwerk und dann das richtige Verzeichnis. Wenn Sie das Laufwerk oder das Verzeichnis wechseln wollen, müssen Sie <RETURN> drücken oder das entsprechende Laufwerk bzw. Verzeichnis mit der Maus zwei Mal kurz hintereinander anklicken. Wählen Sie schließlich die gewünschte Datei aus. Sie können die Datei auch durch Direkteingabe bestimmen. Falls sie sich nicht im aktuellen Verzeichnis befindet, muß der gesamte Pfadnamen (s. zentrale Begriffe) eingegeben werden.

Mit KOMPRIMIER wird die Datei komprimiert, mit ABBRECHEN wird der Menüpunkt verlassen. Mit VERZEICHNIS werden alle Dateien des markierten Verzeichnisses komprimiert. Nachdem Sie diese Funktion aufgerufen haben, müssen Sie festlegen, ob die direkt untergeordneten Verzeichnisse auch verschlüsselt werden sollen. Nun können Sie mit OK Ihre Wahl bestätigen oder mit ABBRECHEN die Funktion abbrechen.

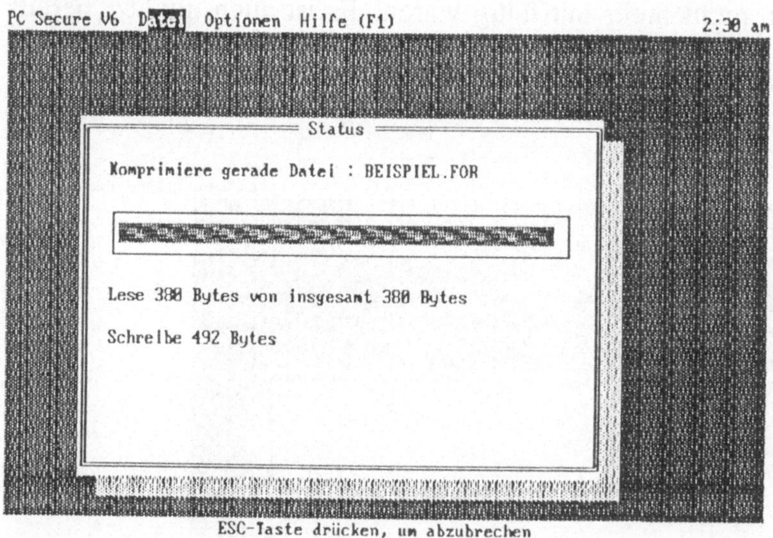

Bild 2-48 Schaubild des Komprimiervorgangs

Nun müssen Sie ein Paßwort eingeben, unter dessen Namen die Datei komprimiert werden soll. Zur Bestätigung müssen Sie es dann nochmals eingeben. Nun beginnt das Programm mit seiner Arbeit. Ein Balken dokumentiert, wie weit die Arbeit von PCSecure schon fortgeschritten ist. Außerdem wird angegeben, wieviele kBytes des Programmes gerade gelesen und geschrieben werden. Sie können die Datenkomprimierung jederzeit mit <Esc> abbrechen.

Entkomprimieren

Alle Ebenen

Mit diesem Menüpunkt werden die komprimierten bzw. verschlüsselten Dateien wieder in ihren ursprünglichen Zustand zurückgeführt. Die Bedienung entspricht der Bedienung von KOMPRIMIEREN. Diese Funktion kann auch mit <F5> aufgerufen werden.

Sie können mit Hilfe der Version 6 von PCSecure alte verschlüsselte Dateien entkomprimieren, nicht aber mit einer alten PCSecure-Version Dateien entschlüsseln, die mit der Version 6 komprimiert wurden!

Informationen

Alle Ebenen

Dieser Menüpunkt gibt Ihnen Informationen über die Auswirkungen der Datenkomprimierung (s. Bild 2-49):

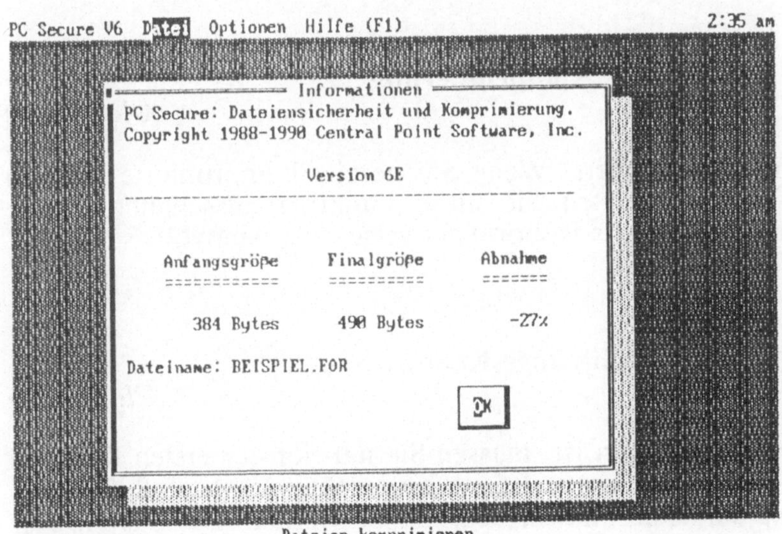

Bild 2-49 Bericht über den Komprimiervorgang

"Anfangsgröße": Größe der Datei oder des Verzeichnisses vor der Datenkomprimierung.

"Finalgröße": Größe nach der Datenkomprimierung.

"Abnahme": Reduzierung der Dateigröße in Prozent.

"Zunahme": Wachstum der Datei in Prozent. Diese Information taucht nur auf, nachdem Sie eine komprimierte bzw. verschlüsselte Datei in ihren Ursprungszustand zurückgeführt haben.

Beenden

Alle Ebenen

Nach einer Sicherheitsabfrage wird PCSecure verlassen. Dieser Menüpunkt kann auch mit <F3> aktiviert werden.

2.5.5.2 Das Optionen-Menü

In diesem Menü können Sie verschiedene Maßnahmen ergreifen, die die komprimierten bzw. verschlüsselten Dateien auf andere Weise weiterverarbeiten. Ein Haken neben dem Menüpunkt zeigt, ob die betreffende Option aktiviert ist oder nicht.

Komprimierung

Alle Ebenen

Die Datei wird komprimiert. Wenn Sie bereits komprimierte Dateien verschlüsseln wollen, sollten Sie diese Funktion ausschalten. Diese Option ist voreingestellt. Es ist normalerweise nicht sinnvoll, sie auszuschalten.

Sitzungs-Kennwort

Alle Ebenen

Wenn diese Option aktiviert ist, müssen Sie nur vor der ersten Komprimierung ein Paßwort angeben. Ist sie ausgeschaltet, so muß für jede Verschlüsselung ein neues Paßwort eingegeben werden. Diese Option ist voreingestellt.

Versteckt

Alle Ebenen

Die komprimerte bzw. verschlüsselte Datei wird versteckt (s. zentrale Begriffe), kann also vom DOS-Befehl DIR nicht angezeigt werden.

Nur-Lesen

Alle Ebenen

Die komprimierte bzw. verschlüsselte Datei erhält das Attribut "Read Only" (s. zentrale Begriffe). Das bedeutet, daß sie nicht verändert oder gelöscht werden kann. Diese Option ist voreingestellt.

Quelldatei löschen

Alle Ebenen

Nach der Komprimierung bzw. Verschlüsselung der Datei wird die unverschlüsselte Datei vom Datenträger gelöscht. Eine auf diese Weise gelöschte Datei kann nicht wiederhergestellt werden. Diese Option ist voreingestellt.

Experten-Modus

Alle Ebenen

Wenn diese Option nicht aktiviert ist, kann eine Dateidekomprimierung auch mit dem Master-Paßwort durchgeführt werden. Im Experten-Modus ist das nicht möglich, da das bei der Komprimierung vergebene Paßwort bekannt sein muß. Das kann umgangen werden, wenn Sie diese Option nicht setzen.

Einstellungen speichern

Alle Ebenen

Die im Optionen-Menü vorgenommenen Voreinstellungen werden in der Datei PCSECURE.CFG abgelegt. Diese Einstellungen werden jetzt bei jedem Aufruf von PCSecure automatisch vorgenommen.

2.6 Das Spezial-Menü

In diesem Menü sind verschiedene Funktionen enthalten, die über den Zustand der Hardware und Software Auskunft geben. Außerdem enthält es VERZEICHNIS SORTIEREN, eine Funktion, mit der Sie die Dateien Ihrer Verzeichnisse in die richtige Reihenfolge bringen können und LAPLINK, mit dessen Hilfe Sie Daten zwischen einem Laptop und Ihrem Tischrechner austauschen können.

Info System

Alle Ebenen

Diese Funktion informiert Sie über Ihre genaue Rechnerkonfiguration und deren Leistungsfähigkeit. Vorbei sind die Zeiten, zu denen Sie bei einem Vergleich von Rechnern unter Freunden passen mußten. Endlich können auch Sie im siebten Computer-Himmel schweben und im EDV-Kauderweltsch schwelgen.

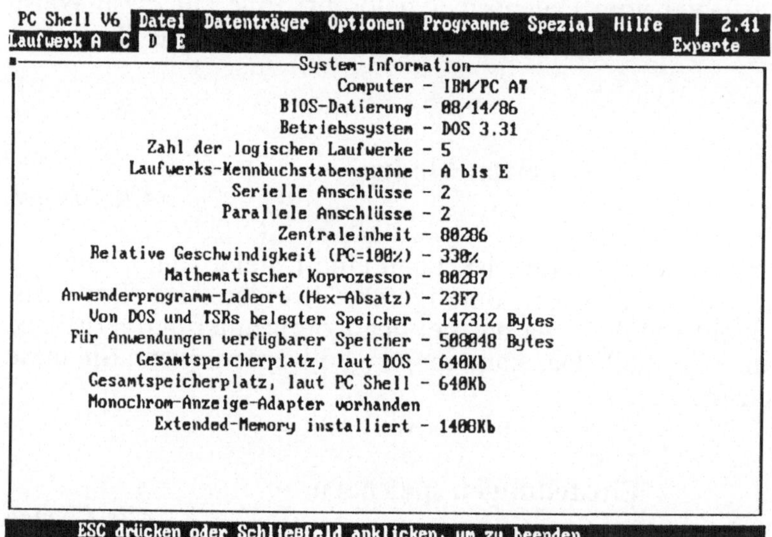

Bild 2-50 Informationen zur Hardware

Wie Bild 2-50 zeigt, werden Sie über folgende Merkmale Ihres Rechners informiert:

"Computer": Das Programm erkennt alle Rechnerformen (PC, XT, AT). Es sind ihm auch manche IBM-kompatible Rechner bekannt, die

sich aufgrund besonderer Eigenschaften aus der Masse der Kompatiblen herausheben. Falls Sie also nach dem Kauf Ihres Computers noch nicht auf das Markenschild geschaut haben, wissen Sie jetzt, welcher Firma Sie Ihren Computer zu verdanken haben.

"BIOS-Datierung": Gibt den Zeitpunkt des Einbaus des BIOS an.

"Betriebssytem": Informiert über das Betriebssystem und dessen genaue Version.

"Zahl der logischen Laufwerke": Anzahl der maximal anschließbaren Laufwerke.

"Laufwerks-Kennbuchstabenspanne": Laufwerksbuchstaben aller logischen Laufwerke.

"Serielle Anschlüsse": Anzahl der seriellen Schnittstellen.

"Parallele Anschlüsse": Anzahl der parallelen Schnittstellen.

"Zentraleinheit": Prozessortyp (z. B. 8088, 80286 oder 80386).

"Relative Geschwindigkeit(PC=100%)": Arbeitsgeschwindigkeit Ihres Rechners relativ zum Orginal- IBM-PC.

"Mathemathischer Koprocessor": Typ des mathematischen Koprozessors (falls vorhanden).

"Anwenderprogramm-Ladeort (HEX-Absatz)": Niedrigstmögliche Adresse im HEX-Format, ab der Programme vom Benutzer eingeladen werden können. Den Speicher bis zu dieser Adresse belegt das Betriebssystem.

"Von DOS und TSRs belegter Speicher": Speicherbedarf des Betriebssystems und residenter Programme, wobei INFO SYSTEM residente Programme, die nach ihm aufgerufen wurden, nicht berücksichtigt.

"Für Anwendungen verfügbarer Speicherplatz": Speicherkapazität, die für nicht-residente Anwenderprogramme zur Verfügung steht.

"Gesamtspeicherplatz, laut DOS": Gesamtspeicherkapazität des Rechners, wie sie von MS-DOS bestimmt wurde.

"Gesamtspeicherplatz, laut PC Shell": Gesamtspeicherkapazität des Rechners, wie sie von PCShell bestimmt wurde. Wenn dieser Wert mit dem obigen nicht übereinstimmt, sind entweder Schalter Ihres Rechners falsch gesetzt oder andere Programme beanspruchen den Platz für sich. Es kann sich hierbei z.B. um einen Druckerspooler handeln. Auch eine RAM-Disk kann den Wert verfälschen. Dieser Wert gibt also den tatsächlich vorhandenen Hauptspeicher (bis zu 640 kB) ohne Erweiterungsspeicher an.

"Videokarte": Angabe der Grafikkarte.

"Extended memory installed": Wenn Ihr Speicher über 640 kB hinausgeht, was nur bei ATs möglich ist, wird hier die Größe dieses Speichers angegeben.

"Expanded memory installed": Größe des erweiterten Speichers (EMS).

"Zusatz-ROM-BIOS gefunden (HEX-Absatz)": Haben Sie eine Erweiterungskarte eingebaut, die die Fähigkeiten des BIOS Ihres Rechners erweitert, erscheint diese Meldung.

"Deluxe Option Board installiert": Wenn ein "Deluxe Option Board" in Ihren Rechner eingebaut ist, informiert diese Zeile über die Anschluß-Adresse und den DMA-Kanal, in den diese Karte eingebaut ist.

Laplink (QC)

Alle Ebenen

Mit Hilfe dieser Funktion und der beiden Programme LLS.EXE und LLQC.EXE können Sie zwei Computer miteinander verbinden, um Informationen auszutauschen.

Dazu müssen Sie LLQC.EXE in dem Computer speicherresident installieren, der PCShell enthält. Dieser Rechner wird in Zukunft "Klient-Computer" genannt. Auf dem anderen Rechner, der auch als "Server" bezeichnet wird, lassen Sie LLS.EXE im normalen Modus laufen.Zum Aufruf der beiden Programme stehen Ihnen folgende Parameter zur Verfügung:

/b:xx: Bestimmung der Übertragungsgeschwindigkeit (Baudrate). Die Werte können zwischen 300 udn 115200 liegen. Voreingestellt sind 115200 Baud.

/c:x: Legt den Übertragungs-Anschluß (COM-Anschluß) fest. Voreingestellt ist COM1.

/i:x: Wenn Sie eine serielle Steckkarte oder ein eingebautes Modem mit COM3- oder COM4-Unterstützung Ihr eigen nennen, können Sie mit Hilfe dieses Parameters den passenden IRQ wählen. Die Werte liegen zwischen 2 und 15.

/u: Entfernt LLQC.EXE aus dem Hauptspeicher des Computers, auf dem PCShell läuft.

/?: Liste aller möglichen Parameter.

Um Informationen auszutauschen, sollten Sie folgendermaßen vorgehen: Schließen Sie als erstes die Computer mit Hilfe eines Nullmodems an. Rufen Sie dann im Server LLS.EXE mit den gewünschten Parametern auf. Als nächstes müssen Sie im anderen Computer LLQC.EXE aufrufen und dadurch automatisch speicherresident installieren. Rufen Sie erst zu diesem Zeitpunkt PCShell auf und aktivieren Sie die Option LAPLINK (QC). Die Verbindung wird dann hergestellt.

Die Laufwerke des Servers werden nun auch in die Liste der Laufwerke aufgenommen und können normal angesprochen werden. PCShell tut so, als ob diese Laufwerke im Klient-Computer eingebaut und installiert wären. Allerdings müssen Sie auf die gleichen Funktionen wie schon im Netzwerkbetrieb verzichten (s. Installation von PCTools). Nehmen Sie nun die gewünschten Befehle vor. Brechen Sie schließlich die Verbindung mit LAPLINK (QC) wieder ab. Mit KILL können Sie dann im Klient-Computer LLQC.EXE zusammen mit den anderen PCTools-Programmen wieder aus dem Speicher entfernen. Allerdings ist dies in den meisten Fällen nicht notwendig, da das Programm nur sehr wenig Platz beansprucht.

Löschung zurücknehmen

Fortgeschrittenen-Ebene,
Experten-Ebene

Diese Funktion dient zum Retten gelöschter Dateien und Verzeichnisse und ist aus unerfindlichen Gründen zwei mal unter unterschiedlichen Namen in PCShell enthalten: im Datei-Menü unter dem Namen WIEDERHERSTELLEN und im Spezial-Menü als LÖSCHUNG ZURÜCKNEHMEN. Die Bedienung beider Funktionen unterscheidet sich in keiner Weise. Bedienungshinweise schlagen Sie bitte bei der Beschreibung von WIEDERHERSTELLEN im Datei-Menü nach.

Verzeichnis sortieren

Fortgeschrittenen-Ebene,
Experten-Ebene

Mit dieser Funktion, die sehr große Ähnlichkeiten zum Befehl DARSTELLUNGS-OPTIONEN aus dem Optionen-Menü aufweist, können Sie Ihre Dateien in die gewünschte Reihenfolge bringen. So können Sie Ihre Dateien beispielsweise nach dem Namen, der Namenserweiterung, der Größe oder dem Erstellungszeitpunkt sortieren.

Nach dem Aufruf erscheint ein Fenster, in dem Sie die Sortierkriterien für das aktuelle Verzeichnis auswählen und die Sortierung vornehmen können. Dabei stehen Ihnen folgende Möglichkeiten offen:

```
- "Nach Name":              Sortierung nach dem Namen.
- "Nach Erweiterung":       Sortierung nach der Namenserweiterung.
- "Nach Größe":             Sortierung nach der Größe.
- "Nach Datum/Uhrzeit":     Sortierung nach dem Zeitpunkt der
                            Erstellung.
- "Nach Selektiernummer":   Sortierung nach der Reihenfolge der
                            Markierung der Dateien.
```

Darunter müssen Sie noch festlegen, ob die Dateien aufsteigend oder abfallend angeordnet werden soll. Mit SORTIEREN werden die Dateien in die gewünschte Reihenfolge gebracht. Nun stehen Ihnen vier Möglichkeiten zur Verfügung:

BETRACHTEN
Wenn Sie sich nicht sicher sind, ob die Reihenfolge Ihren Wünschen entspricht, können Sie sich mit BETRACHTEN die Dateienreihenfolge anzeigen lassen, die noch nicht auf der Festplatte abgespeichert ist. Sie können dann entscheiden, ob Ihnen die neue Anordnung zusagt oder nicht. Auf Tastendruck kehren Sie wieder ins vorhergehende Menü zurück.

SPEICHERN
Die neue Reihenfolge wird auf der Diskette gespeichert. Damit Sie auch im Verzeichnis-Fenster berücksichtigt wird, müssen Sie mit BAUMSTRUKTUR NEU LESEN aus dem Optionen-Menü die neue Dateireihenfolge lesen.

NEU SORTIEREN
Die Reihenfolge vor dem Sortieren wird wiederhergestellt, so daß Sie ein neues Sortierkriterium festlegen können.

ABBRECHEN
Die Funktion wird verlassen, ohne daß die neue Dateireihenfolge auf die Diskette gespeichert wird.

Dateienbelegung

Experten-Ebene

Diese Funktion zeigt Ihnen in einem grafischen Schaubild für jede einzelne Datei an, wie sie auf den Datenträger verteilt ist. Wenn Dateien fragmentiert (s. zentrale Begriffe) abgespeichert sind, kann es sinnvoll sein, mit COMPRESS die Anordnung der Dateicluster zu optimieren, damit ein möglichst schneller und sicherer Zugriff auf die Daten gewährleistet ist.

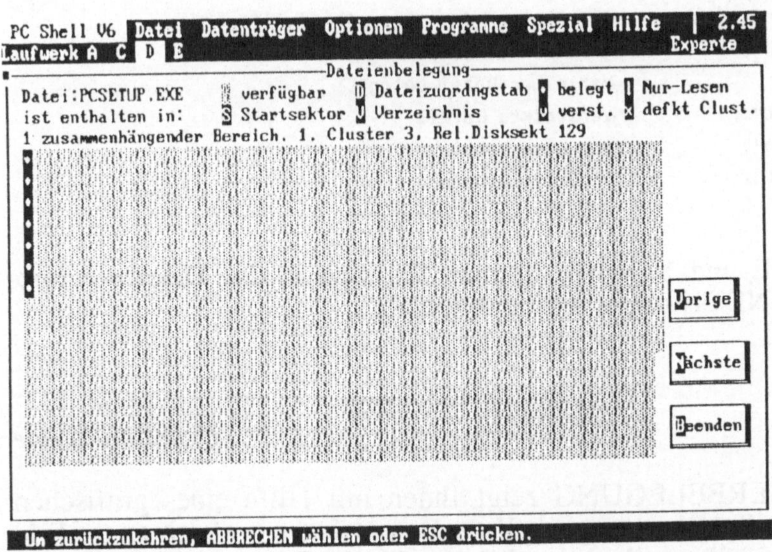

Bild 2-51 Verteilung der Dateien auf dem Datenträger

Nach dem Aufruf erscheint das Schaubild (s. Bild 2-51), in dem immer nur die markierten Dateien des aktuellen Verzeichnisses angezeigt werden können. Sind keine Dateien markiert, so werden alle Dateien des Verzeichnisses berücksichtigt. Im oberen Viertel des Bildschirms sind die Legende und erläuternde Informationen untergebracht, während die Grafik beinahe den Rest des Bildschirms einnimmt.

In der linken oberen Ecke des Fensters wird der Name der Datei angegeben, deren Verteilung auf den Datenträger gerade angezeigt wird. Unter dem Dateinamen steht, in wieviele Teile die Datei aufgespalten ist. In der Zeile über dem Schaubild wird über die Nummer des ersten Clusters und Sektors der Datei Auskunft gegeben.

Im Schaubild steht jedes cursorgroße Kästchen für einen Cluster. Jeder Cluster kann verschiedene Zustände annehmen, die durch unterschiedliche Darstellung der Blöcke dokumentiert werden. Die verschiedenen Darstellungsarten sind in der Legende erklärt:

```
"░ verfügbar":           Freier Speicherplatz.
"S Startsektor":         Startsektor des Datenträgers.
"F Dateizuweisgstab":    FAT-Cluster (s. zentrale Begriffe).
"V Verzeichnis":         Hauptverzeichnis.
"  belegt":              Mit einer Datei belegt.
"v versteckt":           Versteckte Datei.
"l Nur-Lesen":           Nur-Lese-Datei.
"x defekt Cluster":      Defekter Cluster.
```

Mit NÄCHSTE und VORIGE können Sie sich in der Dateiliste fortbewegen, BEENDEN bricht die Funktion ab.

Datenträgerbelegung

Experten-Ebene

DATENTRÄGERBELEGUNG zeigt Ihnen mit Hilfe eines grafischen Schaubildes die Speicherbelegung Ihres Datenträgers grafisch an (s. Bild 2-52). Mit Hilfe dieser Funktion können Sie in Erfahrung bringen, ob der Datenträger stark fragmentierte Dateien enthält, wieviele defekte Cluster vorhanden sind und anderes mehr.

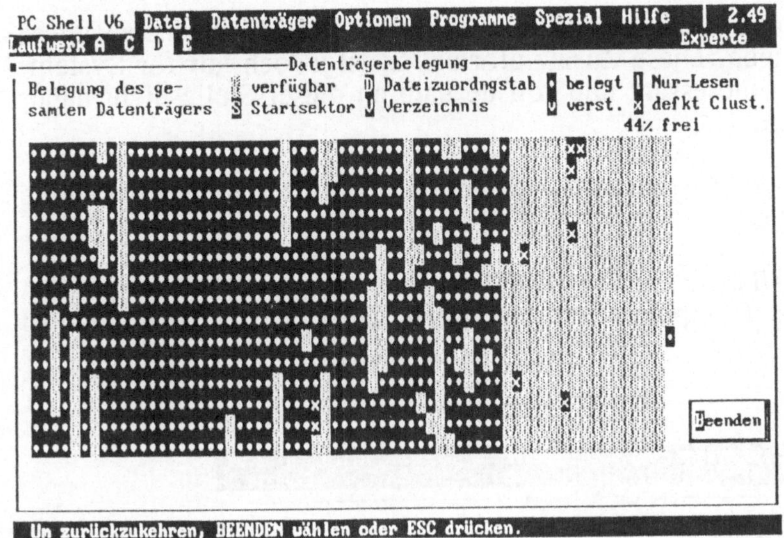

Bild 2-52 Belegung der Cluster

Jedes cursorgroße Kästchen steht für einen Cluster. Jeder Cluster kann verschiedene Zustände annehmen, die durch unterschiedliche Symbole dokumentiert werden. Die verschiedenen Darstellungsarten sind in der Legende erklärt. Die Bedeutung dieser Symbole lesen Sie bitte bei DATEIENBELEGUNG nach.

Speicherbelegung

Experten-Ebene

Dieser Befehl gibzt Ihnen darüber Auskunft, mit welchen Programmen der Speicher Ihres Rechners im Moment belegt ist, und an welcher Stelle sich diese Programme befinden.

Nach dem Aufruf müssen Sie sich für eine von vier Möglichkeiten entscheiden. Der einzige Unterschied liegt im Umfang der gegebenen Informationen. Die Darstellung bleibt also in allen vier Optionen gleich. Mit BELEGUNG beginnen Sie die Analyse.

"Nur Programm-Blöcke zeigen": Nur die von Programmen belegten Bereiche werden angezeigt.

"Nur Programm-Blöcke mit verketteten Vektoren zeigen": Die von Programmen in Anspruch genommenen Bereiche werden angezeigt.

Zusätzlich werden alle Systemvektoren (Zeiger) aufgelistet, die auf diese Programme zeigen. Diese Zusatzinformation ist jedoch nur für Systemprogrammierer interessant und soll deshalb an dieser Stelle nicht näher erläutert werden.

"Alle Speicher-Blöcke zeigen": Der gesamte Speicher Ihres Computers wird dokumentiert.

"Alle Speicher-Blöcke mit verketteten Vektoren zeigen": Der gesamte Speicher Ihres Computers einschließlich der Systemvektoren wird beschrieben.

```
 PC Shell V6  Datei  Datenträger  Optionen  Programme  Spezial  Hilfe  | 2.54
Laufwerk A  C  D  E                                                 Experte
■──────────────────────────Speicherbelegung──────────────────────────────
             Hauptspeicher:  640K
 Größtes aufrufbares Programm:  480K

 Art   Absätze      Bytes    Eigentümer
 Sys   09F3-1024H   25376    0000H ( DOS )
 Prog  1026-10F8H    3376    1026H (selbst)
 Frei  10FA-10FCH      48    0000H ( DOS )
 Umg   10FE-1107H     160    1026H
 Umg   1109-110CH      64    110EH
 Prog  110E-140AH   12240    110EH (selbst) C:\TNTVIRUS\TSAFE.COM
 Umg   140C-1413H     128    192DH
 Umg   1415-141CH     128    1A41H
 Frei  141E-1421H      64    0000H ( DOS )
 Umg   1423-142CH     160    1C6EH
 Umg   142E-1436H     144    1C86H
 Umg   1438-1441H     160    23F7H
 Frei  1443-144CH     160    0000H ( DOS )

 [Nächste Seite]   [Beenden]

 Um zurückzukehren, BEENDEN wählen oder ESC drücken.
```

Bild 2-53 Auslastung des Arbeitsspeichers

"Gesamter Hauptspeicher": Gibt die Gesamtkapazität des von MS-DOS verwalteten Speichers an. Wenn Ihr Rechner über mehr als 640 kB verfügt, wird der darüber hinausgehende Platz nicht angezeigt.

"Größtes aufrufbares Programm": Maximale Größe, die ein Programm einnehmen darf, um ohne Nachladen vollständig im Speicher stehen zu können.

"Art": Es wird die Art der Datei angezeigt. Möglich sind vier Dateiarten:

- DOS-Umgebung ("Umg"),
- Freie Kapazität ("Frei"),
- Anwendungsprogramme ("Prog"),
- Systemprogramme ("Sys").

"Absätze": Speicherbereich, der vom betreffenden Programm genutzt wird.

"Bytes": Größe der Datei in kBytes.

"Eigentümer": Programmname.

Mit BELEGUNG kommen Sie zur Wahl der Belegungsart zurück und mit BEENDEN wird die Funktion abgebrochen.

2.7 PC-CACHE

Dieses Programm der PCTools ist ein speicherresidentes Programm, das Ihnen zu einer Steigerung der Arbeitsgeschwindigkeit verhilft. PC-CACHE erreicht dies, indem es Programmteile, die besonders oft von der Festplatte geladen werden, auf einen Zwischenspeicher im RAM auslagert. Von diesem aus können die Informationen dann weitaus schneller als vom Datenträger aufgerufen werden. PC-CACHE arbeitet nur mit Festplatten, nicht aber mit Disketten zusammen.

Den Zwischenspeicher können Sie im Arbeitsspeicher bis 640 kB, falls vorhanden im Expanded Memory (Speicher oberhalb 640 kB) oder auch im Extended Memory (Speicher oberhalb von 1 MByte) einrichten lassen. Je größer er ist, desto effektiver arbeitet er, desto mehr Arbeitsspeicher belegt er aber auch. Und je mehr Speicher er belegt, desto weniger Platz steht den Programmen im Arbeitsspeicher zur Verfügung. Sie gleichen dies dann dadurch aus, daß sie öfter auf die Festplatte zugreifen müssen, was den Zeitgewinn wieder zunichte macht. Es ist also sinnvoll, die Größe des Cache-Speichers genau auf Ihre Bedürfnisse abzustimmen. Wenn Sie den Speicher jedoch im Expanded oder Extended Memory anlegen, kennen Sie dieses Problem nicht, solange sie mit Programmen arbeiten, die auf diesen Speicher nicht zurückgreifen. Sie sollten also möglichst den Cache-Speicher in diese Speicherbereiche legen.

Das Programm können Sie entweder mit PCSetup installieren lassen oder von Hand aktivieren. Wenn Sie PC-CACHE mit dem Installationsprogramm einrichten, belegt es einen Speicher von 64 kByte, was zugleich die kleinstmögliche Cache-Größe ist. Wollen Sie das Programm von Hand installieren, müssen Sie die Zeile "PC-CACHE" in die Datei AUTOEXEC.BAT einfügen. Der Zwischenspeicher wird dann beim Einschalten des Computers automatisch aktiviert.

Sie sollten bei der manuellen Installation von PC-CACHE unbedingt darauf achten, daß außer MIRROR alle anderen speicherresidenten Programme, mögen sie nun zu den PCTools gehören oder nicht, erst nach PC-CACHE installiert werden. Die Befehlssyntax von PC-CACHE ist folgendermaßen:

pc-cache [Parameter]

[/iLaufwerk]: Normalerweise speichert der Cache-Speicher von bis zu vier Festplatten-Laufwerken die Daten, auf die am häufigsten zugegriffen wird. Mit diesem Parameter können Sie ein oder mehrere Laufwerke von der Bearbeitung durch PC-CACHE ausnehmen. Wenn PC-CACHE mit einer Festplatte zusammenarbeiten soll, muß es Zugriff auf alle Partitionen haben. Es ist deshalb nicht möglich, einzelnen Partitionen auszuschließen.

[/extstart=xxxxk]: Definiert die Startadresse für den Zwischenspeicher, wenn dieser im Extended Memory angelegt wird. Der für "*xxxx*" kleinste gültige Wert ist 1024. Die Startadresse muß nur festgelegt werden, wenn auch andere Programme auf das Extended Memory zurückgreifen, um zu verhindern, daß sich diese Programme gegenseitig "in die Wolle" kriegen.

[/flush]: Alle Daten werden aus dem Cache-Speicher gelöscht.

[/info]: Informiert Sie anhand einer Tabelle über Art und Größe der vorhandenen Festplatten sowie deren installierter Cache-Speicher. Diesen Parameter können Sie nur benutzen, wenn Sie PC-CACHE noch nicht resident installiert haben.

[/max=xx]: Bestimmt, wieviele Sektoren höchstens auf einmal gelesen werden dürfen. Wenn Sie umfangreiche Programme laden, verhindert dies, daß alle Speicherbereiche für dieses verwendet werden. Die Effektivität von PC-CACHE kann auf diese Weise bei bestimmten Anwendungsprogrammen optimiert werden. Günstige Werte für "*xx*" liegen zwischen 8 und 16. Voreingestellt ist max=4.

[/measures]: Angezeigt werden folgende Informationen:

"Logische Transfers": Anzahl der Datenübertragungen zwi-schen dem Cache-Speicher und dem aktuellen Programm.

"Physische Transfers": Anzahl der Datenübertragungen zwischen der betroffenen Festplatte und dem aktuellen Programm.

"Eingesparte Transfers": Anzahl der von PC-CACHE eingesparten Datentransfers (also die Differenz der logischen und physikalischen Transfers).

"Eingesparte Transfers in Prozent":
Prozentualer Anteil der von PC-CACHE PC-CACHE eingesparten Transfers an der Gesamtzahl der Datenübertragung.

[/nobatch]: Setzt die Anzahl der gleichzeitig übertragenen Sektoren von 4 auf 1 zurück. Es ist sinnvoll, diesen Parameter zu setzen, wenn der Zwischenspeicher im Extended Memory liegt und wenn Sie gerade Kommunikationsprogramme benutzen.

[/param]: Informiert Sie darüber, welche Parameter Sie gesetzt haben.

[/param]:* Informiert Sie über den Aufbau des Arbeitsspeichers und die Kapazität der Laufwerke.

[/pause]: Wenn Sie nach der Installation des Programmes Probleme haben, dann versuchen Sie nochmals, PC-CACHE zu installieren - dieses Mal mit dem "*/pause*"-Parameter. Folgen Sie dann den Anweisungen des Programmes.

[/quiet]: Veranlaßt das Programm dazu, das Aktivierungs-Fenster von PC-CACHE nicht zu zeigen. Dieser Parameter ist besonders in Stapeldateien sinnvoll.

[/size=xxxk]: Definiert die Größe des Zwischenspeichers, wenn dieser im Arbeitsspeicher bis 640 kB untergebracht ist. Für "*xxx*" sind Werte zwischen 64 und 512 einzusetzen. Wenn kein Wert angegeben wird, wird die Größe automatisch auf 64 kB festgesetzt.

[/sizexp=xxxk]: Definiert die Größe des Cache-Speichers, wenn dieser im Expanded Memory untergebracht ist. Wenn kein Wert angegeben wird, wird die Größe automatisch auf 256 kB festgesetzt.

[/sizext=xxxk]: Definiert die Größe des Cache-Speichers, wenn dieser im Extended Memory untergebracht ist. Wenn kein Wert angegeben wird, wird die Größe automatisch auf 256 kB festgesetzt.

[/unload]: Entfernt PC-CACHE aus dem Speicher.

[/write=xx]: Bestimmt die Verzögerungszeit in Sekunden, bevor PC-CACHE einen Schreibbefehl an das Laufwerk weiterleitet. In dieser Zeit sammelt PC-CACHE die zu speichernden Informationen und speichert sie dann auf ein mal ab, was natürlich auch Zeiteinsparungen mit sich bringen kann. Voreingestellt ist eine Verzögerung von einer Sekunde, die maximal mögliche Verzögerung beträgt 14 Sekunden.

Wenn Sie nach der Installation von PC-CACHE noch mit Hilfe der Parameter einige Werte verändern oder mit "*/unload*" PC-CACHE entfernen wollen, ist dies natürlich auch möglich. Rufen Sie dann den Befehl PC-CACHE mit den gewünschten Parametern von MS-DOS aus auf.

2.8 DISKFIX

DISKFIX ist der "Onkel Doktor" für Ihre Datenträger. Es überprüft Festplatten und Disketten auf Fehler und repariert sie in den meisten Fällen. Dabei arbeitet das Programm beinahe vollständig automatisch und ist ungeheuer komfortabel zu bedienen. Falls Ihnen bei der Beschreibung Fachbegriffe unklar sein sollten, schlagen Sie diese bitte bei den "Zentralen Begriffen" nach.

Der Aufruf erfolgt durch Eingabe von "DISKFIX". Parameter- oder Laufwerksangaben sind nicht vorgesehen. Nach dem Aufruf weist Sie das Programm darauf hin, daß alle speicherresidenten Programme außer den PCTools-Programmen aus dem Speicher entfernt werden müssen. Außerdem müssen alle Cache-Programme außer PC-CACHE entfernt werden.

Gleich nachdem Sie mit FORTFAHREN bestätigt haben, daß Sie die Vorbedingungen erfüllt haben, beginnt DISKFIX mit seiner Arbeit: Es überprüft zunächst die Hardware und stellt fest, ob alle Laufwerke richtig konfiguriert sind. Dann untersucht es folgende Teile Ihres Computers:

- BIOS,
- CMOS (nur bei ATs vorhanden),
- Partitionstabelle,
- Startsektoren.

Wenn es einen Fehler findet, sieht die folgende Diagnosebox folgendermaßen aus:

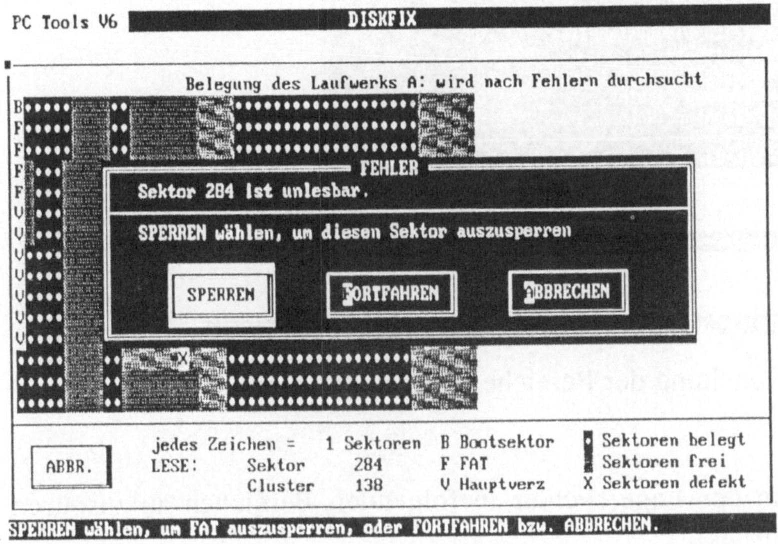

Bild 2-54 Beschreibung eines Fehlers

Ein solches Fenster setzt sich immer aus den gleichen Bestandteilen zusammen: einer kurzen Beschreibung des Problems, der Merkmalen des Fehlers und der Frage, ob Sie das Problem beheben wollen.

Nach der Überprüfung der Hardware wird ein Fenster geöffnet, in dem Sie gefragt werden, ob Sie den Datenträger reparieren wollen. Antworten Sie mit "Ja", so gelangen Sie in den ersten Punkt des Menüs von DISKFIX, ansonsten ins Hauptmenü. Es folgt nun eine Beschreibung aller Menüpunkte von DISKFIX.

Datenträger reparieren

Alle Ebenen

Nach dem Aufruf müssen Sie das Laufwerk bestimmen, das "kuriert" werden soll. Nachdem Sie dieses ausgewählt haben, beginnt DISKFIX mit der Fehlerdiagnose. Dabei öffnet es folgendes Kontrollfenster:

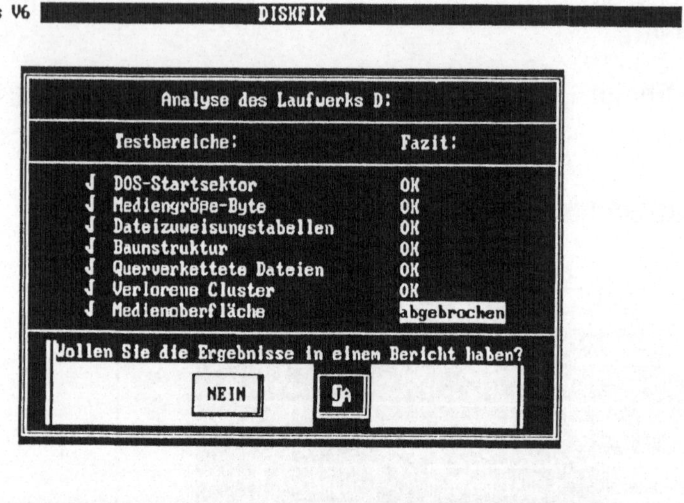

Bild 2-55 Untersuchung der Bereiche des Datenträgers

DISKFIX ist in der Lage, Fehler in folgenden Bereichen aufzuspüren und zu beheben:

- Bootsektor,
- Media Descriptor,
- FAT,
- Verzeichnissen,
- Dateien.

Wenn ein Cluster zwei verschiedenen Dateien auf einmal zugeordnet wird, dann ist dieser querverkettet, was zu Komplikationen führen kann. Sollte das Programm solche querverketteten Cluster aufspüren, so behebt DISKFIX diesen Fehler, was mehrere Minuten in Anspruch nehmen kann.

Es kann auch vorkommen, daß Cluster in der FAT zwar als belegt eingetragen sind, aber keiner Datei zugeordnet sind. Sollte DISKFIX solche Cluster aufspüren, so stehen Ihnen zwei Möglichkeiten zur Verfügung: Sie können entweder den Cluster löschen lassen oder aber ihn als eigenständige Datei im Hauptverzeichnis abspeichern. Sie können dann später seinen Inhalt untersuchen und die Datei dann wieder löschen. Sein Dateiname wird nach folgendem Muster bestimmt: PCTnnnn.FIX. Die gefundenen Cluster werden durchnumeriert.

Auch sogenannte "verlorene Verzeichnisse" werden von DISKFIX entdeckt. Das sind Verzeichnisse, die eigentlich nicht mehr existieren, aber dennoch in der FAT eingetragen sind. Die Suche nach verlorenen Verzeichnissen nimmt einige Zeit in Anspruch. Falls Sie unter Zeitdruck stehen, sollten Sie deshalb die Frage, ob DISKFIX diese Untersuchung durchführen soll, verneinen . Ehemals verlorene und schließlich wiedergefundene Verzeichnisse werden nach folgendem Muster benannt und im Hauptverzeichnis abgespeichert:LOSTnnnn.FIX. Die "n" dienen auch hier zum Numerieren der Verzeichnisse.

Wenn das Reparieren des Datenträgers beendet ist, gelangen Sie zum zweiten Menüpunkt.

Oberflächenanalyse

Alle Ebenen

DISKFIX untersucht den Datenträger Cluster für Cluster auf Lesbarkeit. Wenn es einen Cluster nicht lesen kann, liegt das ausnahmsweise nicht an Ihrer Handschrift, sondern vielmehr daran, daß der Cluster beschädigt wurde. Einen solchen Cluster markiert das Programm dann als unleserlich, damit in Zukunft keine Daten mehr auf ihn gespeichert werden, was zu Datenverlust führen würde.

Enthält der defekte Cluster schon Daten, dann liest DISKFIX so viele der Daten wie möglich und schreibt sie in einen unbeschädigten Cluster. Die nicht mehr identifizierbaren Teile des Clusters werden mit dem Zeichen "-" überschrieben, damit Sie sofort sehen können, welche Teile des Clusters Sie von Hand rekonstruieren müssen.

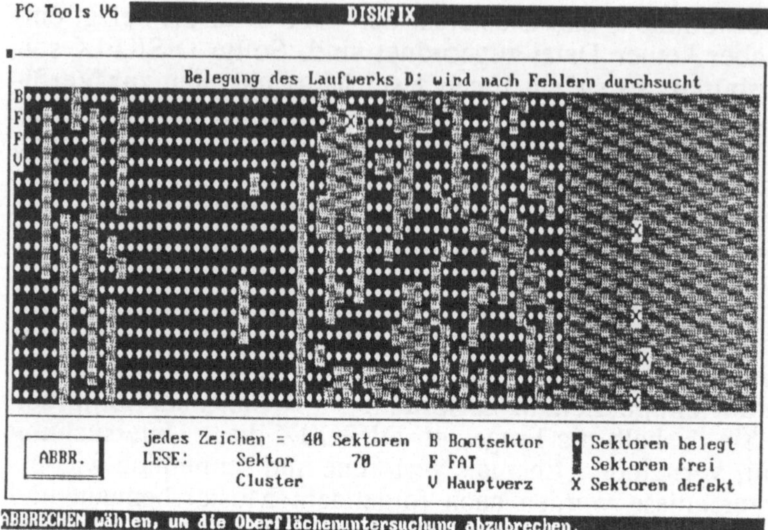

Bild 2-56 Die Oberflächenanalyse

Die Gestaltung des Bildschirmes wird in Bild 2-57 gezeigt. Nach der Analyse werden Sie gefragt, ob Sie sich einen Bericht ausdrucken lassen wollen oder ob Sie ihn in einer Textdatei abspeichern wollen.

Diskette wiederbeleben

Alle Ebenen

Wenn DOS Daten auf einer Diskette nicht mehr lesen kann, muß das noch lange nicht heißen, daß diese Daten nicht mehr vorhanden sind. Viel öfter ist es der Fall, daß die Daten lediglich zu "schwach" abgespeichert sind und MS-DOS deshalb zur Ausgabe einer Fehlermeldung verlassen.

Diese Funktion behebt diesen Fehler folgendermaßen: sie liest mit speziellen Methoden den Inhalt der kritischen Stellen, formatiert diese Stellen und schreibt dann den Inhalt wieder an den alten Platz. In den allermeisten Fällen reicht diese Maßnahme vollkommen aus, um den Lesefehler zu beheben.

Beenden-DOS

Alle Ebenen

Wenn Sie Ihre Arbeit mit DISKFIX beendet haben, kehren Sie mit Hilfe dieser Funktion zu MS-DOS zurück.

3 DESKTOP

3.1 Einführung in DESKTOP

Im Programmteil DESKTOP ist eine ganze Reihe von Programmen enthalten, die Ihnen sicherlich nützlich sein werden. Diese Anwendungen machen das Manko des etwas geringeren Funktionsumfanges gegenüber teuren Programmpaketen durch ihre leichte Bedienbarkeit und ihren günstigen Preis mehr als wett. Es ist schon erstaunlich, was die Programmierer der PCTools so alles ihrem Lieblingskind mit auf den Weg gegeben haben. Die PCTools sind im Preis/Leistungsverhältnis in ihrer Klasse wohl nicht mehr zu übertreffen.

Folgende Programme sind in DESKTOP enthalten:

- NOTIZBLOCK:	Textverarbeitungsprogramm.
- GLIEDERUNG:	Gliederungshilfe.
- DATENBANK:	dBase-kompatible Datenbank.
- TERMINPLANER:	Komfortabler Terminkalender.
- TELEKOMMUNIKATION:	Ermöglicht Modem-Kommunikation und die Ansteuerung einer Fax-Karte.
- MAKROS:	Erstellung von Makros.
- ZWISCHENABLAGE:	Zwischenspeicher, der zum Informationsaustausch zwischen den verschiedensten Programmen verwendet werden kann.
- TASCHENRECHNER:	Sammlung der wichtigsten Rechner.
- HILFSPROGRAMME:	Nützliche Hilfsprogramme.

Die Besonderheit von DESKTOP ist, daß Sie bis zu 15 Arbeitsfenster gleichzeitig geöffnet haben können - und zwar mit verschiedenen DESKTOP-Programmen und Arbeitsdateien! Um ein neues Fenster zu öffnen, müssen Sie nur im DESKTOP-Menü ein Programm auswählen. Dieses Programm ist dann aktiviert, während sich das alte im Hintergrund befindet.

Sie können dann im Fenster-Menü den Fenstern einen geeigneten Ort und eine angebrachte Größe zuweisen, damit möglichst viele Informationen gleichzeitig sichtbar sind. Das aktive Arbeitsfenster wechseln Sie ganz einfach mit AKTIVIEREN aus dem Fenster-Menü oder durch Anklicken mit der Maus.

Im folgenden werden alle Programme hintereinander ausführlich beschrieben:

3.2 NOTIZBLOCK

Dieses Programm stellt eine Textverarbeitung dar, die dem Editor von PCShell in allen Belangen überlegen ist. So verfügt NOTIZBLOCK unter anderem über eine Rechtschreibprüfung und über die Möglichkeit, Wordstar-Dateien zu verarbeiten. Der Funktionsumfang wurde auf die wichtigsten Befehle reduziert, um den höchstmöglichen Bedienungskomfort zu erreichen.

Nach dem Aufruf von NOTIZBLOCK erscheint zunächst ein Fenster, mit dessen Hilfe Sie eine Textdatei einladen können, um sie später weiterzubearbeiten. Es werden dabei alle Dateien des aktuellen Verzeichnisses aufgelistet, die mit der Namenserweiterung .TXT versehen sind (s. Bild 3-1).

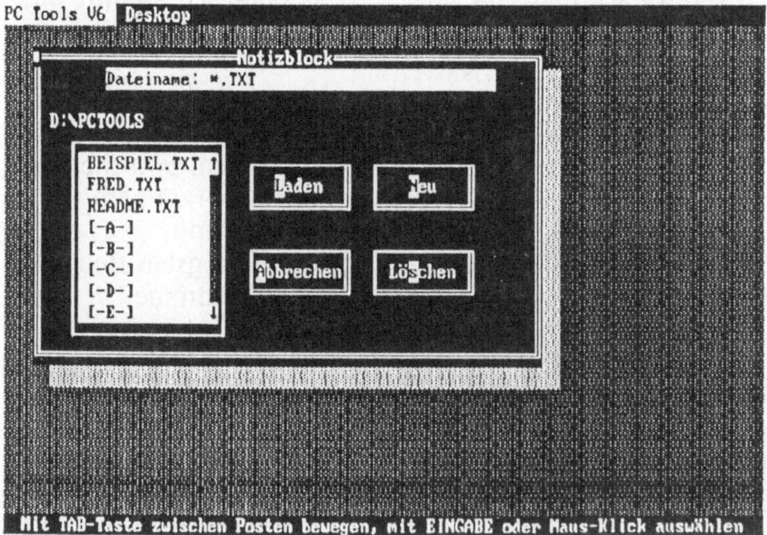

Bild 3-1 Das Ladefenster

Möchten Sie eine neue Datei erstellen, müssen Sie den Namen, den die Datei beim Speichern tragen soll, über die Tastatur eingeben und anschließend mit NEW die Textverarbeitung aktivieren.

Wenn Sie eine bereits vorhandene Textdatei weiterbearbeiten wollen, diese aber eine andere Namenserweiterung besitzt, können Sie eine andere Textdateidefinition vornehmen (z.B "**.DOC*"). Beim nächsten Aufruf von NOTIZBLOCK nach dem Speichern der Datei wird diese Dateinamenserweiterung dann anstelle von "*.TXT*" automatisch verwendet. Sie können in dieser Zeile auch den vollen Namen Ihrer Textdatei eingeben. Nach Drücken von <RETURN> wird die Datei dann in den Speicher geladen und das Textverarbeitungsprogramm gestartet. Es ist aber auch möglich, die gewünschte Datei mit den Cursortasten oder der Maus aufrufen. Dazu müssen Sie mit <Tab> zunächst das Dateifenster aktivieren. Ein Druck auf <RETURN> oder ein Doppelklick mit der Maus lädt dann die aktuelle Datei. Wenn diese nicht mit DESKTOP verfaßt wurde, fragt das Programm, ob die Datei als Wordstar-Datei oder als einfache ASCII-Datei bearbeitet werden soll.

In eckigen Klammern stehen die Laufwerksbuchstaben, mit deren Hilfe Sie das Laufwerk wechseln können, und die Verzeichnisnamen. Die zwei Punkte in eckigen Klammern stellen das übergeordnete Verzeichnis dar. Wenn sich Ihre Datei in einem anderen als dem aktuellen Verzeichnis befindet, können Sie entweder den ganzen Pfadnamen (s. zentrale Begriffe) über die Tastatur eingeben oder mit Hilfe dieses Fensters das richtige Verzeichnis erreichen.

Nach dem Aufruf sehen Sie den Arbeitsbildschirm des Programms. Dabei sind in der Menüleiste am oberen Bildschirmrand alle vorhandenen Funktionen aufgeführt. Einige dieser Befehle können auch mit den Funktionstasten aufgerufen werden. Im mit "*Notizblock*" überschriebenen Fenster, das sich in der Bildschirmmitte befindet, können Sie nun Ihren Text bearbeiten. In der ersten Zeile dieses Fensters sind die Zeile ("*Zl:*") und Spalte ("*Sp:*") angegeben, in denen sich der Cursor befindet. Weiter rechts wird der Name der Textdatei angezeigt und rechts neben diesem der Schreibmodus. Wenn rechts vom Dateinamen keine Bemerkung steht, ist der Überschreibmodus eingestellt; wenn sich an dieser Stelle ein "*Ein*" befindet, ist der Einfügemodus aktiviert. Im Einfügemodus werden die Zeichen, die sich rechts vom Cursor befinden, nicht von den neu eingegebenen Zeichen überschrieben, sondern die neue Eingabe wird in den Text eingefügt. In der untersten Zeile des Fensters zeigt Ihnen ein zweiter Cursor in einem schraffierten Balken an, an welcher Stelle Sie sich innerhalb der Zeile befinden.

Sie können nun Ihren Text eingeben und dabei wie gewohnt auf die Befehle in der Menüleiste zurückgreifen. Es stehen folgende Möglichkeiten zur Verfügung, um sich im Text fortzubewegen:

Cursortasten
Dienen zum zeichenweisen Fortbewegen im Text.

<Del>
Löschen des Zeichens bei dem sich der Cursor gerade befindet.

<Backspace>
Löschen des Zeichens links vom Cursor.

<Ctrl> + <Cursor links>
Bewegt den Cursor an den Anfang des vorhergehenden Wortes.

<Ctrl> + <Cursor rechts>
Bewegt den Cursor an den Anfang des nachfolgenden Wortes.

<Home>
Bewegt den Cursor an den Anfang der Bildschirmzeile.

<End>
Bewegt den Cursor an das Ende der Bildschirmzeile.

<Home> + <Home>
Bewegt den Cursor in die linke obere Ecke des Fensters.

<End> + <End>
Bewegt den Cursor in die rechte untere Ecke des Fensters.

<PgUp>
Im Fenster wird die vorhergehende Bildschirmseite angezeigt.

<PgDn>
Im Fenster wird die folgende Bildschirmseite angezeigt.

<Ctrl> + <PgUp>
Rollt das Fenster eine Zeile nach oben ohne dabei den Cursor zu bewegen.

<Ctrl> + <PgDn>
Rollt das Fenster eine Zeile nach unten ohne dabei den Cursor zu bewegen.

<Ctrl>+<Home>
Springt zum Anfang der Datei.

<Ctrl>+<End>
Springt zum Ende der Datei.

3.2.1 Das Datei-Menü

In diesem Menü sind alle Funktionen enthalten, die Sie für die direkte Verwaltung Ihrer Textdateien innerhalb des Programmes benötigen: Sie können Dateien *laden*, *speichern* und *drucken*.

Laden

Mit LADEN laden Sie eine neue Datei in den Speicher. Die Datei, die sich eventuell noch im Speicher befindet, wird dabei nicht gespeichert. LADEN läßt sich auch direkt mit <F4> aufrufen.

Die Auswahl der gewünschten Datei erfolgt auf die gleiche Weise wie beim Starten von NOTIZBLOCK.

Speichern

Die aktuelle Textdatei wird gespeichert. Die Funktion bietet verschiedene Arten der Speicherung an. Sie können SPEICHERN auch direkt mit <F5> aufrufen.

Nach dem Aufruf erscheint ein neues Fenster, in dem Sie sich für eine der verschiedenen Speicherungsarten entscheiden können (s. Bild 3-2). Wenn Sie die Textdatei unter einem anderen Namen als dem vorgegebenen sichern wollen, können Sie den alten Namen einfach überschreiben. Sollten Sie wünschen, daß das Programm auch eine Sicherheitskopie der Textdatei mit der Namenserweiterung .BAK anlegt, können Sie dies mit "*Backup-Datei anlegen*" festlegen. Rechts daneben wird es Ihnen ermöglicht, das Format der Speicherung festzulegen. Zur Verfügung stehen zwei verschiedene Formate: das DESKTOP-eigene Format, bei dem alle Steuerzeichen des Programms mitangegeben werden, und das Standard-ASCII-Format. Letzteres hat den Vorteil, daß Sie den Text ohne Probleme mit anderen Textverarbeitungsprogrammen weiterverarbeiten können. Wenn Sie Ihre Auswahl getroffen haben, wird die Datei

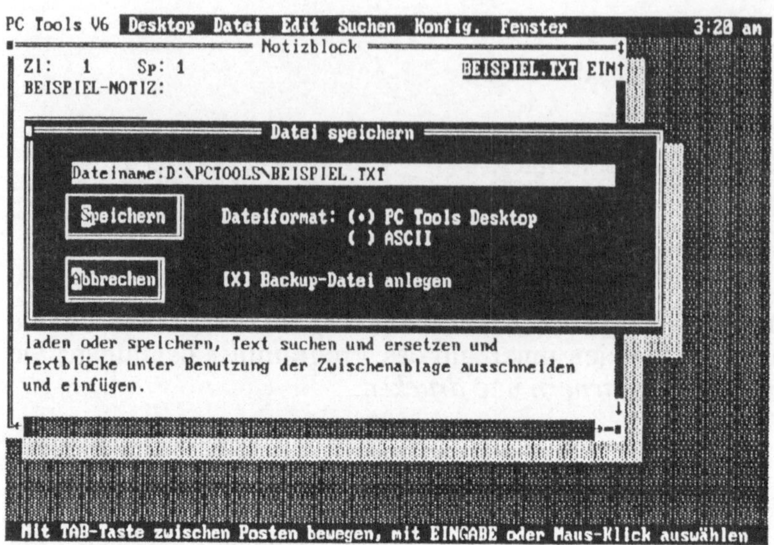

Bild 3-2 Speichern einer Datei

mit SPEICHERN auf Diskette geschrieben und Sie kehren ins Textfenster zurück.

Drucken

Der Text wird ausgedruckt. Bevor Sie diesen Menüpunkt aufrufen, sollten Sie sich allerdings vergewissern, daß der Drucker betriebsbereit ist. Die vorgenommenen Einstellungen des KONFIGURATIONS-Menü werden beim Ausdruck berücksichtigt.

Unter "*Anschluß*" müssen Sie festlegen, an welche Schnittstelle Ihr Drucker angeschlossen ist. "*LPT*" steht dabei für eine parallele Schnittstelle und "*COM*" für eine serielle. Im Normalfall ist Ihr Drucker über LPT1 "angestöpselt". Hinter "*Anzahl der Kopien:*" können Sie festlegen, wieviele Ausdrucke des Textes NOTIZBLOCK anfertigen soll.

Das Programm muß vor dem Ausdruck die Datei noch bearbeiten und seine Steuerzeichen setzen. Sie können die Datei mit allen Textformatierungen noch einmal mit der Endung .PRT abspeichern. Diese Datei kann dann direkt mit "*COPY Dateiname.PRT prn:*" von MS-DOS aus ausgedruckt werden. Wenn Sie alle Voreinstellungen erfolgreich vorgenommen, wird der Text mit DRUCKEN zu Papier gebracht. Es ist übrigens möglich, mit MAKROS ein oder mehrere Makros zu definieren, die das Schriftbild des Druckers beeinflussen. Genauere Hinweise finden Sie bei MAKROS.

Automatisches Speichern

Wenn AUTOMATISCHES SPEICHERN aktiviert ist, speichert das Programm automatisch nach einem von Ihnen bestimmeten Zeitintervall die Datei ab, die gerade bearbeitet wird. Die Funktion sichert von NOTIZBLOCK, GLIEDERUNG, TERMINPLANER und MAKROS die aktuellen Dateien.

Geben Sie hinter "*Zeit (min):*" ein, in welchen Minutenabständen die Datei automatisch gesichert werden soll. Voreingestellt sind 5 Minuten, was bedeutet, daß alle fünf Minuten die aktuelle Datei abgespeichert wird. Mit "EIN" wird die Funktion aktiviert und mit "AUS" ausgeschaltet. OK übernimmt Ihre Eingaben und kehrt zum Editor zurück, mit "ABBRECHEN" wird der Menüpunkt verlassen, ohne daß sich das Programm die Einstellungen merkt.

Beenden ohne Speichern

NOTIZBLOCK speichert normalerweise beim Verlassen des Programms die Textdatei automatisch ab, um versehentlichen Datenverlusten vorzubeugen. In manchen Fällen, z.B. wenn sich diese Datei als unbrauchbar herausstellt, ist diese automatische Sicherung aber sehr lästig. Mit diesem Menüpunkt wird NOTIZBLOCK verlassen und die Speicherung der Datei wird umgangen.

3.2.2 Das Edit-Menü

In diesem Menü befinden sich alle umfassenderen Programmfunktionen zum Umgang mit dem Text. So können Sie ganze Datenblöcke markieren, löschen oder kopieren, oder auf die integrierte Rechtschreibhilfe zurückgreifen.

Ausschneiden

Mit dieser Funktion werden zuvor markierte Textblöcke aus dem Text entfernt und in dem Zwischenspeicher (ZWISCHENABLAGE) abgelegt. Da der Zwischenspeicher immer nur eine Textstelle auf einmal fassen kann, wird der alte Inhalt der Zwischenablage überschrieben und ist dann nicht mehr verfügbar. AUSSCHNEIDEN kann auch mit der Tastenkombination <Shift>+<Del> aufgerufen werden.

Der Zwischenspeicher kann 2000 Zeichen speichern. Achten Sie deshalb immer darauf, daß der Bereich, den Sie markieren, auch in die Zwischenablage paßt. Den Text, der in die Zwischenablage verschoben werden soll, muß zuerst mit der Maus oder mit dem Menüpunkt TEXTBLOCK MARKIEREN ausgewählt werden. Rufen Sie aus diesem Grunde erst im Anschluß daran diese Funktion auf.

Kopieren

Diese Funktion entspricht weitestgehend AUSSCHNEIDEN. Der einzige Unterschied besteht darin, daß der markierte Textblock im Text bleibt und vom Programm nicht aus diesem entfernt wird. KOPIEREN fertigt also eine Kopie des markierten Bereiches an und speichert diese Kopie im Zwischenspeicher.

Einfügen

Fügt den Inhalt des Zwischenspeichers in den Text ein. Der Text im Zwischenablage wird dabei immer an der Cursorposition eingefügt. EINFÜGEN kann ebenfalls über die Tastenkombination <Shift>+<Ins> aktiviert werden.

Textblock markieren

Markiert einen Textausschnitt, den Sie später beispielsweise in die Zwischenablage kopieren können.

Bewegen Sie den Cursor an den Beginn der gewüschten Textstelle. Rufen Sie dann diesen Menüpunkt auf und markieren Sie mit den Cursortasten den gewünschten Bereich. Die markierten Stellen erscheinen dabei invers auf dem Bildschirm. Nun können Sie diesen Block weiterverarbeiten. Es ist ebenfalls möglich, mit gehaltener <Shift>-Taste und den Cursortasten die Textstelle zu markieren. Und wenn Sie Mausbesitzer sind, können Sie diese Markierung auch noch auf eine andere Art und Weise vornehmen: Sie fahren bei gehaltender Maustaste einfach über den zu markierenden Bereich, der dann ebenfalls invers dargestellt wird.

Markierung widerrufen

Entfernt die Markierung einer invers dargestellten Textstelle. Mit der <Esc>-Taste oder der Funktionstaste <F3>, durch Verlassen des markierten Bereiches mit dem Cursor oder durch Anklicken einer anderen Textstelle mit der Maus wird die Markierung ebenfalls rückgängig gemacht.

Gesamten Text löschen

Die gesamte Textdatei wird nach einer Sicherheitsabfrage aus dem Speicher entfernt. Die Kopie der Datei auf der Diskette bleibt dabei ungeschoren. Wenn Sie allerdings NOTIZBLOCK auf dem üblichen Wege verlassen, wird der nach der Löschung eingegebene Text unter dem Dateinamen der aus dem Speicher entfernten Datei abgespeichert. Die alte Version erscheint dann mit der Namenserweiterung .BAK im Verzeichnis und sollte schleunigst umbenannt werden.

Datei einfügen

Mit DATEI EINFÜGEN können einzelne Textdateien zu einem Gesamttext vereinigt werden. Die Datei, die in die aktuelle Textdatei eingefügt werden soll, wird dabei an die Cursorposition kopiert.

Nach dem Aufruf müssen Sie wie im Menüpunkt LADEN aus dem Datei-Menü die gewünschte Datei auswählen.

Springen

Mit SPRINGEN wird der Cursor direkt an eine von Ihnen einzugebende Zeile bewegt. Geben Sie nach dem Aufruf die Zeilennummer an und führen Sie den Befehl mit OK aus.

3.2.3 Das Suchen-Menü

Mit Hilfe dieses Menüs kommen Sie einzelnen Textstellen auf die Spur, die Sie dann z. B. automatisch durch eine andere Formulierung ersetzen können.

Suchen

SUCHEN findet, wie der Name schon sagt, eine von Ihnen einzugebende Textstelle von maximal 44 Zeichen Länge (s. Bild 3-3). SUCHEN kann auch direkt mit <F6> aktiviert werden.

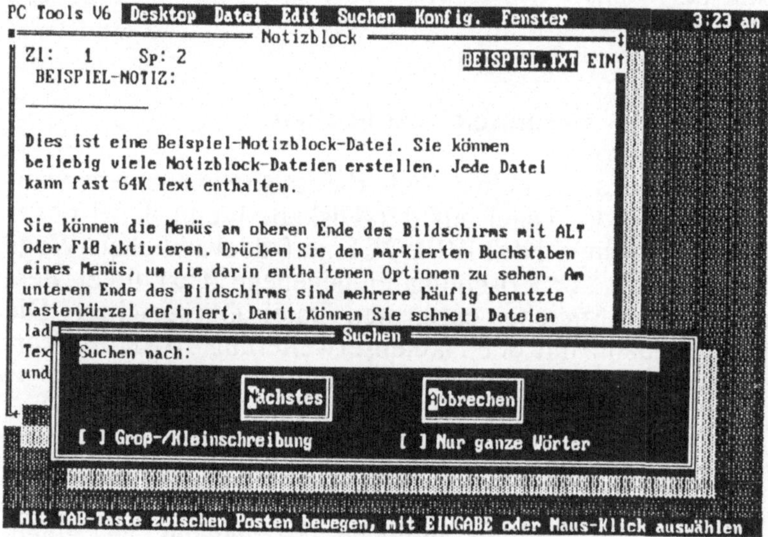

Bild 3-3 Suchen einer Zeichenkette

Nach dem Aufruf müssen Sie hinter *"Suchen nach:"* die zu suchende Zeichenkette eingeben. In der letzten Zeile des Fensters, das nach der Aktivierung geöffnet wird, können Sie dann noch zwei Optionen ein- oder ausstellen. Diese sind:

"Groß-/Kleinschreibung": Beim Suchbegriff wird zwischen Groß- und Kleinbuchstaben unterschieden.

"Nur ganze Wörter": Wenn Sie diese Option aktivieren, sucht das Programm den Suchbegriff nicht mehr innerhalb von Wörtern. Ohne diese Option würde das Programm z.B. in dem Wort "Diskette" den Suchbe-

griff "Kette" finden (dieses Beispiel ist übrigens nur möglich, wenn bei der Suche auch die Groß- und Kleinbuchstaben nicht berücksicht werden).

Mit NÄCHSTES schicken Sie das Programm von der Cursorposition an auf die Suche. Sobald die Zeichenkette gefunden wird, wird der Cursor an das erste Zeichen des gefundenen Suchbegriffes im Text positioniert. Wenn Sie an dieser Stelle aus der Suchfunktion aussteigen wollen, um den Fundort zu bearbeiten, können Sie mit ABBRECHEN das Suchfenster schließen. Ansonsten setzen Sie mit NÄCHSTES die Suche fort.

Ersetzen

Mit Hilfe dieser Funktion können Sie automatisch Textstellen bis zu einer Länge von 44 Zeichen durch andere Formulierungen ersetzen.

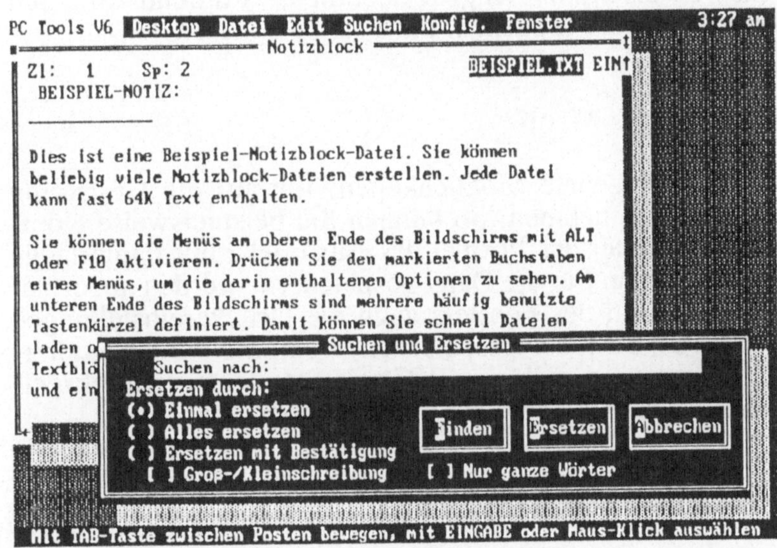

Bild 3-4 Ersetzen einer Textpassage

Nach dem Aufruf wird ein Fenster geöffnet (s. Bild 3-4), in dem Sie hinter "*Suchen nach:*" eingeben müssen, welcher Ausdruck ersetzt werden soll. Nach Druck auf <RETURN> gelangen Sie eine Zeile tiefer, in der einzugeben ist, welche Formulierung eingesetzt werden soll ("*Ersetzen durch:*"). Darunter sind noch fünf Optionen verfügbar, von denen zwei bereits von SUCHEN bekannt sind:

"Einmal ersetzen": Die zwei Formulierungen werden nur einmal ausgetauscht.

"Alles ersetzen": Es können alle Ausdrücke ersetzt werden.

"Ersetzen mit Bestätigung": Jedesmal, wenn ERSETZEN die vorgegebene Zeichenkette findet, werden Sie gefragt, ob sie diese ersetzen wollen. Mit <RETURN> wird die Aktion ausgeführt, mit der Leertaste wird die Suche fortgesetzt, ohne den Fundort zu behelligen.

"Groß-/Kleinschreibung": Beim Suchbegriff wird zwischen Groß- und Kleinbuchstaben unterschieden.

"Nur ganze Wörter": Wenn Sie diese Option aktivieren, sucht das Programm den Suchbegriff nicht mehr innerhalb von Wörtern.

Nachdem Sie alle Eingaben vorgenommen haben, können Sie mit ERSETZEN das Ersetzen in Angriff nehmen, während Sie mit SUCHEN nur die Zeichenkette suchen, ohne sie zu ersetzen.

3.2.4 Das Konfigurations-Menü

Dieses Menü bietet Ihnen viele Möglichkeiten, um auf die Gestaltung des Ausdrucks Einfluß zu nehmen. So können Sie beispielsweise Kopf- und Fußzeilen erstellen oder das Format des Ausdrucks mit Papierlänge und -breite festlegen. Wenn Sie die Datei abspeichern, werden außer der Größe, Farbe und Position des Fensters auch die Druckereinstellungen des KONFIGURATIONS-Menüs gespeichert. Wenn Sie die Datei allerdings im ASCII-Format und nicht im PCTools-Standardformat abspeichern, werden diese Einstellungen nicht mit gesichert.

Seitenformat

Mit diesem Menüpunkt werden alle Parameter eingestellt, die das Papierformat betreffen. Voreingestellt sind bereits Werte, wie sie in den häufigsten Fällen vorkommen. Wenn beim Ausdruck keine Komplikationen auftreten, können Sie die Werte in ihrem Zustand belassen (s. Bild 3-5).

Bild 3-5 Vorbereitung eines Ausdrucks

"Linker Rand": Voreingestellt sind 8 Zeichen vom linken Papierrand aus gerechnet.

"Rechter Rand": Voreingestellt sind 73 Zeichen vom linken Papierrand aus gerechnet.

"Oberer Rand": Voreingestellt sind 8 Leerzeilen vom oberen Papierrand aus gerechnet.

"Unterer Rand": Voreingestellt sind 6 Leerzeilen vom unteren Papierrand aus gerechnet.

"Papiergröße": Zeilen pro Blatt. Voreingestellt sind 66 Zeilen. Wenn Sie zum Ausdruck amerikanisches Druckerpapier verwenden, müssen Sie diesen Wert auf 84 Zeilen umstellen.

"Zeilenabstand": Voreingestellt ist der Abstand 1. Solten Sie den doppelten Zeilenabstand wünschen, müssen Sie an dieser Stelle eine "2" eingeben.

"Seitenanfangsnummer": Nummer der ersten Seite.

Kopf/Fußzeile

Hiermit können Sie den Text der Kopf- bzw. Fußzeile bestimmen.

Geben Sie hinter "*Kopfzeile:*" den Text für jede Kopfzeile ein. Seine Länge ist auf 50 Zeichen beschränkt. Mit "*Fußzeile:*" können Sie den Inhalt der Fußzeile bestimmen. Der Gartenzaun ("#") steht für die Seitennumerierung und kennzeichnet, ob die Seitennummer oben oder unten steht. Wird das Zeichen entfernt, findet gar keine Seitennumerierung statt.

Tabulator einstellen

Diese Funktion ermöglicht es Ihnen, Tabulatoren zu setzen. Nach jedem Druck auf <Tab> springt der Cursor automatisch auf den nächsten Tabulatorstopp in der Zeile. Sie können die Tabulatorabstände nur verändern, wenn ZEILENLINEAL EIN/AUSBLENDEN aktiviert ist.

Nach dem Aufruf finden Sie sich in der Tabulatorzeile des Arbeitsfenster wieder. Diese ist farblich unterlegt. Nun können Sie Tabulatoren setzen und löschen. Gesetzt werden Tabs mit der <Ins>- bzw. <Einfg>-Taste. Gelöscht werden sie mit der <Del>- oder <Entf>-Taste. Durch Eingabe von "O" werden alle Tabulatoren automatisch gelöscht. Wenn Sie einen regelmäßigen Tabulatorenabstand bevorzugen, geben Sie nach dem Aufruf einfach ein, wie groß dieser Abstand sein soll. Die Tabulatoren werden dann automatisch gesetzt.

Einstellung speichern

Alle Voreinstellungen, die Sie im KONFIGURATIONS-Menü und im FENSTER-Menü vorgenommen haben, werden gesichert. Die Voreinstellungen der Programme NOTIZBLOCK, GLIEDERUNG, MAKROS, und DATENBANK werden dabei in einer Datei gespeichert.

Zeilenlineal ein/ausblenden

Aktiviert das Zeilenlineal mit den Tabulatoren oder schaltet seine Funktion ab.

Überschreibmodus

Diese Funktion schaltet zwischen dem Überschreib- und Einfügemodus hin und her. Welcher Modus gerade aktiv ist, ist aus der rechten oberen Ecke des Arbeitsfenster ersichtlich: Ist der Einfügemodus aktiv, steht dort "EIN", ansonsten ist diese Ecke unbenutzt. Sie können zwischen den beiden Zuständen auch mit der <Einfg>- bzw. <Ins>-Taste wechseln.

Steuerzeichen ein/ausblenden

Wenn diese Funktion aktiviert ist, werden Leerzeichen, Tabulatoren und Absatzzeichen grafisch im Arbeitsfenster dargestellt.

Zeilenumbruch

Diese Anweisung ist dafür zuständig, ob es einen automatischen Zeilenumbruch gibt oder nicht. Bei aktiviertem Zeilenumbruch werden Wörter, die nicht mehr in die alte Zeile passen, automatisch in die nächste Zeile übernommen. Ist dieser Modus ausgeschaltet, werden alle Zeichen der Zeile mit Buchstaben ausgefüllt, bevor das Programm in die nächste Zeile wechselt.

Automatisches Einrücken

Hiermit können Sie bequem und automtisch Absätze einrücken. Wenn Sie AUTOMATISCHES EINRÜCKEN aktiviert haben, werden alle Zeilen automatisch beim gerade aktuellen Tab begonnen.

3.2.5 Das Fenster-Menü

In diesem Menü können Sie die verwendeten Bildschirmfarben festlegen, und die Größe sowie den Standort des Arbeitsfensters bestimmen. Da dieses Menü in allen DESKTOP-Programmen enthalten ist, wird es nur an dieser Stelle beschrieben. Sollten zu einem späteren Zeitpunkt einmal Fragen zu dessen Bedienung auftauchen, dann konsultieren Sie bitte diesen Abschnitt.

Farben ändern

In diesem Menü können Sie die Farben festlegen, die auf dem Bildschirm Verwendung finden sollen (s. Bild 3-6).

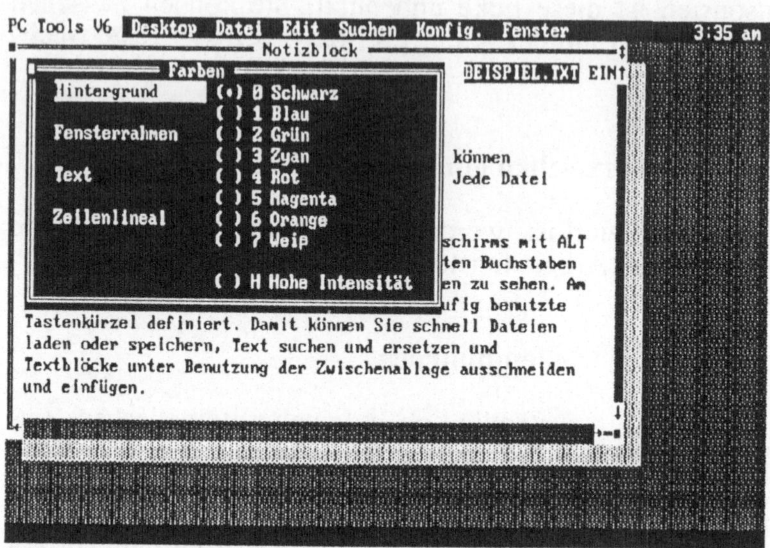

Bild 3-6 Festlegen der Farben

Hintergrund: Hintergrundfarbe.

Fensterrahmen: Farbe des Fensterrahmens.

Text: Schriftfarbe des Fensters.

Zeilenlineal: Farbe für Zeilenlineal und Statusmeldungen.

Um eine Farbe zu verändern, wählen Sie den entsprechenden Punkt aus. Sie können nun eine von acht Farben für diese Stelle auswählen: Schwarz, Blau, Grün, Türkis, Rot, Purpur, Orange und Weiß. Die Auswahl erfolgt mit den Tasten 0 bis 7. Die Farbveränderung wird sofort am Bildschirm angezeigt.

"Hohe Intensität": Wenn Sie diese Option aktivieren, werden alle Farben noch etwas kräftiger dargestellt. Sie können für jeden Bildschirmbereich einzeln festlegen, ob er in satterer Farbe dargestellt werden soll oder nicht.

Sie können FARBEN ÄNDERN mit der <Esc>-Taste verlassen. Die Farbveränderungen werden dann in das Arbeitsfenster übernommen.

Video-Größe

Diese Funktion erlaubt es Ihnen, den Bildschirmmodus zu ändern, in dem PCTools betrieben wird. Dabei stehen Ihnen drei Möglichkeiten offen.

"Derzeitige Einstellung benutzen": Die augenblicklich verwendete Darstellungsart wird beibehalten.

"25 Zeilen Darstellung": Der Bildschirm wird auf den 25 Zeilen-Modus umgestellt.

"43/50 Zeilen Darstellung": Ab sofort wird der 43/50-Zeilen Modus (je nach Grafikkarte) verwendet. Wenn dieser Modus ausgewählt wurde, ist die maximal gleichzeitig darstellbare Fensterzahl auf sieben begrenzt, weil dieser Modus für die Speicherung von Fenstern mehr Speicherplatz in Anspruch nimmt.

Aktivieren

Wenn Sie mehrere Programme des DESKTOP-Programmpakets gleichzeitig geladen haben, können Sie mit dieser Funktion ein anderes DESKTOP-Programm aktivieren. Wenn mehr als zwei Programme gleichzeitig aktiviert sind, müssen Sie aus einem Fenster das gewünschte Programm auswählen. Diese Funktion kann auch schneller mit <F9> aktiviert werden.

Verschieben

Mit dieser Funktion können Sie das gerade aktive Fenster auf dem Bildschirm verschieben. Mausbesitzer haben die Möglichkeit, dies auch ohne VERSCHIEBEN vorzunehmen, indem sie den oberen Fensterrahmen anklicken und das Fenster bei gedrückter Maustaste verschieben. Mit der Tastenkombination <Alt>+Leertaste aktivieren Sie ein kleines Fenster, in dem Sie zwischen VERSCHIEBEN und GRÖSSE, die sich in der Bedienung sehr ähnlich sind, wählen können.

Nach dem Aufruf können Sie das Fenster mit den Cursortasten bewegen. Wenn Sie mit der Position des Fensters zufrieden sind, drücken Sie <RETURN>, um den neuen Standort des Fensters "amtlich" zu machen.

Größe

Verändert die Größe des Arbeitsfensters. Mausbesitzer können stattdessen auch die rechte untere Ecke anklicken und bei gehaltener Maustaste verschieben. Mit der Tastenkombination <Alt> + <Leertaste> aktivieren Sie ein kleines Fenster, in dem Sie zwischen VERSCHIEBEN und GRÖSSE, die sich in der Bedienung sehr ähnlich sind, wählen können.

Nun können Sie die rechte untere Ecke des Fensters am Bildschirm verschieben und auf diese Weise eine Veränderung der Größe vornehmen. Um die neue Fenstergröße in NOTIZBLOCK zu übernehmen, drücken Sie <RETURN>.

Zoom

Das gerade aktivierte Fenster wird auf die gesamte Bildschirmfläche ausgedehnt. Fenster, die sich unter ihm befinden, bleiben aktiviert, sind jedoch unsichtbar. Um das Fenster wieder auf seine Orginalgröße zurückzuführen, aktivieren Sie nochmals ZOOM oder schließen es mit der Maus oder <Esc>.

3.2.6 Das Erstellen von Serienbriefen

In NOTIZBLOCK können Sie Adressenlisten von DATENBANK benutzen und mit deren Hilfe Serienbriefe erstellen. Dazu müssen Sie eine Formulardatei (mit der Namenserweiterung .FOR) in NOTIZBLOCK erstellen. Sie erfassen wie gewohnt den Text für die Serienbriefe. An den Stellen, an denen Sie auf die Adressdatei zugreifen, schreiben Sie den entsprechenden Datenfeldnamen von DATENBANK in eckigen Klammern (z.B. [NAME] für die Erfassung der verschiedenen Namen). An diese Stelle werden im Serienbrief dann automatisch die Namen der in der Datei erfassten Personen eingefügt. Speichern Sie den Text mit der Erweiterung .FOR ab und rufen Sie DATENBANK auf. Laden Sie die Datenbankdatei (.DBF), in der die Informationen gespeichert sind und rufen Sie sodann aus dem Datei-Menü die Funktion FORMULARDATEI LADEN auf. Geben Sie an dieser Stelle den Namen der Datei an, die den Serienbrief beinhaltet. Der Brief kann nun mit den Funktionen von DATENBANK weiterverarbeitet werden und z.B. mit DRUKKEN ausgedruckt werden.

Auf die gleiche Weise können Sie sich Listen ausdrucken lassen. Eine Formulardatei für Listen sieht dann beispielsweise so aus:

```
NAME     BERUF          WOHNORT       TELEFONNUMMER
[NAME]   [BERUF]         [ORT]           [NUMMER]
```

3.3 GLIEDERUNG

GLIEDERUNG ist ein sehr gutes Hilfsmittel, um Texte zu strukturieren. Mit diesem Programmteil der PCTools können Sie beispielsweise alle Kapitel und Unterkapitel übersichtlich darstellen und auf diese Weise praktisch das Inhaltsverzeichnis eines Textes entwerfen oder einfach Ihre Gedanken systematisch anordnen. Die Unterkapitel bzw. "Untergedanken" werden eingerückt, den Abstand zum Zeilenanfang können Sie selbst bestimmen.

Die Darstellung gleicht einer Baumstruktur: Ganz links sind die Hauptpunkte zu sehen, eine Tabulatorposition weiter rechts die Unterpunkte der ersten Ebene und so fort. Die Tabulatoren können Sie wie von GLIEDERUNG vorgegeben verwenden oder auch selbstständig verändern.

GLIEDERUNG arbeitet im wesentlichen auf die gleiche Art und Weise wie NOTIZBLOCK, es ist lediglich ein weiteres Menü hinzugekommen. Aus diesem Grunde werden die anderen Menüs an dieser Stelle nicht nochmals erläutert, ziehen Sie deshalb bitte im Zweifelsfall die Menübeschreibungen im NOTIZBLOCK-Kapitel zu Rate.

Nach dem Aufruf erscheint ein Fenster, in dem Sie bestimmen müssen, welche Datei Sie bearbeiten wollen. Bis auf die Tatsache, daß das Programm eine andere Dateinamenserweiterung (.OUT) als NOTIZBLOCK benutzt, ist die Bedienung mit NOTIZBLOCK identisch.

Nach dem Aufruf sehen Sie den Arbeitsbildschirm von GLIEDERUNG, der, abgesehen von dem neuen Menü, dem NOTIZBLOCK-Fenster aufs Haar gleicht. Die Bedienung des Editors wurde ebenfalls beibehalten.

Die Unterkapitel können Sie entweder mit der TAB-Taste einrücken oder die Funktion TIEFERE EBENE dazu verwenden. Auch in GLIEDERUNG können Sie die Tabulatoren mit TABULATOR EINSTELLEN aus dem Konfigurations-Menü neu setzen, falls Ihnen die vorgegebenen Abstände nicht zusagen. Im folgenden werden die Funktionen des neuen Menüs verständlich gemacht.

3.3.1 Das Überschrift-Menü

Dieses Menü enthält alle zusätzlichen Funktionen, die das Erstellen einer Gliederung erleichtern und die nicht in NOTIZBLOCK enthalten sind.

Derzeitige Ebene entfalten

Mit DERZEITIGE EBENE ZUKLAPPEN können Sie Kapitelüberschriften unsichtbar machen. DERZEITIGE EBENE ENTFALTEN macht versteckte Unterkapitel nun wieder sichtbar.

Wählen Sie vor dem Aufruf eine Überschrift der ersten Ebene mit den Cursortasten aus. Diese Überschriften werden von nun an Hauptüberschriften genannt. Aktivieren Sie nun die Funktion, und alle bislang versteckten Untertitel der aktuellen Hauptüberschrift werden angezeigt.

Alle Ebenen entfalten

Alle versteckten Untertitel werden wieder sichtbar gemacht und an der richtigen Stelle ausgegeben.

Ebene anzeigen

Diese Funktion gibt Ihnen die Gliederung bis zu einer von Ihnen bestimmten Ebene aus. Wenn Sie z. B. der Übersichtlichkeit halber nur Titel der ersten und zweiten Ebene sehen wollen, ist das sehr praktisch.

Positionieren Sie vor dem Aufruf den Cursor an einen beliebigen Eintrag der Ebene, bis zu der Sie die Gliederung angezeigt haben wollen. Nach dem Aufruf werden nun alle Überschriften der übergeordneten Ebenen und der aktuellen Ebene auf dem Bildschirm ausgegeben. Ein Dreieck zeigt Ihnen dann an, welche der angezeigten Ebenen noch Unterkapitel enthalten. Wenn Sie die anderen Ebenen wieder sichtbar machen wollen, müssen Sie dies mit ALLE EBENEN ENTFALTEN vornehmen.

Derzeitige Ebene zuklappen

Mit dieser Funktion haben Sie die Möglichkeit, die untergeordneten Titel einer von Ihnen bestimmten Überschrift (die nicht unbedingt eine Hauptüberschrift sein muß) unsichtbar zu machen. Die Hauptüberschriften selbst können nicht versteckt werden.

Markieren Sie vor dem Aufruf die gewünschte Überschrift und aktivieren Sie dann die Funktion. Die direkt untergeordneten Kapitel dieser Überschrift werden dann komplett versteckt. GLIEDERUNG zeigt mit einem Dreieck an, daß an dieser Stelle Kapitel versteckt wurden.

Nur Hauptüberschriften

Es werden nur die Hauptüberschriften angezeigt. Ein Dreieck repräsentiert in dieser Übersicht wieder eine untergeordnete Ebene. Auf diese Weise haben Sie einen Überblick über die Grobstruktur des Dokumentes. Die versteckten Ebenen werden mit ALLE EBENEN ENTFALTEN wieder sichtbar gemacht.

Höhere Ebene

Mit HÖHERE EBENE können Sie gesetzte Tabulatorstops einer Überschrift wieder entfernen. Alle Kapitel, die dieser Überschrift direkt untergeordnet sind, werden ebenfalls nach links verschoben. Auf diese Weise können Sie schnell ganze Überschriftenebenen verschieben.

Auch hier müssen Sie vor dem Aufruf die Überschrift bestimmen, bei der ein Tabulator entfernt werden soll und erst dann die Funktion aktivieren.

Tiefere Ebene

Mit TIEFERE EBENE können Sie nachträglich Tabulatorstops für Überschriften setzen und damit Platz für neue Zwischenebenen schaffen. Die direkt untergeordneten Ebenen passen sich dabei automatisch der Veränderung an. Die Bedienung entspricht HÖHERE EBENE.

3.4 DATENBANK

Dieses Programm stellt eine Datenbank dar, die Sie in die Lage versetzt, z. B. Ihr Telefonverzeichnis oder Ihre Kundenkartei, komfortabel verwalten zu können. Die Dateien von DATENBANK sind mit den Dateien von DBASE IV kompatibel. Das bedeutet, daß Sie DBASE-Dateien mit DATENBANK weiterverarbeiten können und umgekehrt. Zu DBASE III bleibt die Kompatibilität weiter gewährleistet.

Für Netzwerkbenutzer ist besonders interessant, daß die Datenbanken von mehreren Rechnern aus gelesen werden können. Allerdings kann nur ein Benutzer mit dem sogenannten Schreibprivileg die Datenbank öffnen und gegebenenfalls modifizieren.

3.4.1 Die Arbeitsweise einer Datenbank

Um sinnvoll mit DATENBANK arbeiten zu können, müssen Sie zunächst einmal wissen, auf welche Weise Ihre Daten in einer Datenbank verwaltet werden. Dieses Kapitel soll Ihnen das theoretische Wissen vermitteln, das zur Arbeit mit dem Programm notwendig ist.

Eine Datei von DATENBANK besteht aus Datensätzen. Datensätze sind zusammengesetzt aus Datenfeldern und enthalten immer alle Informationen zu beispielsweise einem Kunden. Für jeden Kunden existiert also ein Datensatz, der alle Informationen zu diesem beinhaltet. Ein Datensatz darf aus maximal 4000 Zeichen bestehen und aus 128 Feldern aufgebaut sein. Eine Datei darf maximal 3500 Datensätze tragen.

Die Datenfelder speichern immer einen bestimmten Teil der Informationen des Datensatzes. Ein Datenfeld kann z. B. die Telefonnummer oder den Wohnort des Kunden erfassen. Aus den Datenfeldern können Sie dann die Datenmaske aufbauen. In einer Datenmaske sind alle Datenfelder der Datensätze enthalten. Mit Hilfe der Datenmaske geben Sie dann später die Datensätze ein.

DATENBANK speichert die Daten in Dateien mit drei verschiedenen Namenserweiterungen ab. Die Dateinamen müssen jedoch die gleichen sein. Dies sind im einzelnen:

".DFB"-Dateien: Datenbankdateien, in denen die Daten selbst enthalten sind. Diese sind kompatibel zu DBASE-Dateien.

".FOR"-Dateien: In diesen Dateien ist die Struktur der Datenmaske gespeichert. In der Standardeinstellung werden die Datenfelder einfach untereinander aufgelistet. Sie können jedoch auch ganz individuelle Formulardateien erstellen.

".REC"-Dateien: Diese Dateien enthalten die Sortierkriterien. Diese Art von Dateien wird von DABSE nicht benutzt und ist deshalb nicht DBASE-kompatibel. Das bedeutet, daß Sie die Sortierkriterien in DBASE von neuem eingeben müssen, wenn Sie eine mit DATABASES erstellte Datenbank weiterverarbeiten wollen.

3.4.2 Erstellen einer neuen Datenbankdatei

Nach dem Aufruf sehen Sie das Lade-Fenster, wie es Ihnen schon aus NOTIZBLOCK und GLIEDERUNG bekannt ist. Wenn Sie eine neue Datenbankdatei erstellen wollen, müssen Sie auch hier zunächst den Namen eingeben, den die Datenbankdatei (mit der Erweiterung .DBF) tragen soll. Mit NEW können Sie nun den Aufbau der neuen Datenbankdatei festlegen.

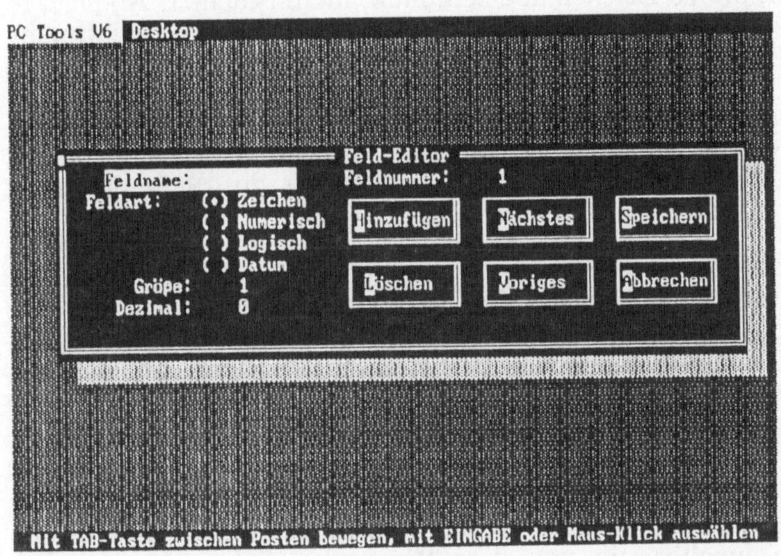

Bild 3-7 Definition der Datenfelder

Es wird nun ein Fenster geöffnet, in dem Sie die Eigenschaften aller Datenfelder definieren müssen (s. Bild 3-7). Es ist in zwei Teile gegliedert. Auf der linken Seite bestimmen Sie die Merkmale für das aktuelle Datenfeld und auf der rechten Seite des Fensters sind alle Befehle enthalten, die darüber hinausgehen. So können Sie mit Hilfe dieser Befehle beispielsweise das nächste Datenfeld definieren oder das aktuelle Datenfeld wieder entfernen. Mit diesen Befehlen wollen wir uns jedoch später beschäftigen. Wenden wir unser Interesse also erst der linken Seite zu.

"*Feldname*": Gibt den Namen an, den das Datenfeld tragen soll. Seine Länge darf maximal 10 Zeichen betragen. Besteht er aus mehreren Worten, so müssen diese Worte durch den Unterstrich ("_") getrennt werden, denn die Leertaste ist nicht gestattet.

"*Feldart*": Legt die Art des Datenfeldes fest. Dabei stehen Ihnen vier verschiedene Möglichkeiten offen:

> "*Zeichen*": Für dieses Datenfeld können später alle Buchstaben, Zahlen und Sonderzeichen, die über die Alt-Taste verfügbar sind, zur Eingabe verwendet werden. Die Eingabe darf nicht länger als 70 Zeichen sein. Da DBASE bei Zeichen-Feldern bis zu 254 Zeichen Länge erlaubt, werden alle Eingaben in DBASE-Feldern, die 70 Zeichen überschreiten, nicht beachtet. Ab der 71. Stelle sind die Informationen für DATENBANK also nicht mehr verfügbar.
>
> "*Numerisch:*" In ein Datenfeld dieser Art dürfen nur Ziffern sowie das Plus- und das Minuszeichen und der Dezimalpunkt eingegeben werden. Die Zahlen dürfen bis zu 19 Stellen lang sein.
>
> "*Logisch:*" Dieses Feld ermöglicht Ihnen logische Abfragen. In ihm wird festgehalten, ob eine Bedingung erfüllt oder falsch ist. Wenn die Bedingung erfüllt ist, wird dies durch die Buchstaben T, t, Y und y dokumentiert. F, f, N und n zeigen an, daß die Bedingung nicht erfüllt ist. Mit Hilfe dieses Feldes können Sie die Datenbank in mehrere Bereiche aufteilen. So können Sie in Ihrer Kundendatei beispielsweise mit Hilfe eines logischen Feldes feststellen, ob der betreffende Kunde bereits bezahlt hat oder nicht. Die Länge eines logischen Datenfeldes beträgt immer ein Zeichen, unabhängig von dem Wert, den Sie unter "*Größe*" eingeben.
>
> "*Datum:*" Bei solchen Feldern sind nur Datumseingaben nach dem bei uns üblichen Format "TT/MM/JJ" möglich. Alle Eingaben sind zweistellig und durch den Querstrich "/" getrennt.

"*Größe*": Bestimmt die maximale Länge des Datenfeldes. Diese darf natürlich die maximal mögliche Länge, die durch den Feldtyp festgelegt ist, nicht überschreiten. Auf die Typen "*Logisch*" und "*Datum*" hat diese Eingabe keinen Einfluß.

"*Dezimal*": Ist nur von Bedeutung, wenn das Datenfeld vom Typ "*Numerisch*" ist. In diesem Falle können Sie hiermit festlegen, wieviele Nachkommastellen die Zahlen haben sollen.

Kommen wir nur zur rechten Seite des Fensters, die folgende Befehle enthält:

HINZUFÜGEN
Das neu definierte Datenfeld wird in die Datenbank aufgenommen. Nun kann in dem Fenster ein neues Datenfeld defininiert werden.

NÄCHSTES
Als nächste Datenfeld wird angewählt. Mit Hilfe dieses Befehles und der Anweisung VORIGES, die später erläutert wird, können Sie sich in der Feldliste fortbewegen.

SPEICHERN
Alle bislang definierten Datenfelder werden in einer Datenmaske gespeichert und können nun nicht mehr modifiziert werden. Nach dem Speichern öffnet DATENBANK ein neues Fenster, in dem Sie dann die einzelnen Datensätze eingeben können.

LÖSCHEN
Das aktuelle Datenfeld wird aus der Liste entfernt.

VORIGES
Das vorhergehende Datenfeld wird angewählt.

ABBRECHEN
Mit ABBRECHEN oder <Esc> können Sie jederzeit DATENBANK abbrechen. Die erstellten Datenfelder werden dann nicht gesichert und PCTools kehrt in DESKTOP zurück.

3.4.3 Erstellen einer eigenen Formulardatei

Die Standardformulardatei, die vom Computer automatisch erstellt wird, druckt alle Datenfelder in der von Ihnen bei der Datenfelddefinition bestimmten Reihenfolge untereinander aus. Wenn Ihnen diese Darstellung nicht zusagt, und Sie eine eigene, individuellere Form erstellen wollen, müssen Sie mit Hilfe von NOTIZBLOCK eine eigene Formulardatei erstellen. Dieser Vorgang ähnelt der Erstellung von Serienbriefen, der bereits im NOTIZBLOCK-Kapitel beschrieben wurde. Konsultieren Sie deshalb bitte diesen Abschnitt, falls es weitere Fragen geben sollte. Sie geben bei der Formularerstellung eine Art von Lückentext ein, in dem an den Stellen, in die später die Informationen der Datensätze eingefügt werden sollen, die Feldnamen in eckigen Klammern angegeben werden. Speichern Sie dann diese Datei ab (am besten unter dem Namen der Datenbank *mit der Namenserweiterung ".FOR"*).

Noch ein Tip: Benutzen Sie bei Formularen und Listen nach den Feldnamen Tabulatoren statt Leerzeichen, um die Feldnamen vom anderen Text bzw. anderen Feldnamen abzugrenzen, da es sonst zu Komplikationen in der Darstellung kommen könnte. Wenn Sie z.B. "TELEFONNUMMER" als Feldnamen definiert haben, würden ohne den Tabulator nach dem Feldnamen die dreizehn Stellen des Feldnamens reserviert werden. Wenn Sie aber die maximale Länge der Telefonnummern auf elf Zeichen festgelegt haben, wird dies zu einer unschönen Darstellung führen. Experimentieren Sie deshalb mit Tabulatoren, wenn Ihnen die Darstellung nicht zusagt. Für Serienbriefe indes wird die Verwendung von Tabulatoren die Ausnahme bleiben.

Wenn Sie die neue Formulardatei in DATENBANK verwenden wollen, müssen Sie die Funktion FORMULARDATEI LADEN aus dem DATEI-Menü wählen und den Namen der gewünschten Formulardatei angeben. Wenn Sie allerdings die neue Formulardatei wie die Standardformulardatei benannt haben (Name der Datenbank mit ".FOR"-Zusatz), wird Ihre eigene Datei automatisch geladen.

Achtung! Formulardateien müssen immer die Endung ".FOR" besitzen!

3.4.4 Eingeben von Datensätzen

Nachdem Sie die Datenmaske mit SPEICHERN gesichert haben, öffnet DATENBANK das Arbeitsfenster, in dem Sie die Datensätze eingeben können (s. Bild 3-8).

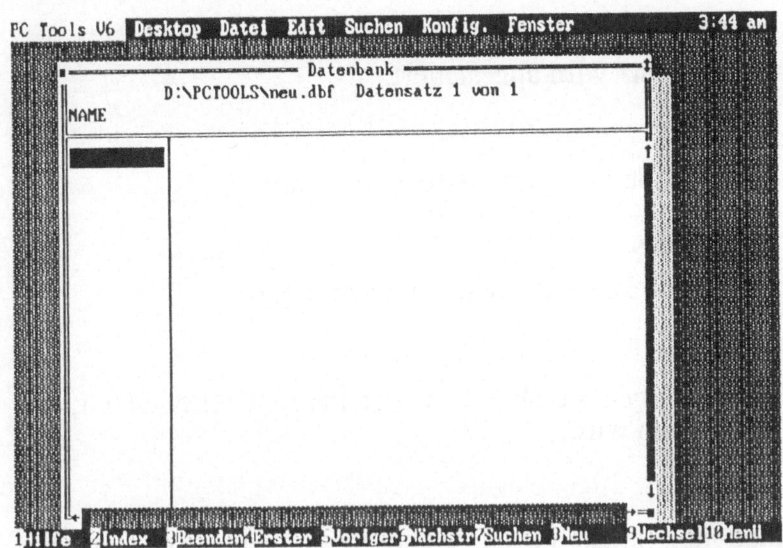

Bild 3-8 Eingabe der Datensätze

In der obersten Zeile befinden sich, wie immer, die Menüs von DATENBANK. Darunter liegt das Fenster, in dem Sie Ihre Eingaben vornehmen können. In dessen oberster Zeile wird der Dateiname angegeben und rechts daneben steht, der wievielte Datensatz der Datensatzliste gerade angewählt ist (beispielsweise "1 von 20"). Darunter können Sie feststellen, in welcher Zeile (*"Zl"*) und in welcher Spalte (*"Sp"*) sich der Cursor im Moment befindet. Darunter befindet sich das schon aus NOTIZBLOCK und GLIEDERUNG bekannte Zeilenlineal. Schließlich kommt die Datenmaske, die zur Eingabe der Datensätze dient. Die Datenfelder werden in der Datenmaske in der eingegebenen Reihenfolge aufgelistet. In der untersten Zeile werden dann noch die Belegungen der Funktionstasten dokumentiert.

Nun können Sie damit beginnen, Ihre Datensätze einzugeben. Dabei sind folgende Tastenbelegungen zu beachten, die auch bei der Weiterbearbeitung von bestehenden Datenbanken wichtig sind:

<F3>=ABBRECHEN
Die Eingabe wird unterbrochen, und es wird in das vorherige Menü zurückgekehrt. Zuvor werden die eingegebenen Daten automatisch unter dem von Ihnen im Lade-Fenster vorgegebenen Namen abgespeichert. Wenn Sie keinen Namen vergeben haben, trägt die Datenbank den Namen WORK.DBF.

<F4>=Erstes

Der erste Datensatz wird angesteuert.

<F5>=Vorig

Der vorhergehende Datensatz wird angesteuert.

<F6>=Nächstes

Der nachfolgende Datensatz wird angesprungen.

<F7>=Suchen

Mit <F7> gelangen Sie ohne Umwege ins SUCHEN-Menü, das später beschrieben wird.

<F8>=Neu

Sie können nun einen neuen Datensatz eingeben, der an den Anfang der Datei gestellt wird (s. DATENSATZ HINZUFÜGEN).

Cursortasten

Bewegen den Cursor.

<Tab>

Nächstes Datenfeld.

<PgUp>

Vorhergehende Bildschirmseite.

<PgDn>

Nachfolgende Bildschirmseite.

<Shift>+<Tab>

Vorhergehendes Datenfeld.

<Home>

Anfang des Feldes.

<End>

Ende des Feldes.

<Ctrl> + <Home>

Beginn der Datei/des Formulars.

<Ctrl> + <End>

Ende der Datei/des Datensatzes.

<Home> + <Home>

Linke obere Ecke des Datenfensters.

<End> + <End>

Rechte untere Ecke des Datenfensters.

3.4.5 Das Datei-Menü

Im Datei-Menü sind folgende Funktionen enthalten: Mit FORMULARDATEI LADEN können Sie Dateien mit der Endung .FOR in DATENBANK einladen und mit DRUCKEN können Sie alle Datensätze oder Teile der Datensätze ausdrucken. Außerdem können Sie mit ÜBERTRAGEN und ANHÄNGEN Datensätze verschiedener Dateien miteinander verbinden und mit BLÄTTERN den Blätter-Modus ein- und ausschalten.

Formulardatei laden

DATENBANK legt für jede Datenbank automatisch auch eine .FOR-Datei an, in der die Datenmaske abgespeichert ist. Diese wird automatisch geladen. Wenn Sie aber eine andere Struktur laden wollen oder Serienbriefe bzw. Listen erstellen wollen, müssen Sie auf diese Funktion zurückgreifen.

Mit Hilfe des Lade-Fensters können Sie dann die gewünschte Datenmaskendatei auswählen. Wenn der Ladevorgang beendet ist, wird im Arbeitsfenster gleich die neue Datenmaske dargestellt.

Drucken

Mit Hilfe dieser Funktion gibt Ihnen die Möglichkeit, entweder die gesamten Datensätze der Datenbank oder aber Teile daraus ausdrucken.

Nach dem Aufruf stehen Ihnen drei Möglichkeiten offen:

"Selektierte Datensätze drucken": Nur die markierten Datensätze werden ausgedruckt. Diese müssen Sie zuvor mit der Funktion DATENSÄTZE SELEKTIEREN aus dem Edit-Menü ausgewählt haben. Wenn Sie alle Datensätze ausdrucken wollen, können Sie mit ALLE DATENSÄTZE SELEKTIEREN alle Datensätze markieren.

"Aktuellen Datensatz drucken": Es wird nur der aktuelle Datensatz ausgedruckt.

"Feldnamen drucken": Es wird eine Liste mit den Datenfeldnamen sowie deren Eigenschaften ausgedruckt.

Mit DRUCKEN bestätigen Sie Ihre Wahl. Nun müssen Sie in einem anderen Fenster die Schnittstelle auswählen, an die Sie Ihren Drucker angeschlossen haben. Wenn Sie *"Disk-Datei"* wählen, wird die Datei nicht ausgedruckt, sondern lediglich mit allen Sonderzeichen versehen und dann mit der Endung .PRT abgespeichert, damit Sie die Datei später direkt ausdrucken können, ohne DATENBANK bemühen zu müssen. Wenn Sie die richtige Schnittstelle markiert haben und der Drucker betriebsbereit ist, erfolgt der Ausdruck.

Hinweis: Wenn Sie sich im BLÄTTERN-Modus befinden, in dem mehrere Datensätze in Tabellenform dargestellt werden (s. BLÄTTERN im Datei-Menü), werden die Datensätze auch in Tabellenform ausgedruckt.

Übertragen

Mit ÜBERTRAGEN können Sie Datensätze von einer Datenbank zu einer anderen übertragen. Das geht natürlich nur, wenn beide Datenbanken in etwa gleich aufgebaut sind, also beispielsweise viele gleiche Feldnamen besitzen. Datenfelder, die in der Datei mit den zu übertragenden Datensätzen enthalten sind, nicht aber in der Zieldatei selbst, werden nicht mit übertragen. Umgekehrt wird für Datenfelder, die nur in der Zieldatei enthalten sind, eine einmalige Eingabe für alle zu übertragenden Datensätze gefordert. Diese Eingabe wird dann automatisch in alle neuen Datensätze eingesetzt.

Laden Sie die Datei, die die zu übertragenden Datensätze enthält und wählen Sie mit DATENSÄTZE SELEKTIEREN die gewünschten Sätze aus. Rufen Sie dann ÜBERTRAGEN auf und suchen Sie sich die Zieldatenbank aus. Falls die Zieldatenbank Felder enthält, die in der alten Datenbank nicht vorkommen, müssen Sie schließlich noch für jedes dieser neu hinzukommenden Felder einen Standardwert eingeben, der für alle neuen Datensätze gelten soll. Ein solcher Standardwert könnte beispielsweise "keine Infos" bei Zeichenfeldern sein oder eine Null bei Zahlenfeldern. Die neuen Datensätze werden nun übertragen und automatisch in der neuen Umgebung sortiert.

Anhängen

ANHÄNGEN stellt einen Befehl dar, mit dessen Hilfe Sie eine gesamte Datenbank an eine andere anhängen können. Wenn zwischen den Datenfeldern dieser beiden Dateien nicht absolute Deckungsgleichheit besteht, gelten die selben Regelungen wie bei ÜBERTRAGEN auch.

Öffnen Sie die Datei, an die die andere Datei angehängt werden soll (also die Zieldatei). Rufen Sie dann ANHÄNGEN auf und wählen Sie die Datei aus, die Sie an die Zieldatei anhängen wollen. Nun müssen Sie gegebenenfalls noch die Standardwerte für Datenfelder angeben, die nur in der Zieldatei vorkommen. Dann werden die neuen Datensätze übertragen und gleich sortiert.

Blättern

DATENBANK stellt Ihnen zwei Arten der Darstellung zur Verfügung: Erstens den normalen Modus, in dem auf dem Bildschirm immer nur ein Datensatz angezeigt wird und zweitens den sogenannten BLÄTTERN-Modus. Bei dieser Darstellungsform werden mehrere Datensätze in Tabellenform angezeigt. Dabei stehen alle Datenfelder eines Satzes in einer Zeile und alle Daten eines Datenfeldes untereinander in einer Spalte (s. Bild 3-9). Der Vorteil dieses Modus ist, daß Sie verschiedene Datensätze gleichzeitig einsehen können. Bei Dateien mit vielen Datenfeldern kann dieser Modus allerdings nicht alle Felder gleichzeitig auf dem Bildschirm darstellen, weshalb Sie mit Hilfe der Maus oder der Tastatur die verborgenen Datenfelder sichtbar machen müssen, wodurch die Übersichtlichkeit etwas verlorengehen kann.

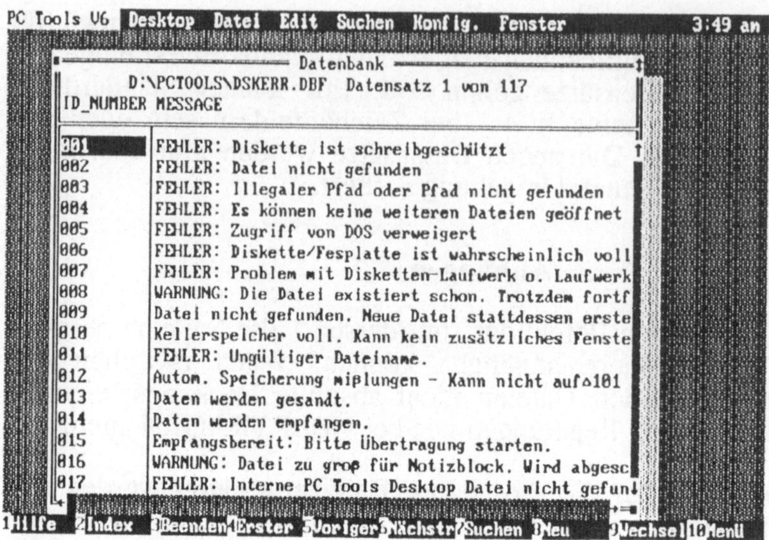

Bild 3-9 Darstellung im Blätter-Modus

Ein Häkchen im DATEI-Menü zeigt Ihnen immer, ob der BLÄTTERN-Modus gerade aktiv ist oder nicht. Wenn Sie BLÄTTERN anwählen, wird der Modus aktiviert bzw. zurückgestellt. Besitzen Sie eine Maus, so können Sie sich mit der horizontalen und der vertikalen Rolleiste nach links oder rechts durch die Datenfelder bzw. nach oben oder unten durch die Datensätze bewegen. Ansonsten müssen Sie sich mit den Cursortasten, <TAB> und <Shift>+<TAB> in der Datei fortbewegen.

3.4.6 Das Edit-Menü

Dieses Menü enthält alle Funktionen, die zur weiteren Bearbeitung einer bestehenden Datenbank nötig sind.

Datensatz hinzufügen

Diese Funktion erlaubt es Ihnen, neue Datensätze in eine bestehende Datenbank einzugeben. DATENSATZ HINZUFÜGEN kann auch direkt mit <F8> aufgerufen werden.

Geben Sie nach dem Aufruf in die leere Datenmaske den neuen Datensatz ein. Wenn Sie Ihre Eingabe beendet haben, wird der neue Satz automatisch gespeichert. Sie können nun einen neuen Datensatz eingeben. Wenn Sie Ihre Eingaben beendet haben, wird der Vorgang mit <F3> oder <Esc> abgebrochen und Sie gelangen in den Arbeitsbildschirm zurück. Zuvor werden jedoch noch die neuen Sätze an den richtigen Stellen der Datenbank eingefügt. Im BLÄTTERN-Modus wird der neue Satz zunächst in die oberste Zeile gestellt. Wenn Sie jedoch alle Eingaben getätigt haben, wird er automatisch an die richtige Stelle gebracht.

Löschmarkierung einsetzen

Mit dieser Funktion können Sie Datensätze aus der Liste entfernen. Sie sind dann allerdings noch nicht wirklich gelöscht, sondern können mit der Funktion LÖSCHMARKIERUNG WIDERRUFEN wieder in die Liste aufgenommen werden. Wenn Sie einen Datensatz endgültig löschen wollen, müssen Sie nach dem Löschvorgang die Funktion DATENBANK BEREINIGEN aufrufen. Diese Funktion entfernt alle "gelöschten" Dateien unwiederbringlich aus der Liste. Der Befehl AKTUELLEN DATENSATZ VERBERGEN markiert einen Datensatz zwar nicht als gelöcht, versteckt ihn aber, so daß auch er nicht mehr in der Liste erscheint.

Nach dem Aufruf wird der aktuelle Datensatz aus der Liste entfernt. Um eine Datenbank arbeitsfähig zu erhalten, muß jedoch immer noch mindestens ein Datensatz sichtbar bleiben. Alle anderen Datensätze können versteckt oder gelöscht sein. Sollten Sie versuchen, den letzten Eintrag auch noch zu löschen, erscheint eine Sicherheitsabfrage. Wenn Sie sich Ihrer Sache sicher sind und auch noch den letzten Eintrag entfernen wollen, bestätigen Sie diese. Es erscheint ein Fenster, das Ihnen drei Möglichkeiten offenläßt:

"Datensatz hinzufügen": Sie geben einen neuen Datensatz ein. Dadurch bleiben gelöschte und versteckte Datensätze erhalten.

"Alle Datensätze selektieren": Alle versteckten Datensätze werden wieder sichtbar gemacht.

"Löschmarkierung widerrufen": Alle gelöschten Datensätze werden wiederhergestellt.

Löschmarkierung widerrufen

Alle mit LÖSCHMARKIERUNG EINSETZEN gelöschten Datensätze werden wiederhergestellt. Sie können also nicht gezielt einzelne Datensätze von der Löschmarkierung befreien

Datenbank bereinigen

Die Struktur der Datenbank wird gestrafft. Das bedeutet, daß alle als gelöscht markierten Datensätze nun unwiederbringlich eliminiert werden, um Speicherplatz zu gewinnen. Das ist z. B. dann nützlich, wenn Sie das Limit von 10000 Datensätzen erreicht haben und noch weitere Datensätze eingeben wollen. Auf diese Weise können Sie unnötig gewordene Datensätze dauerhaft aus der Datenbank entfernen. Versteckte Datensätze werden allerdings nicht entfernt.

Aktuellen Datensatz verbergen

Diese Funktion dient dazu, den aktuellen Datensatz zu verstecken. Das kann dann nützlich sein, wenn Sie nicht alle Datensätze anzeigen oder wenn Sie nur bestimmte Datensätze drucken wollen; denn Sie können nur sichtbare Datensätze markieren. *Ein versteckter Datensatz kann nicht mit DATENBANK BEREINIGEN gelöscht werden.*

Auch hierbei sollten Sie beachten, daß mindestens noch ein sichtbarer Datensatz vorhanden sein sollte. Wollen Sie den letzten Datensatz auch noch verstecken, erscheint wieder die Sicherheitsabfrage und das gleiche Fenster wie schon bei LÖSCHMARKIERUNG EINSETZEN.

Alle Datensätze selektieren

Alle versteckten Datensätze werden wieder sichtbar gemacht. Sie können also nicht einzelne Datensätze ansprechen.

Felder editieren

Mit FELDER EDITIEREN können Sie den Feldnamen, die Feldgröße, die Art des Feldes und die Zahl der Nachkommastellen verändern, neue Felder hinzufügen oder bestehende Felder löschen.

Bei einer Änderung der Feldeigenschaften werden die Daten der Felder in .DFB-Dateien nachträglich geändert. Zusätzlich wird, wenn notwendig, der in eckigen Klammern gehaltene Feldname in der zugehörigen Formulardatei verändert. Zusätzlich erstellt DATENBANK automatisch eine Datei NEW.FOR, die ein neues Standardformular enthält, das vollständig an die neuen Datenfeldnamen angepaßt ist.

Nach dem Aufruf können Sie von dieser Funktion direkt Gebrauch machen. Nach der Aktivierung öffnet DATENBANK das gleiche Fenster, das schon von der Erstellung neuer Datenbanken her bekannt ist(s. Bild 3-10).

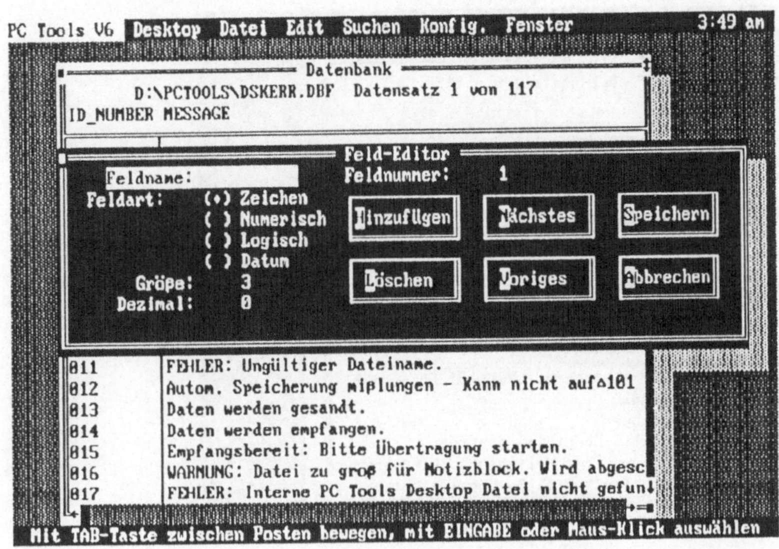

Bild 3-10 Veränderung der Feldeigenschaften

Sie können nun alle Eigenschaften der Datenfelder bis auf ihre Feldnummer verändern. Steuern Sie dazu mit NÄCHSTES und VORIGES das gewünschte Datenfeld an und verändern Sie die gewünschten Werte. Mit LÖSCHEN wird das aktuelle Feld ganz gelöscht. Mit Hilfe von HINZUFÜGEN können Sie sogar neue Felder erstellen. Zuvor müssen Sie jedoch das erste freie Datenfeld ansteuern und das neue Datenfeld definieren. Wenn alle Werte Ihren Wünschen entsprechen, können Sie Ihre Veränderungen mit SPEICHERN abspeichern. ABBRECHEN verläßt die Funktion, ohne die Veränderungen abzuspeichern.

Datenbank sortieren

Diese Funktion gibt Ihnen die Möglichkeit, Datensätze zu sortieren. Sie können dabei das Datenfeld auswählen, das als Sortiergrundlage dienen soll. Die Datensätze werden dann gemäß den Informationen, die in diesem Datenfeld enthalten sind, in die richtige Reihenfolge gebracht. DATENBANK sortiert grundsätzlich in numerisch oder alphabetisch aufsteigender Reihenfolge, wobei nur die ersten 12 Zeichen des Datensatzes relevant sind.

Bild 3-11 Sorteiren der Datensätze

Nach dem Aufruf öffnet das Programm ein Fenster, in dem der augenblicklich für das Sortieren wichtige Feldnamen abgebildet ist (s. Bild 3-11). Zusätzlich wird die Feldnummer angegeben. Mit den Befehlen in der unteren Hälfte des Fensters können Sie dann das gewünschte Datenfeld auswählen und den Sortiervorgang beginnen lassen.

NÄCHSTES

Springt zum nächsten Datenfeld.

VORIGES

Springt zum vorangehenden Datenfeld.

SORTIEREN

Beginnt mit der Sortierung. Als Sortiergrundlage dient das aktuelle Datenfeld.

ABBRECHEN

Verläßt die Funktion.

Datensätze selektieren

Diese Funktion gibt Ihnen die Möglichkeit, nur Datensätze anzuzeigen, welche die von Ihnen festgelegten Auswahlkriterien erfüllen. Die restlichen Datensätze werden dann versteckt und müssen später mit ALLE DATENSÄTZE SELEKTIEREN wieder sichtbar gemacht werden. Die auf diese Weise ausgewählten Datensätze können Sie dann mit DRUCKEN zu Papier bringen.

Um eine Auswahl bestimmter Datensätze vornehmen zu können, müssen Sie zunächst die Auswahlkriterien festlegen und bestimmen, für welches Datenfeld das entsprechende Kriterium von Bedeutung ist. Das geschieht in Form einer kleinen Tabelle, die nach der Aktivierung der Funktion erscheint (s. Bild 3-12).

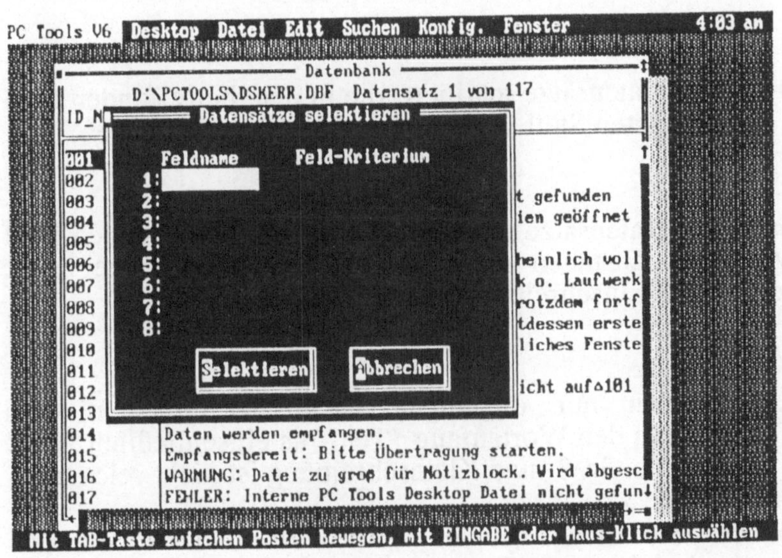

Bild 3-12 Bestimmung der Auswahlkriterien

Auf der mit "*Feldname*" überschriebenen linken Seite müssen Sie angeben, welche Datenfelder für die bedingte Auswahl als Vorlage dienen. Wenn Sie mehrere verwenden, werden nur die Datensätze ausgewählt, die alle Vorgaben erfüllen. Auf der rechten Seite, die den Titel "*Feld-Kriterium*" trägt, müssen Sie die Auswahlkriterien festlegen. Dabei stehen Ihnen folgende Möglichkeiten offen:

70?0

Markiert werden nur diejenigen Datensätze, die in dem betreffenden Feld (z.B. bei der Postleitzahl) in der ersten, zweiten und vierten Stelle übereinstimmen. Die dritte Stelle ist frei wählbar. Als Lösung wären damit die Zahlen 7000, 7010, 7020, 7030 usw. anzusehen.

1..100

Es werden nur Datensätze markiert, die in dem betreffenden Feld eine Zahl von 1 bis 100 stehen haben.

10..

Es werden nur Datensätze markiert, die in dem betreffenden Feld in den ersten beiden Stellen mindestens eine 10 stehen haben.

..10

Es werden nur Datensätze markiert, die in dem betreffenden Feld in den beiden letzten Stellen höchstens eine 10 stehen haben.

A..O

Es werden nur Datensätze markiert, die in dem betreffenden Feld einen Anfangsbuchstaben von A bis O stehen haben. Dabei spielt die Groß- und Kleinschreibung keine Rolle.

Te...Tel

Markiert werden nur diejenigen Datensätze, die in dem betreffenden Feld den Wortanfang "Tea" bis einschließlich "Tel" stehen haben. Die Groß- und Kleinschreibung ist nicht relevant.

Natürlich können Sie auch ganze Worte als Auswahlkriterien verwenden. Es werden dann nur Datensätze markiert, deren Datenfeld genau den gleichen Inhalt hat. Wenn Sie beispielsweise für das Datenfeld "WOHNORT" das Kriterium "STUTTGART" angeben, werden nur Kunden ausgewählt, die in Stuttgart wohnhaft sind.

Geben Sie das gewünschte Datenfeld an, drücken Sie als nächstes entweder <Tab> oder <RETURN>, um auf die rechte Seite der Tabelle zu gelangen, geben Sie dann das Auswahlkriterium an, drücken Sie wieder <Tab> oder <RETURN> und so fort. Wenn Sie alle Auswahlkriterien festgelegt haben, starten Sie die Auswahl der Datensätze mit SELEKTIEREN. Nun erscheinen am Bildschirm nur noch die Datensätze, die alle Kriterien erfüllen. Die anderen Datensätze wurden vom Programm versteckt. Oben im Fenster können Sie ablesen, wieviele Datensätze jetzt noch sichtbar sind. Nur diese Datensätze können weiterverarbeitet werden, die anderen müssen erst wieder mit ALLE DATENSÄTZE SELEKTIEREN sichtbar gemacht werden.

3.4.7 Das Suchen-Menü

Mit Hilfe dieses Menüs können Sie Datensätze ausfindig machen und sich anzeigen lassen, von denen Sie nur noch Teile des Inhalts kennen. Auf diese Weise können Sie Datensätze finden, die besonders markante Informationen enthalten.

Alle Felder durchsuchen

Diese Funktion sucht eine bestimmte Textstelle in allen Datenfeldern aller Datensätze und stoppt jedesmal, wenn sie den gesuchten Text gefunden hat. Mit Hilfe dieser Funktion können Sie also Datensätze suchen lassen, die Ihnen aufgrund ihres besonderen Informationsgehalts aufgefallen sind.

Nach dem Aufruf stehen Ihnen drei Möglichkeiten offen:

"*Alle Datensätze durchsuchen*": Es werden ausnahmslos alle Datensätze untersucht, also auch die versteckten und gelöschten Datensätze.

"*Alle selektierten Datensätze durchsuchen*": Es werden nur diejenigen Dateisätze untersucht, die mit DATENSÄTZE SELEKTIEREN markiert wurden.

"*Vom derzeitigen Datensatz an suchen*": Es werden vom aktuellen Datensatz ab alle sichtbaren Datensätze untersucht.

Geben Sie den Suchtext ein und wählen Sie eine der drei Möglichkeiten. Mit SUCHEN beginnen Sie die Untersuchung der Datensätze. Jedesmal wenn ein Datensatz gefunden wird, der das Suchkriterium erfüllt, wird die Suche abgebrochen und der gefundene Datensatz angezeigt. Mit SUCHEN wird dann die Suche fortgesetzt und mit ABBRECHEN verlassen Sie diese Funktion.

Sortierfeld durchsuchen

Wenn Sie Ihren Suchtext nicht im gesamten Datensatz suchen lassen wollen, sondern nur in einem bestimmten Datenfeld, ist diese Funktion das Richtige für Sie. Sie sucht in dem als Sortierkriterium bestimmten Datenfeld den Suchtext. Dieses Datenfeld müssen Sie zuvor mit DATENBANK SORTIEREN auswählen. Ansonsten entspricht die Bedienung der vorhergehenden Funktion.

Springen zum Datensatz

Diese Funktion ermöglicht es Ihnen, einen Datensatz durch Angabe seiner Nummer direkt anspringen. Geben Sie nach dem Aufruf die Nummer des Datensatzes ein. Mit SPRINGEN gelangen Sie dann zu Ihrem Ziel.

3.4.8 Das Konfigurations-Menü

In diesem Menü können Sie das Aussehen des Ausdrucks der Datensätze festlegen. Die DSarstellung ist allerdings auch von der Formulardatei abhängig, die Sie mit NOTIZBLOCK erstellenk könnnen. Außerdem ist es möglich, mit dem "Autodialer" per Computer telefonieren. Vorraussetzung ist allerdings, daß Sie über ein Hayes-kompatibles Modem verfügen.

Seitenformat

Mit Hilfe dieser Funktion können Sie das Aussehen des Ausdrucks festlegen.

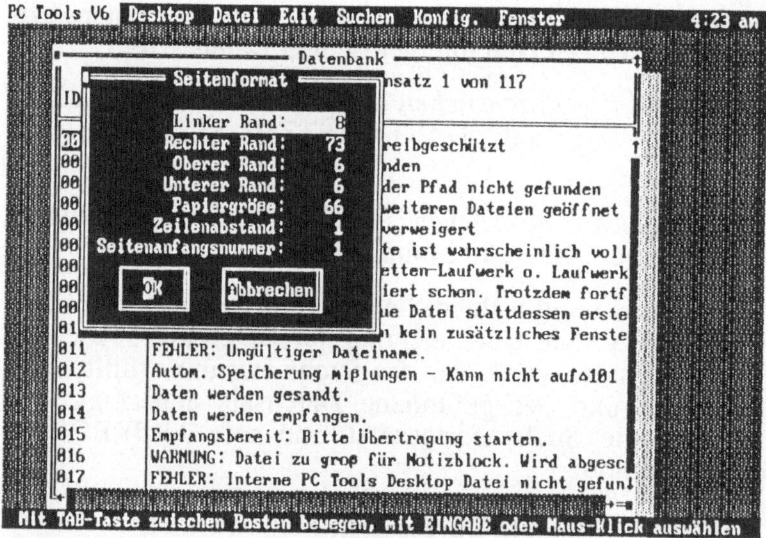

Bild 3-13 Veränderung des Seitenformates

Nach dem Aufruf erscheint ein Fenster, in dem alle veränderlichen Attribute aufgelistet sind (s. Bild 3-13). Die voreingestellten Werte sind für den Normalfall ausreichend.

"Linker Rand": Abstand des linken Blattrandes zum ersten gedruckten Buchstaben der Zeile in Zeichen. Voreingestellt sind 8 Zeichen.

"Rechter Rand": Abstand des linken Blattrandes zum letzten gedruckten Buchstaben der Zeile in Zeichen. Voreingestellt sind 73 Zeichen.

"Oberer Rand": Abstand des oberen Blattrandes zur ersten gedruckten Zeile. Voreingestellt sind 6 Zeilen.

"Unterer Rand": Abstand des unteren Blattrandes zur letzten gedruckten Zeile. Voreingestellt sind 6 Zeilen.

"Papiergröße":

Anzahl der bedruckten Zeilen pro Blatt. Voreingestellt sind 66 Zeilen.

"Zeilenabstand": Der Zeilenabstand kann eine oder zwei Zeilen betragen. Voreingestellt: 1 Zeile.

"Seitenanfangsnummer": Nummer der ersten Seite.

Wählautomatik konfigurieren

Mit Hilfe der Datenbank können Sie automatisch von Ihrem Computer Telefonnummern wählen lassen. Vorraussetzung dafür ist, daß Sie über ein Hayes-kompatibles Modem verfügen und daß die Telefonnummern das erste numerische Datenfeld sind (wenn z. B. die Kontonummern das erste numerische Datenfeld sind, telefoniert sich das Programm tot bei dem Versuch, die betreffende Person über seine Kontonummer zu erreichen). Da diese Möglichkeit der PCTools sicherlich nur von einer Minderheit genutzt wird, wird dieser Abschnitt möglichst kurz gehalten.

Als gültige Telefonnummern werden alle mindestens dreistelligen Zahlen angesehen. Das Leerzeichen sowie Bindestriche, Klammern, Trennungsstriche und "x" für Erweiterungen werden akzeptiert. Außerdem sind folgende Zeichen für die Wählautomatik gültig:

"P": Findet bei einem Telefon mit Impulsverfahren Verwendung.

"T": Wird bei Telefonen mit Tonverfahren verwendet.

",": Macht eine zweisekundige Pause, bevor weitergewählt wird. Wenn Sie mehr als zwei Sekunden Pause wünschen, müssen Sie eben entsprechend mehr Kommas eingeben.

"*": Akzeptiert Zeichen als Telefonnummern. Der Gartenzaun ("#") hat die gleiche Bedeutung.

"W": Veranlaßt das Modem dazu, zu warten, bis ein Wählsignal ertönt. Das ist besonders nützlich beim Ferngespräch-Service, bei dem Sie erst einen Ton abwarten müssen, bevor Sie weiterwählen können.

"K": Unterbricht das Wählen solange, bis Sie eine andere Taste drücken. Dies kann beispielsweise bei automatischen Banktransaktionen, bei denen weitere Informationen verlangt werden bevor Ihre Transaktionen durchgeführt werden, sehr nützlich sein.

"@": Wartet ebenfalls auf einen Wählton.

Nur wenn DESKTOP resident geladen ist, können Sie auf die automatische Wählautomatik zurückgreifen. Sie wird über den Hotkey (s. zentrale Begriffe) <Ctrl>+O aktiviert. Wenn sich eine Telefonnummer auf dem Bildschirm befindet, können Sie diese über die Wählautomatik automatisch wählen lassen. Es wird dann eine Dialogbox geöffnet, die Ihnen drei Möglichkeiten anbietet. Mit WÄHLEN wird die im Fenster abgebildete Nummer gewählt, mit NÄCHSTE wird die nächste Nummer in der Datei gesucht und mit ABBRECHEN wird der automatische Wählvorgang abgebrochen.

Mit WÄHLAUTOMATIK KONFIGURIEREN müssen Sie nun zunächst die Übertragungsparameter festlegen.

Nach dem Aufruf erscheint ein Fenster, mit dem Sie die gewünschten Parameter festlegen können (s. Bild 3-14). Das Fenster ist in drei Spalten aufgegliedert. Aus jeder dieser Spalten können Sie eine Möglichkeit auswählen.

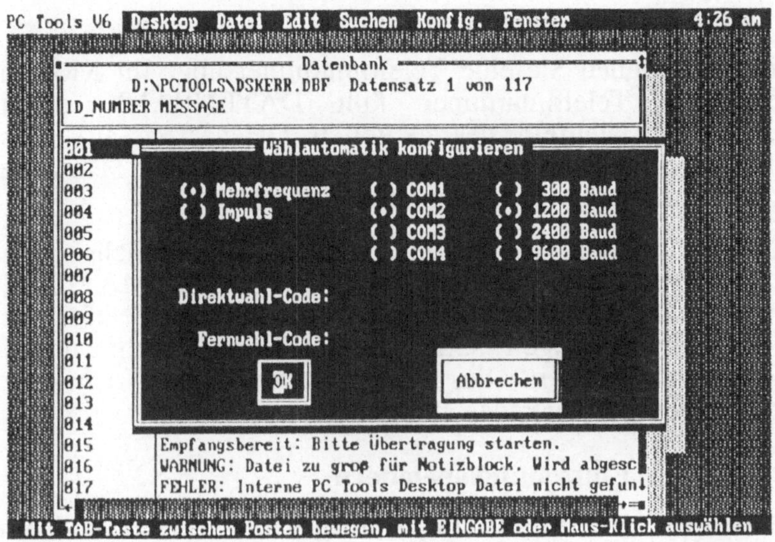

Bild 3-14 Bestimmung der Wählparameter

"Ton-Verfahren/Impulsverfahren": Legt fest, ob mit Ton- oder Impulssignalen telefoniert wird. In Deutschland findet nur das Impulsverfahren Verwendung.

"COM1/COM2/COM3/COM4": Wählt die serielle Schnittstelle aus, an die das Modem angeschlossen ist.

"300 baud - 9600 baud": Definiert die Übertragunsgeschwindigkeit Ihres Modems.

"Direktwahl-Code": An dieser Stelle wird angegeben, welche Nummer das Modem automatisch wählen muß, um einen Anschluß nach außen zu bekommen. Wenn Sie von zu Hause aus anrufen wollen, müssen Sie hier keine Angabe machen. Wenn Sie allerdings erst einen firmeninternen Code wählen müssen, um in das öffentliche Netz zu gelangen, muß dieser hier angegeben werden.

"Fernwahl-Code": Im Normalfall werden in Ihrer Datei alle Telefonnummern mit Vorwahl angegeben sein. Wenn dies allerdings nicht der Fall ist und alle Nummern den gleichen Ort betreffen, ist die Vorwahl an dieser Stelle anzugeben. Diese Methode ist allerdings in Deutschland unüblich.

Automatisch wählen

Mit dieser Funktion können Sie eine Telefonnummer über Ihr Modem wählen lassen. Als Telefonnummer faßt DATENBANK dabei automatich das erste Datenfeld des aktuellen Datensatzes auf, das mindestens drei aufeinanderfolgende Zahlen enthält. Diese Tatsache sollten Sie bei der Anordnung Ihrer Datenfelder beachten.

Um eine Nummer wählen zu lassen, wählen Sie zunächst den gewünschten Datensatz aus. Rufen Sie dann AUTOMATISCH WÄHLEN auf. Sobald die Nummer gewählt wurde und das Telefon am anderen Ende der Leitung klingelt, sollen Sie den Hörer abnehmen und dann mit <Esc> oder <RETURN> das Modem aus der Leitung schalten, um mit Ihrem Gesprächspartner reden zu können.

Einstellung speichern

Alle Voreinstellungen, die Sie in im Konfigurations-Menü und im Fenster-Menü vorgenommen haben, werden gesichert. Die Voreinstellungen der Programme NOTIZBLOCK, GLIEDERUNG, MAKROS, und DATENBANK werden dabei in einer Datei gespeichert.

3.4.9 Das Fenster-Menü

Das Fenster-Menü von DATENBANK unterscheidet sich nicht im geringsten vom gleichnamigen Menü bei NOTIZBLOCK. Wenn Sie also offene Fragen zu diesem Menü haben, schlagen Sie bitte das NOTIZBLOCK-Kapitel auf.

3.5 TERMINPLANER

Der TERMINPLANER stellt einen elektronischen Terminkalender dar. Mit seiner Hilfe können Sie Termine eintragen und sich auf bevorstehende Termine automatisch hinweisen lassen. Selbstverständlich können Sie sich Ihre Verabredungen auch ausdrucken lassen.

Nach dem Aufruf des TERMINPLANER öffnet das Programm das Ihnen wohlbekannte Lade-Fenster. Die Bedienung wurde beibehalten, der einzige Unterschied besteht in der Namenserweiterung, die in diesem Fall ".TM" ist. Nachdem Sie eine bereits bestehende Kalenderdatei geladen oder eine neue erstellt haben, öffnet TERMINPLANER ein Arbeitsfenster, das in drei Teile gegliedert ist (s. Bild 3-15). Zwischen den Teilbereichen können Sie mit der <TAB>-Taste bzw. der Maus wechseln.

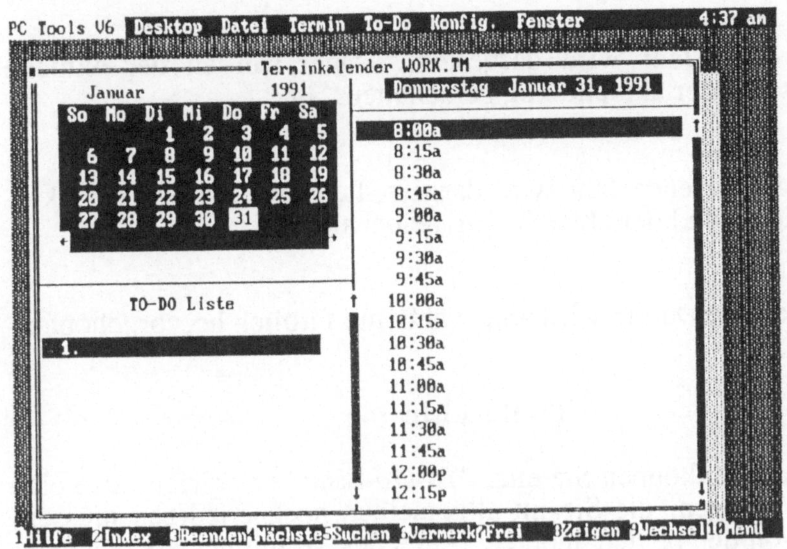

Bild 3-15 Arbeitsbildschirm des Terminplaners

Monatskalender

Das Fenster in der linken oberen Ecke zeigt einen Kalender, der das aktuelle Datum durch den farbig hervorgehobenen Tag anzeigt. Um seine Programmierung brauchen Sie sich nicht zu kümmern, denn das Programm berechnet durch einen komplizierten Algorithmus den jeweiligen Tag immer korrekt. Unter diesem Kalender in dem gleichen Fenster wird die Uhrzeit angegeben. Wenn dieses Fenster aktiviert ist, gelten folgende Tastenbelegungen:

Cursor links und Cursor rechts
Ändern das Datum des Kalenders.

PgUp
Der vorige Kalendermonat wird dargestellt, wobei der aktuelle Tag beibehalten wird.

PgDn
Der nachfolgende Kalendermonat wird dargestellt, wobei der aktuelle Tag beibehalten wird.

Ctrl+PgUp
Das vorige Jahr wird dargestellt. Dabei werden der aktuelle Monat und der aktuelle Tag beibehalten.

Ctrl+PgDn
Das nachfolgende Jahr wird dargestellt. Dabei werden der aktuelle Monat und der aktuelle Tag beibehalten.

Home
Das aktuelle Datum wird angewählt und farblich hervorgehoben.

To-Do-Liste

Im Fenster darunter können Sie eine "*To-Do-Liste*" entwerfen, also eine Liste mit den Dingen, die Sie im allgemeinen noch erledigen müssen. Die Liste ist von den beiden anderen Teilen des Terminplaners unabhängig und nimmt immer wiederkehrende Pflichten auf. Es sind bis zu 80 Einträge gestattet, gleichzeitig dargestellt werden jedoch nur acht. Innerhalb dieses Fensters haben die folgenden Tasten Gültigkeit:

Cursortasten
Bewegen den Cursor zeilen- und spaltenweise.

PgUp
Bewegt den Cursor acht Einträge weiter nach oben.

PgDn
Bewegt den Cursor acht Einträge weiter nach unten.

Home
Bewegt den Cursor zum ersten Eintrag.

End
Bewegt den Cursor zum letzten Eintrag.

Terminkalender

Auf der rechten Seite schließlich befindet sich der sogenannte Tagesplaner, der den aktuellen Tag in fünfzehnminütige Einheiten unterteilt. Es gelten dabei folgende Tastenbelegungen:

Cursor hoch und Cursor runter
Bewegen den Cursor zeilenweise nach oben bzw. nach unten.

PgUp
Der Cursor springt eine Bildschirmseite weiter nach oben.

PgDn
Der Cursor springt eine Bildschirmseite weiter nach unten.

Home
Der Cursor springt zum frühesten Termin des Tages.

End
Der Cursor springt zum spätesten Termin des Tages.

<Return>
Nach Drücken von <RETURN> können Sie bei der aktuellen Uhrzeit einen Termin eintragen oder einen bereits bestehenden Termin bearbeiten.

Unabhängig vom gerade aktivierten Fenster gelten zusätzlich folgende Funktionstastenbelegungen:

F4=Nächste
Das aktuelle Datum wird, unabhängig davon, in welchem Fenster Sie sich gerade befinden, angezeigt. Wenn dies schon der Fall ist, wird der zeitlich am nächsten liegende Termin markiert. Eine genaue Beschreibung dieses Befehls erhalten Sie im TERMIN-Menü.

F5=Suchen
Das Programm sucht für Sie einen von Ihnen bestimmten Termin (s. TERMIN-Menü).

F6=Vermerk
Mit Hilfe dieser Funktion können Sie einen Notizzettel erstellen (s. TERMIN-Menü).

F7=Frei
Der TERMINPLANER findet für Sie automatisch einen freien Termin (s. TERMIN-Menü).

F8=Zeigen
Das Programm dokumentiert Ihre Terminbelastung in einem grafischen Schaubild (s. TERMIN-Menü).

3.5.1 Das Datei-Menü

In diesem Menü sind Funktionen enthalten, um Kalenderdateien zu laden, zu speichern und auszudrucken. Es bietet auch eine automatische Speicherungsfunktion.

Laden

Lädt eine Kalenderdatei. Geben Sie nach dem Aufruf im Ladefenster den Dateinamen an und verfahren Sie wie gewohnt.

Speichern

Speichert die aktuelle Kalenderdatei ab.

Nach dem Aufruf wird ein Fenster geöffnet, in dem der Dateiname angegeben wird. Wenn Sie einen neuen Dateinamen verwenden wollen, überschreiben Sie den alten. Mit SPEICHERN wird der Terminkalender dann unter dem verwendeten Dateinamen abgespeichert. Mit ABBRECHEN wird die Funktion abgebrochen.

Drucken

Druckt den Terminkalender aus. Dabei können Sie entscheiden, ob nur ein Tag, eine ganze Woche oder ein ganzer Monat ausgedruckt werden sollen. Im Konfigurations-Menü können Sie das Aussehen des Ausdrucks gestalten.

Nach dem Aufruf öffnet das Programm ein Fenster (s. Bild 3-16). Mit seiner Hilfe können Sie auswählen, welcher Teil des Terminkalenders ausgedruckt werden soll.

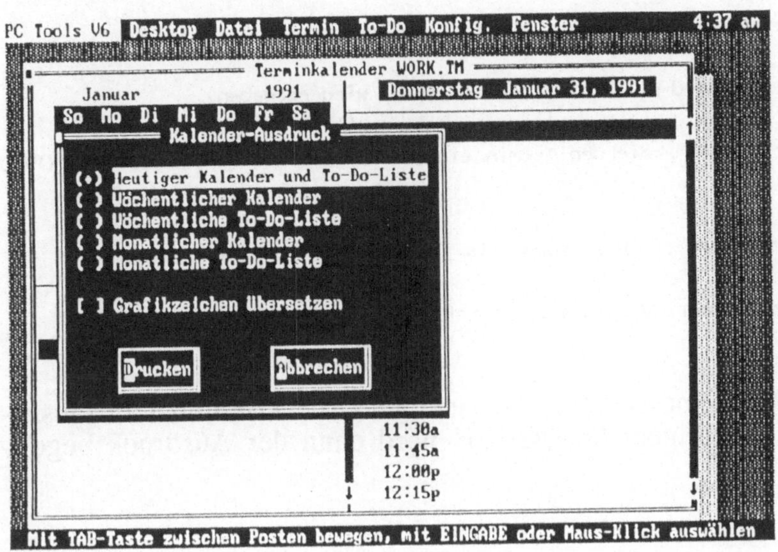

Bild 3-16 Ausdruck des Terminkalenders

"Heutiger Kalender und To-Do-Liste": Es werden nur die Termine des aktuellen Tages und die To-Do-Liste ausgedruckt.

"Wöchentlicher Kalender": Es werden die Termine der gesamten Woche ausgedruckt.

"Wöchentliche To-Do-Liste": Nur die wöchentliche Pflichtenliste wird zu Papier gebracht.

"Monatlicher Kalender": Die Termine des gesamten Monats werden gedruckt.

"Monatliche To-Do-Liste": Nur die monatliche Pflichtenliste wird ausgedruckt.

Darunter befindet sich eine Option, die Sie gegebenenfalls aktivieren können. Sie sorgt dafür, daß TERMINPLANER-eigene Sonderzeichen auf dem Drucker ebenfalls korrekt wiedergegeben werden. Es handelt sich im einzelnen um folgende Zeichen:

`Einzelne Musiknote: Wird als Gartenzaun ("#") wiedergegeben.`

`Doppelte Musiknote: Wird als Prozentzeichen ("%") wiedergegeben.`

`Oberer Teil der Klammer, die den Termin einschließt: Wird als Schrägstrich ("/") wiedergegeben.`

`Mittlerer Teil der Klammer: Wird ebenfalls als Strich ("|") wiedergegeben.`

`Unterer Teil der Klammer: Wird als Backslash ("\") wiedergegeben.`

Nach DRUCKEN müssen Sie die richtige Druckerschnittstelle aussuchen, nach nochmaligem DRUCKEN wird dann der Ausdruck begonnen.

Automatisches Speichern

Wenn diese Funktion aktiviert ist, speichert das Programm automatisch nach einem von Ihnen bestimmten Zeitintervall die Datei ab, die gerade bearbeitet wird. AUTOMATISCHES SPEICHERN sichert die aktuellen Dateien von NOTIZBLOCK, GLIEDERUNG, TERMINPLANER und MAKROS.

Geben Sie hinter *"Zeit (min):"* ein, in welchen Zeitintervallen die Datei automatisch gespeichert soll. Voreingestellt sind 5 Minuten, was bedeutet, daß alle fünf Minuten die Datei, die gerade bearbeitet wird, abgespeichert wird. Mit EIN wird die Funktion aktiviert und mit AUS ausgestellt. OK übernimmt Ihre Eingaben und kehrt zum Editor zurück, mit ABBRECHEN wird der Menüpunkt verlassen, ohne daß sich das Programm die Einstellungen merkt.

Beenden ohne Speichern

TERMINPLANER speichert normalerweise, wenn Sie ihn verlassen, die Kalenderdatei automatisch ab, um versehentlichen Datenverlusten vorzubeugen. In manchen Fällen, z. B. wenn diese Datei sich für Sie als unbrauchbar herausstellt, ist diese automatische Sicherung aber sehr lästig. Mit diesem Menüpunkt wird der TERMINPLANER verlassen und die Speicherung der Datei wird umgangen.

3.5.2 Das Termin-Menü

Dieses Menü bietet alle Möglichkeiten zur Terminbearbeitung. Mit seiner Hilfe können Sie Termine in den Kalender aufnehmen und diese bearbeiten. Außerdem können Sie sich vom Computer automatisch einen freien Termin aussuchen lassen.

Termin eintragen

Diese Funktion versetzt Sie in die Lage, neue Termine samt einer kurzen Bemerkung eingeben zu können. Außerdem stehen Ihnen verschiedenartige Möglichkeiten offen. So können Sie beispielsweise entscheiden, ob an die Einhaltung eines Termines mit einem Alarm gemahnt werden soll oder ob der Termin sich regelmäßig wiederholt.

Markieren Sie im Monatskalender den Tag, an dem die neue Verabredung eingetragen werden soll. Wechseln Sie dann zum Tagesplaner und wählen Sie die gewünschte Zeit aus. Aktivieren Sie schließlich diese Funktion oder drücken Sie <RETURN>.

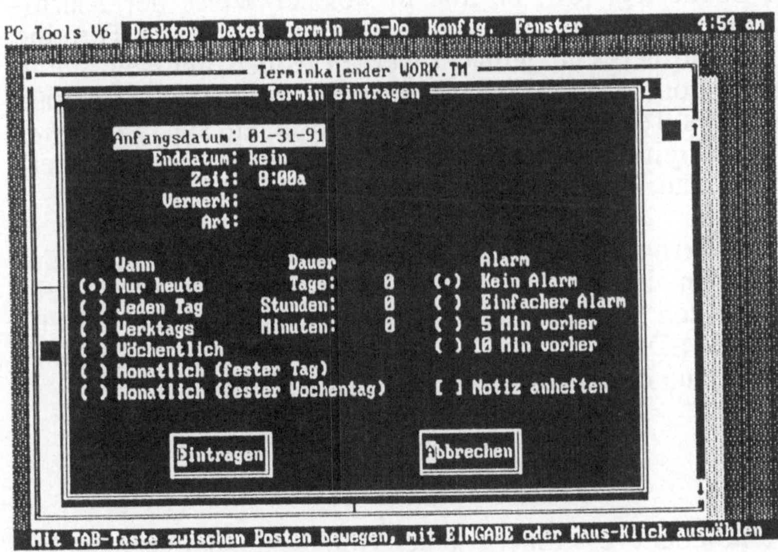

Bild 3-17 Eintragen eines Termins

Nach dem Aufruf öffnet das Programm ein Fenster (s. Bild 3-17). Oben im Fenster ist das Datum des neuen Termins eingetragen ("*Startdatum:*"). Darunter steht das Enddatum, auf das später eingegangen wird. Unter dem Zeitpunkt ("*Zeit:*") können Sie hinter "*Vermerk:*" eine kurze Beschreibung (max. 24 Zeichen) des Termins eingeben. Der Rest des Fensters ist in drei Spalten aufgeteilt. In der linken Spalte können Sie das Intervall dieses Termins bestimmen. Wenn der Termin einmalig ist, ist die Definition eines Intervalls natürlich überflüssig. In der mittleren Spalte müssen Sie die Dauer des Termins festlegen. In der rechten Spalte schließlich bestimmen Sie den Modus der Alarmfunktion. Innerhalb des Fensters können Sie sich mit der Maus oder den Cursortasten fortbewegen.

"*Wann*"*:* In der ersten Spalte wird festgelegt, ob der Termin einmalig ist oder ob er jeden Tag, werktags, wöchentlich, monatlich zu einem bestimmten Datum oder monatlich an einem bestimmten Wochentag wahrgenommen werden sollte.

"*Dauer*"*:* An dieser Stelle wird die Dauer des Termins in Tagen, Stunden und Minuten eingetragen. Das Programm rundet stets auf die nächstliegende Viertelstunde auf.

"*Alarm*"*:* Diese Spalte legt fest, ob und in welcher Weise der Alarmmodus arbeiten soll. Wenn Sie auf unmittelbar bevorstehende Termine vom Rechner nicht aufmerksam gemacht werden wollen, müssen Sie an dieser Stelle die Option "*Kein Alarm*" aktivieren. Wenn Sie eine Warnung zum Beginn des Termins erhalten wollen, wählen Sie "*Einfacher Alarm*". Wenn Sie bereits fünf oder zehn Minuten vorher gewarnt werden wollen, ist dies natürlich ebenfalls möglich.

Sobald Sie einem Termin bedrohlich nahekommen, schaltet sich die Alarmfunktion mitten in laufende Programme ein und öffnet ein Fenster, in dem auf den Termin hingewiesen wird. Klicken Sie OK zur Bestätigung. Mit WIEDERHOLTER ALARM wartet das Programm noch einmal fünf Minuten, bevor es seine Warnung wiederholt.

Notiz anheften

Diese Option ermöglicht es Ihnen, eine Notiz mit der genaueren Beschreibung des Termins anzufertigen. Sobald Sie NOTIZ ANHEFTEN angewählt haben, müssen Sie mit EINTRAGEN den Notizzettel aktivieren. Dieser entspricht in Bedienung und Darstellung genau

NOTIZBLOCK. Wenn Sie die Notiz beendet haben, können Sie mit <Esc> wieder zu TERMIN EINTRAGEN zurückkehren.

Mit OK wird dann die Verabredung endgültig in den Terminkalender aufgenommen. Die Gesamtdauer des Termins wird vom Programm im Terminkalender eingeklammert. Eine Note bei dem Termin dokumentiert, daß die Alarmfunktion eingeschaltet ist. Eine Doppelnote repräsentiert die Alarmfunktion bei sich regelmäßig wiederholenden Terminen. Ein "N" zeigt an, daß für diesen Termin ein Notizzettel angefertigt wurde. Wenn sich Termine zeitlich überschneiden, wird die Überlappungszeit farblich hervorgehoben. Ein Sternchen "*" vor dem Datum des Tagesplaners zeigt an, daß der betreffende Tag ein Feiertag ist. Im Konfigurations-Menü können Sie für jeden Feiertag festlegen, ob er für Sie Gültigkeit besitzt oder nicht.

Eine besondere Möglichkeit des TERMINPLANER ist, daß Sie zu von Ihnen bestimmten Zeiten Programme automatisch ausführen lassen können. Wollen Sie von dieser Option Gebrauch machen, so gehen Sie folgendermaßen vor: Setzen Sie direkt neben die Beschreibung des Vermerks das Zeichen "|" gefolgt vom vollen Dateinamen (also dem Namen mit der Erweiterung) des auszuführenden Programms auf den Notizzettel. Wenn es sich bei diesem Dateinamen um eine Text-Datei handelt (.TXT), wird diese Datei zum vorherbestimmten Zeitpunkt automatisch in NOTIZBLOCK geladen.

Das Zeichen "|" können Sie durch Drücken der Alt-Taste und Eingeben des ASCII-Codes 124 auf dem abgesetzten Zahlenblock erzeugen. Zur vorherbestimmten Zeit erscheint dann die Terminvorwarnung und eine Abfrage, ob das Programm gestartet werden soll. Indem Sie hinter dem "|" die Tastenkombination eines Makros eingeben, können Sie auch PCTools-eigene Makros ausführen lassen (s. MAKROS). Wenn sich das Programm in einem anderen Verzeichnis befindet und der Pfadname (s. zentrale Begriffe) nicht mehr in die Vermerkzeile passt, dann schreiben Sie ein kurzes Programm unter MS-DOS, welches das gewünschte Programm aktiviert und rufen Sie dieses Programm in der Vermerkzeile auf. Solch ein Programm könnte beispielsweise so aussehen: \123\LOTUS.EXE

Wenn Sie wünschen, daß das Programm automatisch und ohne vorhergehende Abfrage ausgeführt wird, dann schreiben Sie keinen kurzen Vermerk, sondern schreiben in den Notizblock gleich den Strich "|" und dananch den Dateinamen. In Verbindung mit Makros wird der TERMINPLANER sogar noch effektiver und praktischer. Nützliche Beispiele zur Makrobenutzung sind im Kapitel MAKROS enthalten.

Termin löschen

Diese Funktion dient zum Löschen einer Abmachung. Dafür gibt es zwei Möglichkeiten:

Die erste ist, den zu löschenden Termin mit den Cursortasten anzuwählen und mit <RETURN> zu markieren. Es erscheint dann ein Fenster, das Ihnen vier Möglichkeiten offenläßt:

LÖSCHEN
Der Termin wird gelöscht.

EDITIEREN
Die Einstellungen, die zu dem Termin gemacht wurden, können bearbeitet werden.

NOTIZ ÄNDERN
Die Notiz zu dem Termin kann bearbeitet werden. Existiert zu dieser Vereinbarung noch keine Notiz, so kann nachträglich eine erstellt werden.

ABBRECHEN
Die Funktion wird verlassen.

Wenn Sie einen sich regelmäßig wiederholenden Termin löschen wollen, weist Sie das Programm auf diesen besonderen Umstand hin und gibt Ihnen drei Möglichkeiten:

ALLE
Der Termin wird an allen Tagen gelöscht.

HEUTE
Der Termin wird nur an dem aktuellen Tag gelöscht.

ABBRECHEN
Die Funktion wird verlassen.

Die zweite Möglichkeit wäre, den zu löschenden Termin mit den Cursortasten anzusteuern und die Funktion TERMIN LÖSCHEN zu aktivieren. Sie werden dann nur noch nach einer Bestätigung Ihrer Absicht gefragt.

Termin ändern

Dieser Menüpunkt erlaubt das nachträgliche Bearbeiten von Terminen. Das Fenster, in dem Sie die Veränderungen vornehmen, entspricht dem unter TERMIN EINTRAGEN beschriebenen. Auch hier sind zwei Möglichkeiten vorhanden.

Bei der ersten Möglichkeit wählen Sie den gewünschten Termin an und drücken Sie <RETURN>. Das gleiche Fenster wie bei TERMIN LÖSCHEN wird geöffnet. Wählen Sie bei dem erscheinenden Fenster aber statt LÖSCHEN die Funktion EDITIEREN aus.

Bei der zweiten Möglichkeit müssen Sie wieder den gewünschten Termin mit den Cursortasten ansteuern und dann mit Hilfe des Menüpunktes TERMIN ÄNDERN die Funktion aktivieren.

Termin suchen

Wenn Sie nicht mehr den Zeitpunkt eines Termins wissen und sich das zeitaufwendige Blättern im Terminkalender ersparen wollen, können Sie mit Hilfe dieser Funktion schneller ans Ziel gelangen. Die Aktivierung dieser Funktion ist auch mit der Funktionstaste <F5> möglich.

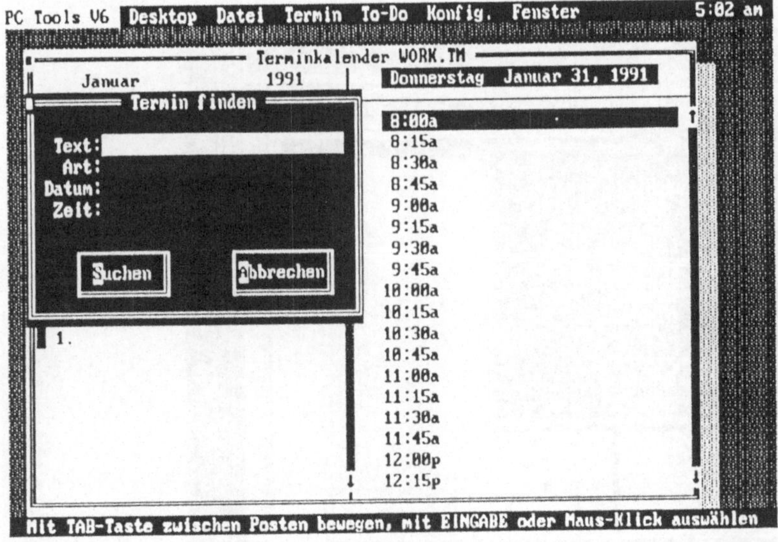

Bild 3-18 Suche nach einem Termin

Nach dem Aufruf öffnet das Programm ein Fenster, in dem Sie die Suchvorgabe eingeben können (s. Bild 3-18). Geben Sie also die Beschreibung des Termins (maximal 24 Zeichen), die Terminart und das aktuelle Datum ein und aktivieren Sie mit SUCHEN die Suchfunktion. Der TERMINPLANER sucht anschließend den Termin ab dem eingegebenen Datum und der eingegebenen Zeit und zeigt ihn dann an.

Nächster Termin

Der nächste Termin, der im Kalender eingetragen ist, kann auf diese Weise schnell eingesehen werden. Die Aktivierung dieser Funktion ist auch mit <F4> möglich.

Die Funktion springt zuerst auf das aktuelle Datum zurück und steuert dann den nächstliegenden Termin an. Wenn Sie also schnell zum aktuellen Datum zurückkehren wollen, können Sie dies ebenfalls mit <F4> bzw. dem Aufruf der Funktion aus dem TERMIN-Menü erreichen.

Freien Termin suchen

Wenn Sie einen Termin für eine neue Abmachung suchen, kann Ihnen der Computer das umständliche Blättern im Terminkalender abnehmen. Diese Funktion kann auch mit <F7> aufgerufen werden.

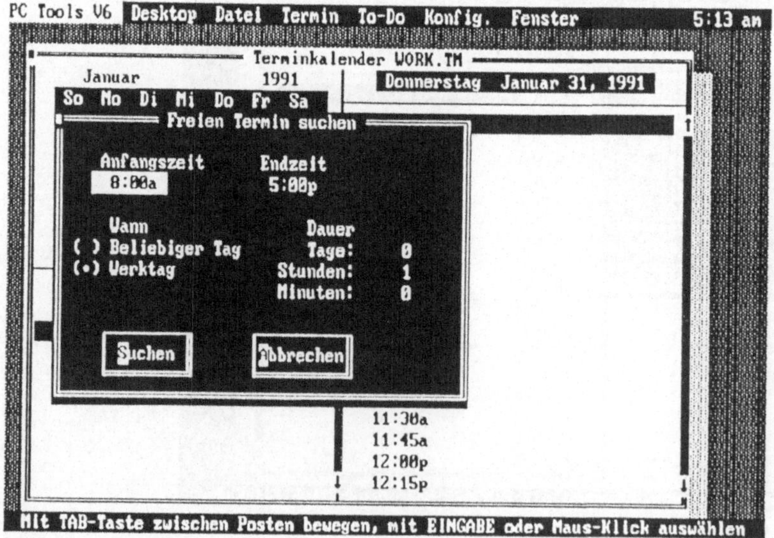

Bild 3-19 Suche nach einem freien Termin

Nach dem Aufruf öffnet das Programm ein Fenster, in dem genauere Vorgaben für die Terminsuche angeben sind (s. Bild 3-19). Geben Sie bei *"Anfangszeit"* und *"Endzeit"* den Zeitraum ein, in dem der Termin wahrgenommen werden soll. Mit *"Wann"* können Sie bestimmen, ob der Termin auf alle Tage, also auch Sonntage oder nur auf Werktage gelegt werden soll. Mit *"Dauer"* müssen Sie festlegen, wieviel Zeit der Termin beansprucht. Mit SUCHEN beginnt die Funktion ihre Suche nach einem "freien Plätzchen" für die neue Abmachung. Dabei wird notfalls der Zeitraum eines ganzen Jahres untersucht. Wenn es einen möglichen Termin gefunden hat, markiert es diesen.

Terminbelegung darstellen

Wenn Sie wieder einmal einen Schrecken darüberbekommen wollen, wie überarbeitet Sie eigentlich sind, können Sie sich von dieser Funktion die Grafik (s. Bild 3-20) Ihrer Auslastung zeigen lassen.

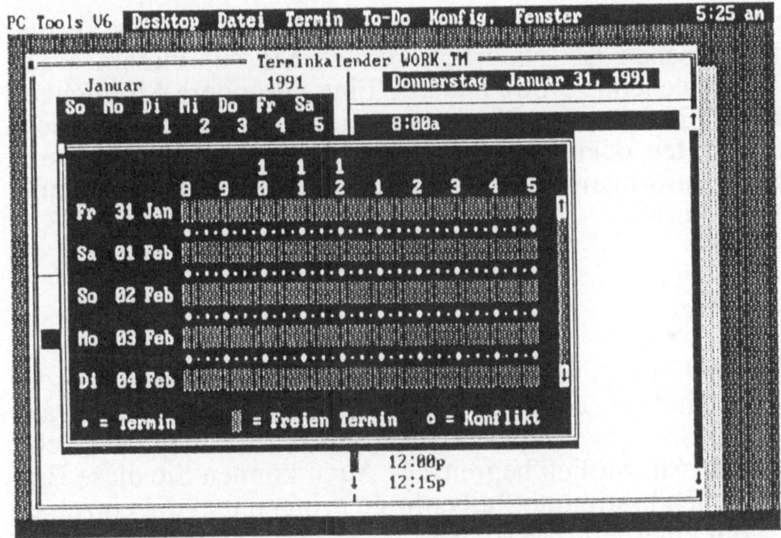

Bild 3-20 Schaubild der Arbeitsauslastung

Es werden immer fünf Tage gleichzeitig angezeigt, beginnend beim markierten Tag. Für jeden dieser Tage existiert ein extra Balken, auf dem die Belegungen markiert sind. Jedes cursorbreite Kästchen entspricht dabei einer Stunde. Die stundenweise Tagesaufteilung wird über den Balken angezeigt. Mit dem Zeichen "♦" sind Stunden versehen, in denen Sie einen Termin wahrnehmen müssen. Freizeit wird durch das Zeichen " ▒ " markiert und Terminüberlappungen werden durch einen

Kreis dargestellt. Mit den Cursortasten oder der Maus können Sie sich tageweise und mit <PgUp> bzw. <PgDn> in Abständen von fünf Tagen in der Liste fortbewegen.

Notiz anheften

Mit dieser Funktion können Sie nachträglich eine Notiz zu einem Termin anbringen. Dabei gibt es zwei Möglichkeiten des Funktionsaufrufs:

Erstens können Sie mit den Cursortasten und <RETURN> den Termin markieren und dann aus dem sich nun öffnenden Fenster die Funktion NOTIZ ANHEFTEN auswählen. Die zweite Möglichkeit ist der Aufruf über das TERMIN-Menü oder <F6>. In beiden Fällen wird der Notizzettel aktiviert, der in der Bedienung genau NOTIZBLOCK entspricht. Wenn Sie Ihre Notiz beendet haben, können Sie diese mit <Esc> abspeichern und die Funktion verlassen.

Ein "N" links neben dem Termin zeigt Ihnen dann, daß dieser Termin mit einer Notiz versehen ist. Natürlich können Sie auf diesem Wege auch eine bereits bestehende Notiz ändern. Eine besondere Möglichkeit des TERMINPLANERS ist, daß Sie zu Beginn des Termins automatisch ein Programm aufrufen oder PCTools-eigene Makros ausführen lassen können. Genauere Informationen entnehmen Sie bitte dem Menüpunkt TERMIN EINTRAGEN.

3.5.3 Das To-Do-Menü

In diesem Menü sind alle Funktionen enthalten, die zur Verwaltung der To-Do-Liste nötig sind. In diese Liste können Sie bis zu 80 Einträge aufnehmen; gleichzeitig angezeigt werden können allerdings nur acht. Die Einträge können Sie zeitlich begrenzen. Auch können Sie diese Einträge in eine von Ihnen bestimmte Reihenfolge bringen und die einzelnen Einträge wieder mit einer Notiz versehen.

Neuer To-Do-Eintrag

Diese Funktion dient zum Eingeben neuer Einträge in die Liste. Dabei gibt es wieder zwei Möglichkeiten:

Erstens können Sie Einträge direkt in die Liste schreiben und die Eingabe mit <RETURN> bestätigen.

Bei der zweiten Möglichkeit müssen Sie die gewünschte Leerzeile mit den Cursortasten ansteuern und dann die Funktion mit Hilfe des To-Do-Menüs aktivieren. In beiden Fällen öffnet das Programm folgendes Fenster:

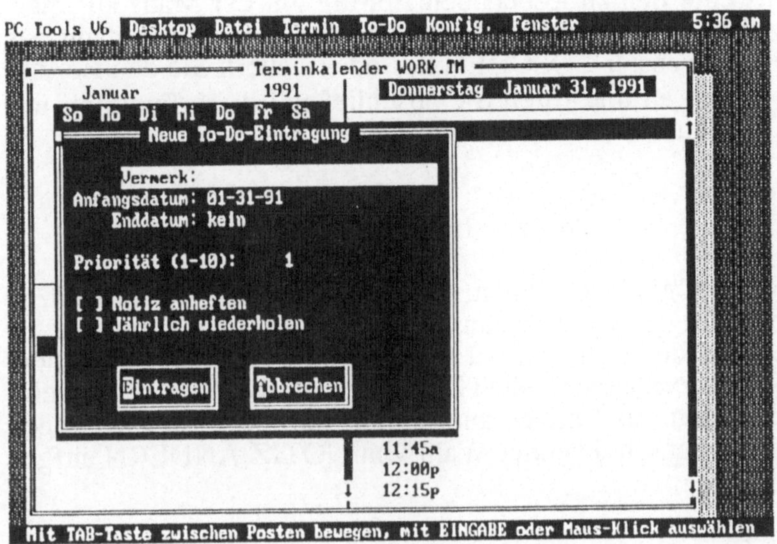

Bild 3-21 Eingabe eines neuen To-Do-Eintrags

Hinter "*Vermerk:*" müssen Sie die Bemerkung eingeben, die in der Liste erscheinen soll. Mit "*Anfangsdatum:*" und "*Enddatum:*" legen Sie fest, wie lange der Eintrag in der Liste verbleiben soll. Das Startdatum ist normalerweise das aktuelle Datum und ein Enddatum ist nicht festgelegt ("*kein*"), was bedeutet, daß die Bemerkung in der Liste verbleibt, bis sie daraus von Ihnen entfernt wird. Bei "*Priorität (1-10):*" können Sie die Wichtigkeit des Eintrages mit Hilfe einer Skala, die von 1 bis 10 reicht, bestimmen. Voreingestellt ist die Priorität 1. Das Programm sortiert die Einträge dann automatisch nach ihrer Wichtigkeit.

Wenn Sie eine Notiz zu dem Eintrag verfassen wollen, müssen Sie "*Notiz anheften*" markieren und dann mit EINTRAGEN den Notizzettel aufrufen. Seine Bedienung entspricht in allen Punkten NOTIZBLOCK. Mit <Esc> wird Ihre Notiz abgespeichert und NOTIZBLOCK wird verlassen. Mit der Option "Jährlich wiederholen" steht eine neu hinzugekommene praktische Möglichkeit zur Verfügung: Mit Hilfe dieser Option können Sie sich beispielsweise an Geburtstage, Jubiläen und sonstige leicht flüchtige Daten erinnern lassen. Auf daß Sie nie mehr Ihren Hochzeitstag vergessen...

To-Do-Eintrag löschen

Mit Hilfe dieser Funktion können Sie Einträge aus der Liste wieder entfernen.

Klicken Sie entweder den zu löschenden Eintrag mit der Maus an, markieren sie ihn mit <TAB> und <RETURN> und wählen Sie dann aus dem erscheinenden Fenster LÖSCHEN aus oder steuern Sie den Eintrag mit den Cursortasten an und rufen Sie anschließend diese Funktion mit Hilfe des To-Do-Menüs diese Funktion auf.

Notiz anheften

Diese Funktion ermöglicht es Ihnen, an den Einträgen Notizen anzubringen. Es erscheint der schon bekannte Notizzettel. Die Bedienung ist mit NOTIZBLOCK identisch, mit <Esc> wird die Notiz abgespeichert und NOTIZBLOCK verlassen. NOTIZ ANHEFTEN kann bei bereits bestehenden Einträgen mit Notizen auch durch Markieren des Eintrages mit <RETURN> und anschließender Wahl von NOTIZ ÄNDERN aufgerufen werden.

3.5.4 Das Konfigurations-Menü

Dank dieses Menüs erlangen Sie die maximale Kontrolle über Ihren Terminkalender. So können Sie festlegen, welcher Zeitraum im Kalender angezeigt wird, in welchem Format das Datum angezeigt wird, welche Feiertage zu berücksichtigen sind und vieles mehr.

Termineinstellung

Diese Funktion hilft Ihnen dabei, den Zeitraum der Anzeige, die Anzahl der Werktage pro Woche, das Datums- und Zeitformat und das Zeitintervall festzulegen.

Nach dem Aufruf wird ein Fenster geöffnet, das in vier Bereiche eingeteilt ist (s. Bild 3-22). In der linken Spalte können Sie festlegen, welche Tage in der Woche für Sie als Werktage gelten. In der Mitte des Fensters in der oberen Hälfte bestimmen Sie, welchen Zeitraum der Tageskalender darstellen soll ("*Anfangszeit*" und "*Endzeit*"). Wenn Sie z. B. einen Zeitraum von acht Uhr morgens bis acht Uhr abends umfassen wollen, ist dies auf komfortable Weise möglich. In der unteren Hälfte

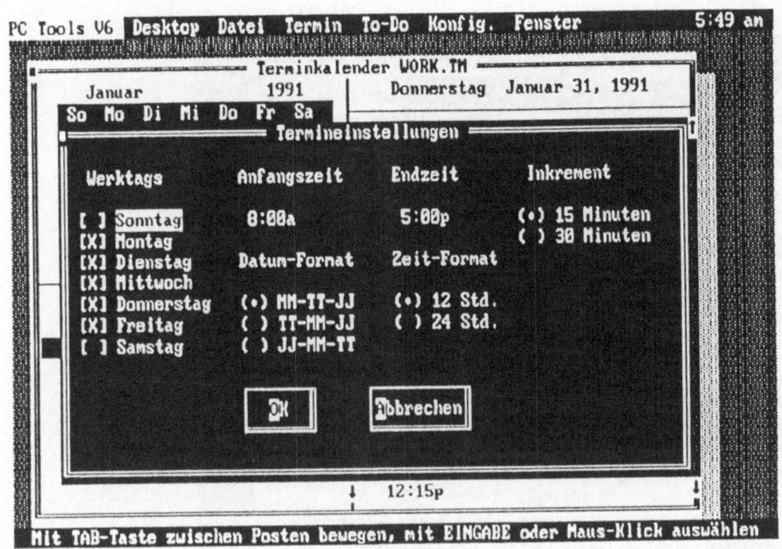

Bild 3-22 Einstellung der Arbeitszeit

legen Sie das Datums- und Zeitformat fest. Die in Deutschland gebräuchlichen Formate sind "*TT-MM-JJ*" (Tag-Monat-Jahr) für das Datum und "*24 Std.*" für die Zeitdarstellung. Auf der rechten Seite schließlich können Sie das Zeitintervall des Tagesplaners verändern ("*Inkrement*"). Wenn Ihnen die viertelstündigen Schritte zu genau sind, können Sie also problemlos auch halbstündige Intervalle festlegen.

Wenn die äußere Form des Kalenders nun Ihren Vorstellungen entspricht, werden die Veränderungen mit OK übernommen.

Feiertage

Mit Hilfe dieser Funktion können Sie aus einer Liste von Feiertagen diejenigen auswählen, die für Sie Gültigkeit besitzen. An diesen Tagen wird dann keine regelmäßig wiederkehrende Abmachung stattfinden, und der Feiertag wird bei der Suche nach einem freien Termin auch nicht berücksichtigt. Allerdings können Sie manuell eine Abmachung eintragen lassen. Der Feiertag wird beim Tagesplaner vor dem Datum durch einen Stern "*" gekennzeichnet. Das Programm läßt Ihnen zusätzlich die Möglichkeit offen, selbst Feiertagsdaten einzugeben. Wenn Sie beispielsweise die Jahreshauptversammlung der "Geranien- und Ballspielfreunde" als Feiertag ansehen, können Sie das betreffende Datum ebenfalls in die Liste aufnehmen. Wie 3-23 zeigt, sind folgende Feiertage bereits in der Liste enthalten:

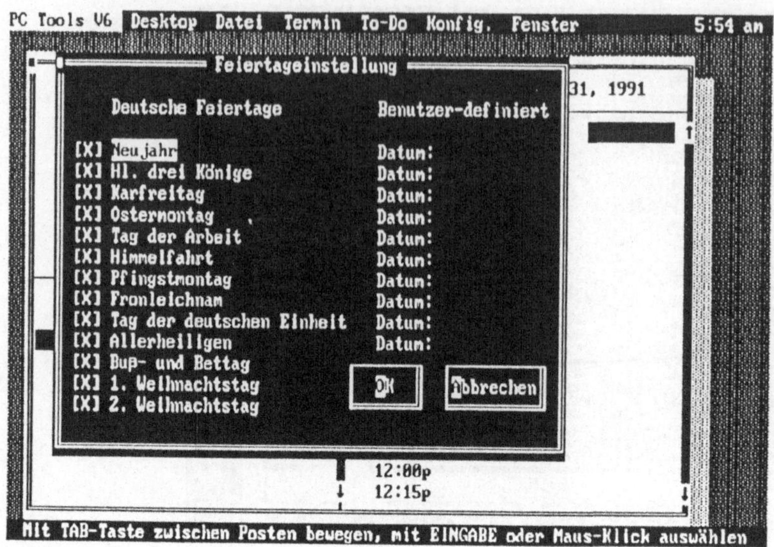

Bild 3-23 Festlegung der Feiertage

Nach dem Aufruf können Sie sich mit der Maus oder den Cursortasten in der Liste fortbewegen und von Fall zu Fall entscheiden, ob der betreffende Feiertag für Sie auch wirklich ein "Festtag" ist. Wenn Sie die Namensliste durchgegangen sind, gelangen Sie in die zweite Spalte, in der Ihnen die Möglichkeit gegeben wird, das Datum einiger "persönlicher" Feiertage einzugeben. Die rechte Spalte können Sie auch direkt mit <TAB> erreichen.

Wählen Sie bei der Datumseingabe bitte das von Ihnen mit TERMIN-EINSTELLUNG bestimmte Datenformat. Leider besteht keine Möglichkeit, diesem neu eingegebenen Datum den Namen des Feiertags zuzuordnen. Da die Namen der Feiertage aber beim Tagesplaner ohnehin keine Erwähnung finden, ist dieses Manko eigentlich zu verschmerzen.

Alte Termine löschen

Diese Funktion löscht alte Termine. Das kann besonders wertvoll sein, wenn der Speicher des Rechners voll ist oder die Arbeitsgeschwindigkeit des TERMINPLANERS zu wünschen übrig läßt, denn je mehr Termine zu verwalten sind, desto langsamer arbeitet das Programm.

Geben Sie nach dem Aufruf hinter "*Cutoff-Datum:*" das Datum ein, bis zu dem alle Termine gelöscht werden sollen. Mit LÖSCHEN wird dann der Löschvorgang ausgelöst.

Großformat

Mit Hilfe dieser Funktion können Sie zwischen zwei Darstellungsarten des elektronischen Terminkalenders hin und her schalten. Wenn GROSSFORMAT aktiviert ist, erfolgt die Darstellung in der gewohnten Weise, ist sie ausgeschaltet, so wird nur der Tagesplaner dargestellt.

3.5.5 Das Fenster-Menü

Die Beschreibung der Funktionen des Fenster-Menüs kann bei NOTIZ-BLOCK nachgelesen werden.

3.6 TELEKOMMUNIKATION

Dieses Programm der PCTools ist in zwei Teile gegliedert: In MODEM-KOMMUNIKATION, die Sie ins Reich der Mailboxen und Online-Datenbanken entführt und die FAX-KOMMUNIKATION, die Ihre vielleicht vorhandene Fax-Karte ansteuert. Da diese beiden Anwendungsgebiete bei den meisten Computerbenutzern nicht Verwendung finden und viel Fachwissen vorraussetzen, wurde versucht, einen sinnvollen Kompromiß zwischen Übersichtlichkeit und Verständlichkeit zu finden. Deshalb halten sich die Programmbeschreibungen in Grenzen.

3.6.1 MODEM-TELEKOMMUNIKATION

Mit Hilfe dieses Programms und eines Modems können Sie sich im Mailboxdschungel tummeln oder via Nullmodem Daten von Computer zu Computer übertragen. Vorraussetzung ist, daß Sie ein Hayes-kompatibles Modem Ihr eigen nennen. Daten eines Nullmodems dürfen nicht von Computernullen auf Nullcomputer übertragen werden. Da die Bedienung eines Telekommunikationsprogrammes ein umfangreiches Fachwissen auf dem Gebiet der Datenfernübertragung voraussetzt und im Umfang dieses Nachschlagewerks keine Einführung in diese Fachausdrücke vorgenommen werden kann, ist dieser Programmteil für Nichtmodembesitzer und "Nichteingeweihte" vollkommen uninteressant. Weil dieses Kapitel ohnehin nur für eine Minderheit interessant ist, werden nur die Menüs des Programms erläutert. Technische Erläuterungen werden nicht vorgenommen.

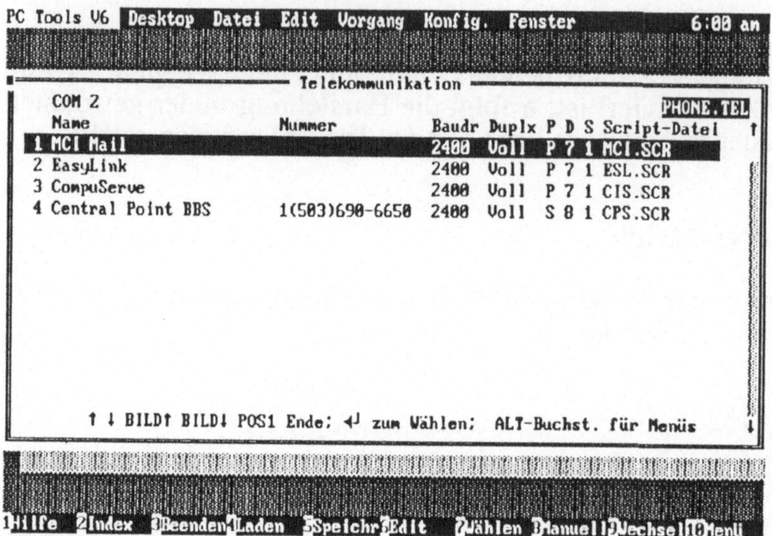

Bild 3-24 Standardeinstellungen

Nach dem Aufruf öffnet sich ein Fenster, in dem verschiedene Standardeinstellungen abgebildet sind (s. Bild 3-24). Sie werden diese noch kennenlernen. Die abgebildeten Einträge sind in der Datei PHONE.TEL gespeichert. Diese kann von Ihnen verändert und erweitert werden.

In der linken oberen Ecke des Fensters wird angegeben, an welche serielle Schnittstelle (*"COM"*) Sie Ihr Modem oder Ihr Nullmodem angeschlossen haben. Am rechten Rand derselben Zeile werden Sie darüber informiert, welche Datei gerade geladen ist. Unter diesen Angaben befindet sich eine Tabelle. Die einzelnen Spalten tragen folgende Informationen:

"Name": Namen der bekanntesten Online-Systeme, aus denen Sie sich eines heraussuchen können. An dieser Stelle können auch direkt die Namen der Personen stehen, an die Sie senden wollen.

"Nummer": Telefonnummer der Verbindung. Wenn noch keine Nummer eingegeben wurde, werden Sie bei an späterer Stelle, bei WÄHLEN, dazu aufgefordert, eine Nummer einzugeben.

"Baud": Übertragungsrate in Bits pro Sekunde.

"Duplex": Zeigt, ob die Verbindung im Voll- oder Halbduplexmodus betrieben wird.

"P D S": Enthält Angaben zum Übertragungsformat. Diese sind Parität (*"P"*), Daten- (*"D"*) und Stopbits (*"S"*).

"Script": Wenn Sie Gebrauch von einem Programm machen wollen, das die Kommunikation teilweise automatisiert, müssen Sie den Namen dieser Datei hier eingeben.

3.6.1.1 Das Datei-Menü

Das Laden und Speichern von Telefonverzeichnissen wird mit Hilfe dieses Menüs erledigt.

Speichern

Speichert ein erstelltes Telefonverzeichnis ab. Wenn Sie TELEKOMMUNIKATION mit der Maus oder <Esc> verlassen, wird das aktuelle Telefonverzeichnis automatisch gespeichert, so daß diese Funktion in einem solchen Falle nicht ausgeführt werden muß.

Nach dem Aufruf müssen Sie hinter *"Dateiname:"* den Namen eingeben, den die Datei tragen soll. Die Namenserweiterung ist immer .TEL und muß aus diesem Grunde nicht angegeben werden. Mit SPEICHERN wird das aktuelle Telefonverzeichnis dann unter diesem Namen gesichert.

Laden

Lädt ein neues Telefonverzeichnis. Das aktuelle Verzeichnis wird dabei nicht gespeichert. Wenn Sie es erhalten wollen, müssen Sie es zuvor mit SPEICHERN sichern.

Nach dem Aufruf erscheint das bekannte Ladefenster. Dessen Bedienung wurde beibehalten. Die Dateinamenserweiterung ist automatisch .TEL.

3.6.1.2 Das Edit-Menü

Dieses Menü enthält alle Funktionen, die Sie benötigen, um Telefoneinträge einzugeben, zu bearbeiten oder wieder zu entfernen. Ein Telefonverzeichnis kann dabei maximal 200 Einträge erfassen.

Eintrag ändern

Diese Funktion dient zum Bearbeiten bereits erstellter Einträge. Nach dem Aufruf öffnet das Programm folgendes Fenster:

Bild 3-25 Änderung eines Eintrags

"Name": Enthält den Namen der Verbindung. Dessen Länge darf maximal 50 Zeichen betragen. Sehr gebräuchlich ist MCI Mail.

"Telefon": Enthält die Telefonnummer der Verbindung. Die Länge darf maximal 50 Zeichen betragen; im Telefonverzeichnis werden jedoch nur die ersten 25 Zeichen dargestellt. Erlaubt sind außer den Zahlen Leerzeichen noch die Zeichen "*(*", "*)*" und "-".

"Script": Enthält den Namen der Datei, welche die Informationen zur Verbindung enthält. Eine solche Datei trägt immer die Namenserweiterung .SCR.

"Benutzer ID": Geben Sie hier Ihre Identifikationsnummer ein.

"Kennwort": Geben Sie an dieser Stelle Ihr Kennwort ein.

"Datenbank": Enthält den Pfadnamen (s. zentrale Begriffe) der Datenbank, deren Datenfelder Sie senden wollen.

"Feld 1/Feld 2": Enthält die zwei Datenfelder der Datenbank, die Sie senden wollen.

"Terminal": Informiert über die Modi, die TELEKOMMUNIKATION emulieren kann.

"Zeilenende": Wählen Sie an dieser Stelle die gewünschten Zeilenendemarkierungen beim Senden und Empfangen aus.

"Datenflußkontrolle": Entscheiden Sie hier, ob Sie die weitverbreitete Übertragungskontrollmethode "XON/XOFF" verwenden wollen oder nicht. Ihr Computer regelt in diesem Modus mit Hilfe der Befehle XON und XOFF den Datenfluß des sendenden Computers. Damit dieser Modus arbeitsfähig ist, müssen beide Systeme mit diesem Modus arbeiten.

"Baudrate": Gibt die Übertragungsgeschwindigkeit in Bits pro Sekunde an.

"Parität": Gibt an, ob und auf welche Weise Paritäts-Bits bei der Datenübertragung Verwendung finden sollen. Diese Angaben sind von Datensystem zu Datensystem verschieden.

"Datenbits": Gibt die Anzahl der Datenbits an, die sich von Datensystem zu Datensystem unterscheidet. Gebräuchlich sind 8 Bits.

"Stopbits": Gibt die Anzahl der Stopbits an, die wieder unterschiedlich ist. Üblich ist ein Stopbit.

"Duplex": Gibt an, ob die Datenübertragung im Halb- oder Vollduplexmodus stattfinden soll. Auch diese Angaben müssen an das betreffende Datensystem angepaßt werden.

Mit OK werden Ihre Eingaben gespeichert.

Neuen Eintrag erstellen

Mit Hilfe dieser Funktion können Sie neue Einträge in Ihr Telefonverzeichnis aufnehmen. Die Bedienung entspricht dem Menüpunkt EINTRAG ÄNDERN.

Eintrag löschen

Diese Funktion löscht einen Eintrag aus der Verzeichnisliste. Markieren Sie zu diesem Zwecke die zu löschenden Einträge und rufen Sie dann diese Funktion auf.

3.6.1.3 Das Vorgang-Menü

Dieses Menü enthält alle Funktionen, die zum Telefonieren via Modem erforderlich sind.

Wählen

WÄHLEN stellt eine Verbindung mit dem von Ihnen gewünschten System her. Dies ist nur möglich, wenn Sie ein Hayes-kompatibles Modem angeschlossen haben.

Markieren Sie zuerst den Eintrag, der die gewünschte Telefonnummer enthält und aktivieren Sie dann diesen Menüpunkt oder drücken Sie <RETURN>. Wenn der Eintrag keine Telefonnummer enthält, müssen Sie diese dann von Hand eingeben und mit OK wählen lassen.

Manuell

Wenn Sie eine Telefonnummer eingeben wollen, die nicht im Verzeichnis steht, kein Hayes-kompatibles Modem besitzen oder mit einem Nullmodem arbeiten wollen, können Sie die Telefonnummer auch von Hand eingeben.

Nach dem Aufruf öffnet das Programm ein spezielles MANUELL-Fenster. Dieses Fenster mit seiner Bedienung und seinen Menüs wird anschließend an den folgenden Menüpunkten beschrieben.

Einhängen

Die Verbindung wird unterbrochen.

Die Menüs von MANUELL

Nach der Aktivierung von MANUELL wird folgendes Fenster geöffnet:

```
PC Tools V6  Desktop  Vorgang  Empfangen  Senden  Fenster  ALT-ESC Aus  6:13 an
◄
```

Bild 3-26 Arbeitsbildschirm von MANUELL

In der oberen Bildschirmzeile werden die Menüs von MANUELL dargestellt. In der untersten Zeile wird über die Belegung der Funktionstasten Auskunft erteilt:

<F4> =ASCII senden
Entspricht der Funktion ASCII aus dem Senden-Menü.

<F5> =XMODEM senden
Entspricht der Funktion XMODEM aus dem Senden-Menü.

<F6> =ASCII empfangen
Entspricht der Funktion ASCII aus dem Empfangen-Menü.

<F7> =XMODEM empfangen
Entspricht der Funkion XMODEM aus dem Empfangen-Menü.

<F8> =Einhängen
Entspricht der Funktion EINHÄNGEN aus dem Vorgang-Menü.

Das Vorgang-Menü von MANUELL

Dieses Menü ist Ihnen dabei behilflich, die Übertragung von Daten zu beenden oder die Verbindung zu lösen.

Einhängen

Die Verbindung wird unterbrochen. Kann auch mit F8 vorgenommen werden.

Übertragung beenden

Die Übertragung von Daten wird unterbrochen, die Verbindung wird jedoch aufrechterhalten. Wenn Sie gerade Daten im ASCII-Code empfangen, wird die Übertragung mit Hilfe dieser Funktion beendet.

Das Empfangen-Menü von MANUELL

Dieses Menü enthält die Funktionen, die wichtig sind, um die Daten korrekt zu empfangen und zu speichern.

ASCII

In diesem Übertragungsmodus empfangen Sie die Daten im ASCII-Code. Dies ist besonders beim Empfangen von Textdateien praktisch, denn die Übertragungsgeschwindigkeit liegt höher als im XMODEM-Modus. Allerdings müssen Sie dann in Kauf nehmen, daß es keine Fehlerkontrolle gibt. Beachten Sie bitte, daß Sie, wenn Sie alle Dateien empfangen haben, die Übertragung manuell mit ÜBERTRAGUNG BEENDEN beenden müssen, da dies im ASCII-Modus nicht automatisch geschieht. Diese Funktion kann auch mit <F6> aktiviert werden.

Nach dem Aufruf der Funktion müssen Sie hinter *"Dateiname:"* den Namen der Datei angeben, in dem die Daten gespeichert werden sollen. Mit SPEICHERN beginnt dann die Übertragung. Die empfangenen Informationen werden direkt am Bildschirm angezeigt.

XMODEM

Der andere Übertragungsmodus, den TELEKOMMUNIKATION bietet, ist XMODEM. Dieser Modus eignet sich besonders zum Übertragen von Informationen, bei denen *kein Empfangsfehler* auftreten darf, denn er verfügt über eine integrierte Fehlerkontrolle. Dies sind vor allem Programmdateien. Wenn zu viele Übertragungsfehler festgestellt werden, wird die Verbindung unterbrochen. Allerdings hinkt die Übertragungsgeschwindigkeit hinter ASCII her. Diese Funktion kann auch mit <F7> aktiviert werden.

Nach dem Aufruf müssen Sie auch hier den Dateinamen eingeben. Mit SPEICHERN beginnt dann der Übertragungsvorgang. Die empfangenen Informationen werden auf dem Bildschirm nicht dargestellt. Stattdessen wird der Verlauf des Übertragungsvorgangs auf dem Bildschirm mitprotokolliert. Dabei können folgende Bildschirmmeldungen auftreten:

"Protokoll": Es wird über den Protokollmodus informiert.

"Dateiname": Name der Datei, in der die Informationen gespeichert werden.

"Übertragungszeit": Dauer der Übertragung.

"Übertragene Bytes": Anzahl der übertragenen Bytes.

"Fehlerkontrolle": Art der Fehlerkontrolle, die das Programm automatisch festlegt. Möglich sind die Modi "*Checksum*" oder "*CRC*".

"Fehleranzahl": Anzahl der Übertragungsfehler in einem Block. Wenn mehr als zehn Fehlern pro Block wird die Übertragung automatisch abgebrochen. Sie müssen dann noch einmal von vorne beginnen.

"Letzte Meldung": Anzeige von Meldungen während des Übertragungsvorgangs.

Das Senden-Menü von MANUELL

Dieses Menü steuert den manuellen Sendevorgang.

ASCII

Die Daten werden von Ihnen im oben beschriebenen ASCII-Modus gesendet. ASCII kann auch mit <F4> aktiviert werden.

Nach dem Aufruf erscheint das altbekannte Lade-Fenster. Nachdem Sie die zu sendende Datei ausgewählt haben, beginnt der Sendevorgang mit LADEN. Der Inhalt der Datei wird auf dem Bildschirm angezeigt.

XMODEM

Die Daten werden im XMODEM-Modus gesendet. Diese Funktion kann auch mit <F5> aktiviert werden.

Nach dem Aufruf erscheint das altbekannte Lade-Fenster. Nachdem Sie die zu sendende Datei ausgewählt haben, beginnt der Sendevorgang mit LADEN. Der Vorgang wird wie beim Senden mitprotokolliert.

3.6.1.4 Das Konfigurations-Menü

In diesem Menü können Sie Ihr Modem anpassen und auf den Darstellungsmodus Einfluß nehmen.

Modem-Initialisierung

Mit dieser Funktion können Sie Ihr Modem neu initialisieren. Die vorgegebene Sequenz arbeitet mit den meisten 1200-Baud-Modems und 2400-Baud-Modems korrekt zusammen. Bei manchen 1200-Baud-Modems kann es jedoch nötig werden, die ursprüngliche Modemsequenz einzugeben. Eine Sequenz besteht aus einer Aneinanderreihung von Zeichen, die Benutzern, die mit diesem Code nicht vertraut sind, wie ein Buch mit sieben Siegeln vorkommen muß.

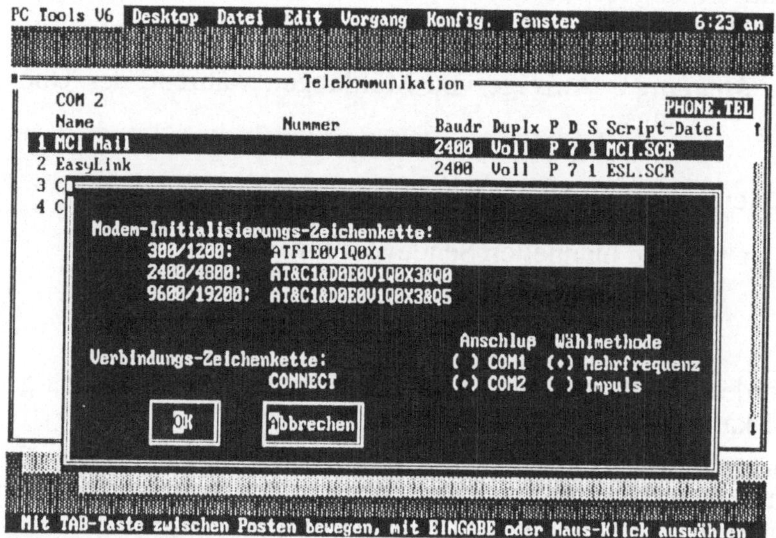

Bild 3-27 Modem-Initialisierung

Nach dem Aufruf öffnet sich ein Fenster (s. Bild 3-27). Geben Sie hinter "*Modem-Initialisierungs-Zeichenkette:*" die gewünschte Sequenz ein. Zur Hilfe sind hinter "*300/1200*", "*2400/4800*" und "*9600/19200*" die gebräuchlichsten Sequenzen für die entsprechenden Baudraten abgebildet. Sie können aber auch einen anderen Code eingeben.

Hinter "*Verbindungs-Zeichenkette:*" müssen Sie den Text eingeben, mit dem sich die verbundenen Modems jeweils mitteilen, daß die Verbindung aufgebaut ist. Bei Hayes-kompatiblen Modems ist dies

"*CONNECT*"; gegebenenfalls müssen Sie aber ein anderes Schlüsselwort eingeben. Die erforderlichen Sequenzen und die richtigen Zeichenfolgen können Sie in Ihrem Modem-Handbuch nachlesen. Dann müssen Sie noch den Anschluß bestimmen und festlegen, ob Sie im Ton- oder Impulsverfahren kommunizieren wollen. Mit OK werden die vorgenommenen Einstellungen gespeichert.

Voller Online-Bildschirm

Wenn diese Option aktiviert ist, werden nicht 22 Zeilen, sondern 24 Zeilen auf dem Bildschirm dargestellt. Die unteren zwei Zeilen enthalten dann wertvolle Zusatzinformationen.

3.6.1.5 Das Fenster-Menü

Die Beschreibung der Funktionen des Fenster-Menüs kann bei NOTIZBLOCK nachgelesen werden.

3.6.2 FAX-TELEKOMMUNIKATION

Wenn Sie glücklicher Besitzer einer Fax-Karte sind oder irgend jemand in Ihrem Netzwerk sich glücklich schätzt, eine Fax-Karte zu besitzen, können Sie diese Fax-Karte mit FAX-TELEKOMMUNIKATION bequem bedienen. Falls Sie allerdings weder die Connection CoProcessor- noch die SpectraFax-Karte besitzen, wird sich Ihre Freude schnell in Frustration auflösen, denn nur mit diesen beiden Karten arbeiten die PCTools zusammen. Wenn Sie allerdings diese Voraussetzungen erfüllen, steht Ihnen eine ganze Menge Möglichkeiten zur Verfügung: Sie können beispielsweise mit NOTIZBLOCK die Meldung, die gesendet werden soll, erstellen oder die Nachricht zu einer bestimmten Zeit automatisch senden lassen. Das Programm unterhält auch ein eigenes Verzeichnis, das die von Ihnen erstellten Meldungen speichert. Es umfaßt bis zu 99 Eintragungen. Außerdem können Sie während des Sende- oder Empfangsvorgangs ganz normal mit PCTools oder einem anderen Programm weiterarbeiten, nachdem Sie den Befehl zum Senden der Meldung gegeben haben.

Vorher allerdings müssen Sie sich noch durch einen Wust von Installationen und Konfigurationen kämpfen; denn vor den Erfolg haben die Götter den Schweiß gesetzt. Wenn Sie Ihre Fax-Karte bereits ordnungsgemäß installiert haben, haben Sie schon einmal einen großen Teil der

Arbeit hinter sich gebracht. Rufen Sie dann PCSetup auf, um die Fax-Karten-Steuerung zu installieren. Erstellen Sie mit Hilfe des Programmes dann das Verzeichnis, das die zu sendenden Mitteilungen aufnehmen soll und installieren Sie das Programm ITLFAX.EXE in AUTOEXEC.BAT. Dann müssen Sie noch mit Hilfe des Konfigurations-Menüs Ihre Karte an FAX-TELEKOMMUNIKATION anpassen. Dieses Menü wird später beschrieben.

Um schließlich das Programm zu starten, müssen Sie aus dem DESKTOP-Menü die Punkte TELEKOMMUNIKATION und FAX SENDEN auswählen. Der Bildschirm sieht dann folgendermaßen aus:

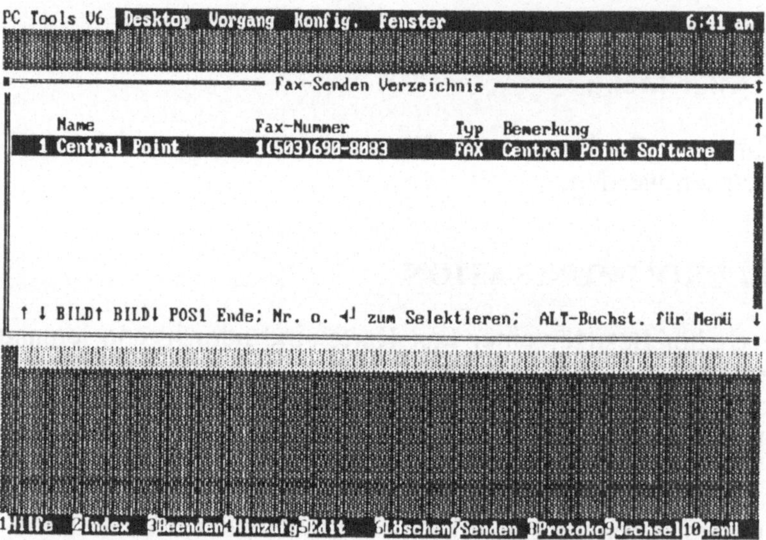

Bild 3-28 Arbeitsbildschirm für FAX-TELEKOMMUNIKATION

Neben dem üblichen Bildschirmaufbau befinden sich im Arbeitsfenster folgende Informationen:

"Name": Gibt den Namen des Empfängers an.

"Fax-Nummer": Gibt die Fax-Nummer des Empfängers an.

"Typ": Informiert über den Modus, in dem Sie senden wollen. Der normale Modus ist der "FAX"-Modus. Im anderen Modus, dem "Datei"-Modus können Sie via Fax-Karte Dateien übertragen, allerdings nur, wenn der Empfänger ebenfalls eine FAX-Karte mit FAX-TELEKOM-

MUNIKATION betreibt. Dazu müssen Sie bei EINTRAGUNG HINZUFÜGEN im Vorgang-Menü die Option *"FAX-Platine zu FAX-Platine"* ausgewählt haben.

"Bemerkung": Enthält generelle Bemerkungen.

Die Funktionstastenbelegung für das Programm sieht folgendermaßen aus:

<F4> = Hinzufügen
Hängt einen neuen Eintrag an die Liste an. Entspricht EINTRAGUNG HINZUFÜGEN aus dem Vorgang-Menü.

<F5> = Edit
Erlaubt die Veränderung der Einträge. Entspricht EINTRAGUNG ÄNDERN.

<F6> = Löschen
Löscht den gerade angewählten Eintrag. Entspricht EINTRAGUNG LÖSCHEN.

<F7> = Senden
Sendet eine Datei an den gerade angewählten Eintrag. Entspricht DATEIEN SENDEN.

<F8> = Protokoll
Überprüft das FAX-Protokoll. Entspricht FAX-PROTOKOLL ÜBERPRÜFEN.

3.6.2.1 Das Vorgang-Menü

In diesem Menü sind alle Funktionen zur Bedienung der FAX-Karte enthalten.

Neue Eintragung erstellen

Mit dieser Funktion können Sie den Absender und den Empfänger festlegen und die Vorbereitungen für eine Dateienübertragung treffen.

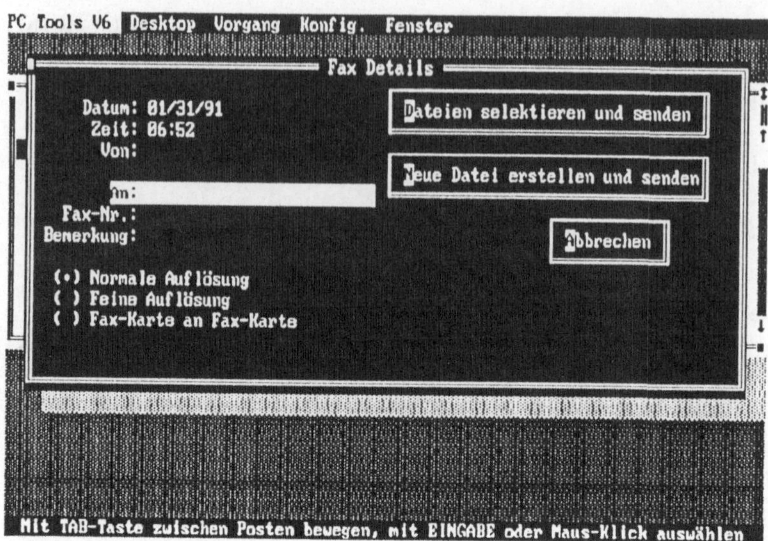

Bild 3-29 Neuen Antrag ausstellen

Nach dem Aufruf öffnet sich ein Fenster (s. Bild 3-29). Ganz oben auf der linken Seite geben Sie das Datum, die Uhrzeit und Ihren Namen als Absender an. Wenn Sie bei der Uhrzeit einen späteren Zeitpunkt angeben, wird das Fax erst zu dieser Zeit gesendet. Darunter ist der Empfänger mit FAX-Nummer und einer Bemerkung anzugeben. Ganz unten stehen Ihnen drei Arbeitsmodi zur Verfügung:

"Normale Auflösung": Mitteilungen, die in der normalen Auflösung gesendet werden, werden schneller übertragen als in der hohen Auflösung. Solange keine Grafiken übertragen werden, ist diese Auflösung durchaus akzeptabel.

"Feinauflösung": Wenn Sie Wert auf eine gute Auflösung legen oder Grafiken übertragen wollen, sollten Sie diese Option wählen.

"Fax-Platine zu Fax-Platine": Wenn Sie Programmdateien senden wollen, müssen Sie von dieser Möglichkeit Gebrauch machen; denn Programmdateien dürfen nicht vom FAX-eigenen Code verschlüsselt werden. Da in diesem Modus Dateien wie von Modem zu Modem übertragen werden, können Sie nur an Besitzer mit FAX-Karte und FAX-TELEKOMMUNIKATION Dateien senden. Nachdem Sie sich für diesen Modus entschieden haben, müssen Sie die zu sendende Datei auswählen oder aber erst erstellen.

Wenn Sie eine bereits bestehende Datei senden wollen, müssen Sie dies mit DATEI SELEKTIEREN UND SENDEN vornehmen. Wählen Sie sodann die gewünschte Datei aus und hängen Sie diese mit HINZUFÜGEN an die Liste der zu sendenden Dateien (bis zu 20 Dateien) an. Wenn Sie alle zu sendenden Dateien bestimmt haben, fahren Sie mit SENDEN fort. Wenn Sie keine Titelseite (s. Konfigurations-Menü) senden wollen, wird das FAX endgültig mit OK auf die Reise geschickt. Ansonsten müssen Sie in NOTIZBLOCK noch den Inhalt der Titelseite angeben. Mit <Esc> brechen Sie den Eingabevorgang ab. Senden Sie Ihr FAX anschließend mit OK ab.

Wenn die Datei erst erstellt werden soll, müssen Sie von NEUE DATEI ERSTELLEN UND SENDEN Gebrauch machen. Geben Sie dazu den Namen ein, den die Datei tragen soll und fangen Sie an zu schreiben. Mit <Esc> schließen Sie NOTIZBLOCK. Wollen Sie keine Titelseite senden, so wird die Datei mit OK jetzt auf die Reise geschickt. Ansonsten müssen Sie wieder zuerst den Inhalt der Titelseite bestimmen.

Eintragung ändern

Mit Hilfe dieser Funktion können Sie einen bereits bestehenden Eintrag in der Liste nachträglich ändern. Markieren Sie dazu den gewünschten Eintrag und rufen Sie EINTRAGUNG ÄNDERN auf. Die Bedienung entspricht NEUE EINTRAGUNG ERSTELLEN.

Eintragung löschen

EINTRAGUNG LÖSCHEN dient, wie der Name schon sanft andeutet, zum Löschen eines Eintrages. Markieren Sie den zu löschenden Eintrag und rufen Sie diese Funktion auf.

Dateien senden

Mit Hilfe von DATEIEN SENDEN können Sie Dateien senden. Das geschieht wieder mit Hilfe des uns schon bekannten Fensters, das unter NEUE EINTRAGUNG ERSTELLEN beschrieben wurde.

Fax-Protokoll überprüfen

Diese Funktion, die Sie sowohl vom Vorgang-Menü aus, als auch vom TELEKOMMUNIKATION-Untermenü aktivieren können, überprüft das Fax-Protokoll, das Ihnen immer Informationen beim Senden oder Empfangen bereitstellt.

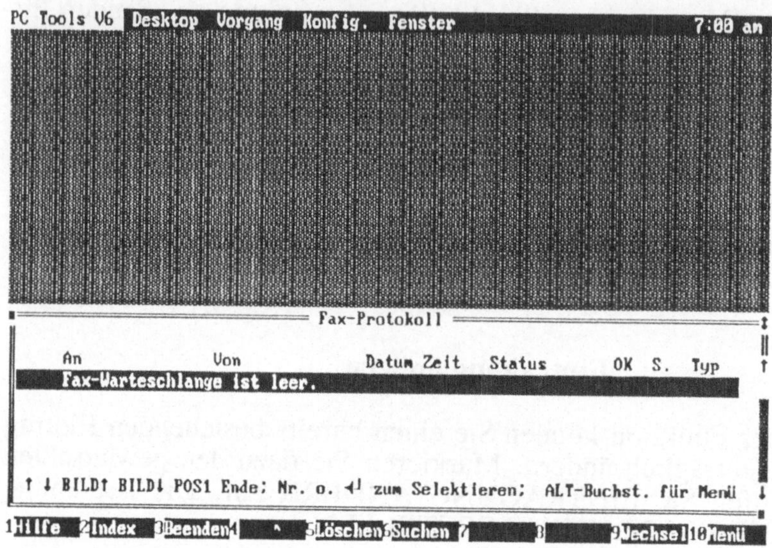

Bild 3-30 Informationen zum Fax-Protokoll

Wie Bild 3-30 zeigt, können Sie im sogenannten *"Fax-Protokoll"*-Fenster folgende Informationen ablesen:

"Eintragsnummer": Gibt die Nummer der Eintragung im FAX-eigenen Verzeichnis ein. Maximal 99 Einträge sind gestattet.

"An": Gibt über den Empfänger Auskunft.

"Von": Informiert über den Absender.

"Datum": Zeigt das Datum, an dem das Fax gesendet wurde bzw. noch gesendet wird.

"Zeit": Zeigt die Zeit an, zu der das Fax gesendet wurde bzw. noch gesendet wird.

"*Status*": Informiert Sie über den Zustand des Fax. Dabei sind folgende Meldungen möglich:

"*Wählen*": Die Fax-Nummer wird gerade noch gewählt.

"*Senden*": Das Fax wird gerade noch übertragen.

"*Gesandt*": Das Fax wurde bereits erfolgreich übertragen.

"*Empfängt*": Sie empfangen gerade ein Fax.

"*Empfang beendet*": Sie haben das Fax nun vollständig gesendet bekommen.

"*Abgebrochen*": Sie haben eine Übertragung abgebrochen.

"*Non CCP*": Entweder ist Ihre Fax-Karte nicht zu FAX-TELEKOMMUNIKATION kompatibel oder aber dies trifft für den Empfänger zu.

"*Schlechtes Telefon*": Beim Übertragen gibt es Probleme. Versuchen Sie daher noch einmal, Ihr Fax zu senden.

"*Aufgeben*": Es treten Übertragungsprobleme auf.

"OK": Wenn keine Probleme auftreten, steht an dieser Stelle ein "Ja", ansonsten ein Fehlermeldungscode.

"S": Gibt die Seitenzahl des Faxes an, wobei die Titelseite mitgezählt wird.

"*Typ*": Gibt an, ob Sie sich im Fax- oder im "Datei"-Modus befinden.

Bei der Überprüfung des Fax-Protokolls stehen Ihnen vier Befehle zur Verfügung, die Sie entweder nach Drücken von <F10> aus den Vorgang- und dem Konfigurations-Menüs auswählen oder, in folgenden zwei Fällen, direkt über Funktionstasten aufrufen können. Diese beiden Untermenüs sind selbständige Menüs, die sich vom Vorgang- und Konfigurations-Menü des Hauptmenüs vollkommen unterscheiden.

Das Vorgang-Menü

Mit den beiden Befehlen des Vorgang-Menüs können Sie Einträge löschen und verlorengegangene Textstellen über eine Suche wiederfinden.

Selektierte Eintragung löschen

Wählen Sie den Eintrag, den Sie löschen wollen, aus und aktivieren Sie diese Funktion, um ihn zu löschen. SELEKTIERTE EINTRAGUNG LÖSCHEN kann auch direkt mit <F5> aufgerufen werden.

Suchen

Geben Sie nach dem Aufruf den Suchtext ein und beginnen Sie die Suche mit OK. Der Aufruf ist auch mit <F6> möglich.

Das Konfigurations-Menü

Die beiden Funktionen des Konfigurations-Menüs dienen zur Bestimmung des Verzeichnisses, das die Meldungen aufnehmen soll und zur Festlegung der Zeitspanne, nach der das Protokoll aktualisiert werden soll.

Fax-Laufwerk

An dieser Stelle können Sie das Verzeichnis, das die Fax-Meldungen aufnehmen soll und das Sie bereits zuvor mit PCSetup festgelegt haben, angeben. Falls Sie mit der Wahl des Laufwerks von PCSetup her noch zufrieden sind, müssen Sie von dieser Funktion keinen Gebrauch machen.

Automatisch aktualisieren

Legen Sie mit Hilfe dieser Funktion fest, nach welcher Zeitspanne das Fax-Protokoll aktualisiert werden soll.

Seitenlänge

Mit SEITENLÄNGE bestimmen Sie die Länge der Seiten, die beim Empfänger ankommen. Die Standardeinstellung beträgt 11 Zoll. Um Papier zu sparen, können Sie aber bei sehr kurzen Mitteilungen die Länge kurzfristig verändern.

Titelseite

Wenn Sie bei Ihren Übertragungen gerne Titelseiten verwenden, müssen Sie diese Option aktivieren, damit Ihnen diese Möglichkeit offengelassen wird.

Interessant ist für Firmen, daß am oberen Rand der Titelseiten stets Platz für ein persönliches Zeichen, beispielsweise das Firmenlogo, gelassen wird. Dieses Zeichen wird automatisch der Datei PCTOOLS.PCX entnommen. Mit PC Paintbrush oder anderen Zeichenprogrammen, die Ihre Zeichnungen im "PCX"-Format abspeichern können Sie dann Ihr persönliches Zeichen oder das Firmenlogo erstellen.

Zeitformat

Legen Sie mit dieser Funktion das Zeitformat fest, das Sie verwenden wollen. Zur Wahl stehen das bei uns gebräuchliche 24-Stunden-Format und das amerikanische 12-Stunden-Format.

Senden von

Wenn Sie an dieser Stelle Ihren Namen eingeben, wird im Fax-Dialogfenster Ihr Name als Absender immer automatisch angegeben, so daß Sie ihn nicht jedesmal von neuem angeben müssen.

3.7 BACKTALK

Dieses Zusatzprogramm ermöglicht es Ihnen, gleichzeitig Daten zu empfangen oder zu senden und unabhängig davon auf andere Weise mit dem Computer zu arbeiten.

Sollten Sie BACKTALK nicht mit PCSetup installiert haben, können Sie dies nachträglich vornehmen. Dazu muß DESKTOP allerdings resident geladen sein. Um die nachträgliche Installation vorzunehmen, müssen Sie vor der Zeile "*DESKTOP*" noch die Zeile "*BACKTALK*", gefolgt von <RETURN>, in AUTOEXEC.BAT einfügen. Dabei können Sie die Parameter "/1", "/2", "/3" und "/4" verwenden. Diese stehen für die Nummern der seriellen Schnittstellen, also COM1 usw. Mit diesen Parametern müssen Sie bestimmen, an welche Schnittstelle Ihr Modem angeschlossen ist.

Wenn Sie eine Übertragung erwarten oder selbst senden wollen und dabei gleichzeitig mit dem Computer arbeiten wollen, verlassen Sie TELEKOMMUNIKATION nach der Aktivierung des Übertragungsvorgangs mit der Tastenkombination Alt+B. Die Daten werden nun automatisch gesendet bzw. empfangen. Wenn die Datenübertragung beendet ist, informiert Sie BACKTALK durch einen Piepston davon. Rufen Sie nun TELEKOMMUNIKATION auf, um die Verbindung per Programm zu lösen oder weitere Übertragungen zu beginnen. Sollten Sie versuchen, TELEKOMMUNIKATION zu laden, während eine Übertragung stattfindet, so warnt Sie das Programm vor dieser Handlung mit einer entsprechenden Meldung. Meldungen während der Übertragung speichert BACKTALK in der Datei TRANSFER.LOG.

3.8 MAKROS

MAKROS dient - wie Sie vielleicht vermuten werden - zum Erstellen von sogenannten Makros. Mit Hilfe von Makros ist es möglich, eine ganze Reihe von Arbeitsschritten durch einen einzigen Tastendruck ausführen zu lassen. So können Sie z. B. durch Drücken einer von Ihnen dazu bestimmten beliebigen Taste den Computer dazu veranlassen, die Textsequenz "Dies ist ein wunderbarer Test für den Makro-Editor" auszugeben. Dies ist besonders bei häufig wiederkehrenden Textpassagen nützlich und spart viel Zeit.

Sie können aber auch auf Tastendruck per Makro ein Programm aufrufen und von ihnen bestimmte Arbeitsschritte ohne Ihr Zutun durchführen lassen. So steht Ihnen z. B. beim TERMINPLANER die Möglichkeit offen, zu einem von Ihnen bestimmten Zeitpunkt ein Makro zu aktivieren das z. B. ein anderes Programm aufruft. Die Möglichkeiten sind beinahe unbegrenzt. In der MAKROS-Datei SAMPLE.PRO stehen Ihnen einige Beispiele zur Verfügung, welche die Effektivität von Makros wirkungsvoll demonstrieren. In den Dateien EPSON.PRO, PROPTR.PRO, HPLJF.PRO und PANA.PRO sind für verschiedene Druckertypen Makros zur Textformatierung enthalten. Ihre Funktion wird an späterer Stelle beschrieben (s. Druckermakros). Wenn Sie DESKTOP speicherresident installiert haben, können Sie Ihre Makros sogar in anderen Programmen weiterverwenden. Makros können mit <Esc> mitten während des Ablaufes abgebrochen werden.

Makros sind Sie bis auf wenige Ausnahmen für jedes Programm verwendbar. Dabei sind beinahe alle Tastenkombinationen möglich. Eine Liste dieser Tastenschlüssel finden Sie am Ende des Kapitels. Bei den PCTools können Sie Anwendungen, die mit optionalen Parametern von der DOS-Bedienungsebene aus aufgerufen werden können, natürlich ebenfalls automatisieren. Jedoch ist es nicht möglich, Makros zu definieren, die in den Pull-Down-Menüs von PCShell, PCSecure, COMPRESS und PCBackup automatisch Befehle aufrufen. Dies Maßnahme ist aus Sicherheitsgründen von Central Point ergriffen worden. Da diese Programme ausnahmslos Dateien modifizieren oder sogar löschen können, wäre eine Benutzung des falschen Makros, was ja schon durch Drücken der falschen Taste eintreten kann, sehr verhängnisvoll.

MAKROS ist bis auf wenige Ausnahmen mit dem Programm ProKey ab der Version 4.0 kompatibel. Diese Ausnahmen sind:

- Einige Tastenkombinationen, die von ProKey unterstützt werden, werden von MAKROS nicht berücksichtigt. Eine Liste aller zulässigen Tastenkombinationen finden Sie am Ende des Kapitels.

- MAKROS erlaubt im Gegensatz zu ProKey nicht die Umdefinierung aller Tasten der Tastatur, da er nur die Standard BIOS Scan-Codes erkennen kann.

- Außerdem ist es sinnvoll, Tastenkombinationen mit der Alt-Taste in Makros, die speziell für die PCTools angefertigt werden, zu vermeiden, da die einzelnen Menüpunkte mit Hilfe der Alt-Taste aufgerufen werden können. Die ursprüngliche Funktion einer Alt-Tastenkombination würde dann überschrieben und könnte zum Aufruf der entsprechenden Funktion nicht mehr ver wendet werden. Sie sollten ohnehin im allgemeinen bei Makros, die für spezielle Programme verwendet werden, darauf achten, daß Sie als Auslöser Tastenkombinationen verwenden, die noch unbelegt sind, da sonst einige Funktionen des Programms blockiert werden könnten.

3.8.1 Die Struktur von Makros

Bei der Programmierung von Makros müssen Sie bestimmte Regeln beachten, die in diesem Abschnitt geschildert sind.

Zunächst gilt, daß ein Makro in die Makrobefehle "*<begdef>*" und "*<enddef>*" eingeschlossen werden muß. Es steht Ihnen offen, vor "*<begdef>*" noch eine genaue Beschreibung oder den Namen des Makros anzugeben, was auf den Programmablauf keinen Einfluß nimmt und nur zur Verständlichkeit des Makros beiträgt. "*<begdef>*" muß allerdings immer ganz am linken Bildschirmrand stehen. Direkt an "*<begdef>*" müssen Sie die Tastenkombination anschließen, die das Makro auslösen soll. Das geschieht durch einfaches Betätigen des auslösenden Tastenschlüssels.

Bei Tasten und Tastenkombinationen, die schon von MAKROS in Anspruch genommen werden (beispielsweise die Cursortasten, die Rücktaste, <Ins>, <Del>, <Alt> oder einige Funktionstasten) müssen Sie jedoch dem Editor klarmachen, daß die betreffende Tastenkombination ins Makro aufgenommen werden soll und nicht dessen Funktion innerhalb von MAKROS ausgeführt werden soll. Dies geschieht durch vorheriges Drücken von <F7>. Danach können Sie die gewünschte Tastenkombiantion drücken. Ihre Funktion bei MAKROS wird dann nicht ausgeführt, stattdessen wird die betreffende Taste ins Makro aufgenommen.

Anschließend müssen Sie angeben, was das Makro bewirken soll. An dieser Stelle können Sie also entweder den zu druckenden Text eingeben oder den Namen der aufzurufenden Datei, eine Abfolge von Anweisungen, die das aktivierte Programm beeinflussen oder aber einige MAKROS-spezifische Befehle, die weiter unten beschrieben sind. Es ist auch möglich, Tasten, die schon von MAKROS benutzt werden (wie die Cursortasten, Backspace, Einfg., Entf., Alt oder einige Funktionstasten) anzugeben. Auch hier gilt jedoch, daß Sie <F7> drücken müssen, bevor Sie die betroffenen Tasten auslösen. Natürlich können Sie problemlos mehrere Befehle aneinanderreihen.

Dateinamen, Tastenkombinationen und Befehle müssen in die eckigen Klammern "<" und ">" eingeschlossen werden; bei einem Text, der auf dem Bildschirm erscheinen soll, können Sie darauf verzichten. Wenn Sie einen Befehl ausführen wollen, der mit <RETURN> abgeschlossen werden muß oder ein Programm aufrufen wollen, müssen Sie dies durch "*<enter>*" am Ende des Befehls bzw. Aufrufs gewährleisten. Abgeschlossen wird das Makro durch "*<enddef>*".

3.8.2 Die MAKROS-Befehle

Die MAKROS-spezifischen Befehle erlauben es Ihnen, Makros besonders komfortabel und effektiv zu programmieren. Diese Befehle sind:

<begdef>
Eröffnet die Programmierung des Makros. Kann durch die Tastenkombination <Alt> und "+" erzeugt werden. Vor diesem Tastenschlüssel muß allerdings erst <F7> gedrückt werden (s.o.).

<cmd>dx
Verzögert die Ausführung eines Makros. Das "*x*" repräsentiert die Dauer der Verzögerung: "*.1*" bewirkt eine Verzögerung um 1/10-Sekunde, "*10*" um 10 Sekunden, "*10:*" um 10 Minuten und "*10:0:0*" um 10 Stunden. Die größtmögliche Verzögerungszeit beträgt 256 Stunden. Die Verzögerung während des Ablaufs kann mit <Esc> beendet werden. An die Zeitangabe müssen Sie "*<enter>*" anschließen.

```
Beispiel: <begdef><ctrla><cmd>d2:50:10<enter><enddef>
```

Dieses Makro läßt den Computer nach der Aktivierung mit Ctrl+A für 2 Stunden, 50 Minuten und 10 Sekunden pausieren, sofern Sie das Makro nicht vorher mit <Esc> beenden.

<date>
Das Datum wird angegeben.

```
Beispiel: <begdef><ctrlb><date><enddef>
```

Dieses Makro gibt das aktuelle Datum an, wenn Sie Ctrl+B drücken.

<desk>
Aufruf von DESKTOP. An diesen Programmaufruf muß im Unterschied zum Aufruf von anderen Programmen kein "*<enter>*" angeschlossen werden.

```
Beispiel: <begdef><ctrlc><desk>A<enddef>
```

DESKTOP wird aufgerufen und der TERMINPLANER wird durch Drücken der Taste "A" aktiviert.

<enddef>
Beendet die Programmierung des Makros. Kann auch durch die Tastenkombination <Alt> und - erzeugt werden. Vor diesem Tastenschlüssel muß allerdings erst <F7> gedrückt werden.

<ffld>...<ffld>
Mit Hilfe dieses Befehles können Sie dem Benutzer an dieser Stelle des Makros eine Eingabe abverlangen. Die Länge der Eingabe wird durch die Anzahl der eingeschlossenen Zeichen, in

diesem Falle Punkte, festgelegt. Sie können jedoch auch jedes andere Zeichen verwenden. Nachdem Sie eine Eingabe in der erforderlichen Länge getätigt haben, führt das Makro seine Arbeit weiter. Die Eingabe können Sie natürlich weiterverwenden.

Beispiel: <begdef><ctrld>Geben Sie Ihr Alter ein:<ffld>??<ffld><enddef>

Das Makro verlangt vom Benutzer eine Altersangabe.

<time>
Die Zeit wird angegeben.

Beispiel: <begdef><ctrle>Die aktuelle Zeit ist:<time><enddef>

Dieses Makro gibt die aktuelle Zeit an.

<vfld>..<vfld>
Dieser Befehl erwartet wie <ffld> vom Benutzer eine Eingabe. Der Unterschied ist jedoch, daß die Länge der Eingabe beliebig ist und die Eingabe mit <RETURN> abgeschlossen werden muß.

Beispiel: <begdef><ctrlf>Erzählen Sie mir einen kurzen Witz:<vfld>..<vfld> Ha, ha ,ha, Spitzenwitz, Sie hätten Komiker werden sollen!<enddef>

Das Makro verlangt die Eingabe eines Witzes von Ihnen, der durch eine freundliches Lachen honoriert wird.

3.8.3 Die Erstellung eines Makros

Bevor Sie ein Makro erstellen können, müssen Sie genau festlegen, was dieses bewirken soll. Wenn Sie sich dann darüber im klaren sind, rufen Sie MAKROS auf. Wollen Sie ein neues Makro erstellen, geben Sie den Namen dieses Makros ins Ladefenster ein. Beachten Sie bitte immer, daß jede Makrodatei die Endung .PRO trägt. Mit NEW können Sie dann mit der Definition seiner Aufgaben beginnen. Es erscheint der Arbeitsbildschirm des MAKROS (s. Bild 3-31).

Er entspricht weitestgehend dem Bildschirm von NOTIZBLOCK, weshalb auf eine weitere Beschreibung an dieser Stelle verzichtet wird.

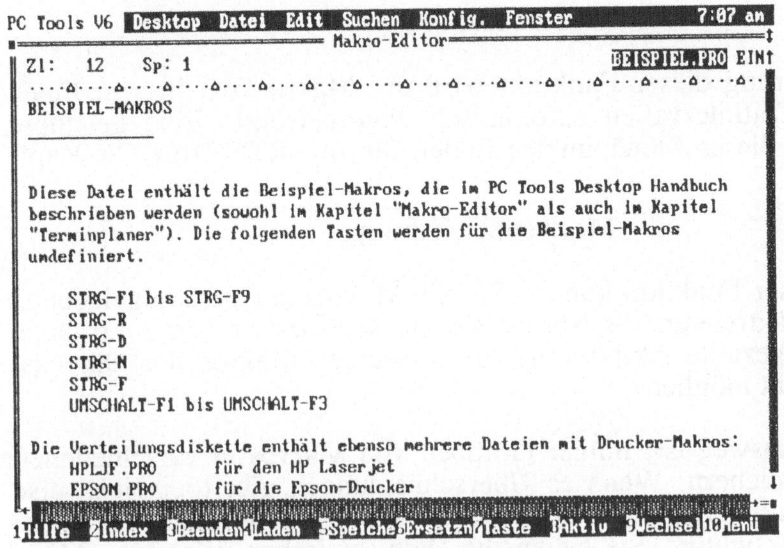

Bild 3-31 Arbeitsbildschirm von MAKROS

Geben Sie nun in diesem Bildschirm das Makro ein, wobei Sie darauf achten sollten, die Syntax einzuhalten. Das Bild zeigt ein korrekt programmiertes Makro. Wenn Sie die Eingabe des Makros beendet haben, müssen Sie die Funktion MAKROAKTIVIERUNG aus dem Datei-Menü aufrufen. Mit ihrer Hilfe wird das Makro aktiviert. Dabei können Sie entscheiden, für welche Programme das Makro aktiviert werden soll. Mit OK schließlich wird das Makro aktiviert.

3.8.4 Das Datei-Menü

In diesem Menü sind die Funktionen zum Laden, Speichern und Aktivieren von Makros enthalten. Sie entsprechen bis auf MAKROAKTIVIERUNG genau den entsprechenden Funktionen in NOTIZBLOCK, weshalb auf eine genauere Beschreibung verzichtet wird.

Laden

Diese Funktion dient zum Laden von Makro-Dateien. Diese Dateien können gleichzeitig mehrere Makrodefinitionen enthalten.

Speichern

Mit Hilfe dieser Funktion werden definierte Makros abgespeichert.

Autosave

Nach Aktivierung dieser Funktion wird der Makro-Text in von Ihnen bestimmten Zeitintervallen automatisch abgespeichert. Eine genauere Beschreibung dieses Menüpunktes finden Sie im NOTIZBLOCK-Kapitel.

Makroaktivierung

Mit Hilfe dieser Funktion können Sie die Makros der gerade geladenen Makro-Datei aktivieren. Es werden alle Makros aktiviert, die die Datei enthält, eine gezielte Aktivierung von einzelnen Makros der Datei ist also leider nicht möglich.

Der einzige Ausweg ist, immer Gruppen von Makros in verschiedenen Dateien zu speichern. Wenn es Überschneidungen gibt (beispielsweise wenn zwei Makros denselben Auslöser besitzen), bleibt immer die ältere Datei unberücksichtigt. Sie haben die Wahl zwischen folgenden Möglichkeiten:

"Nicht aktiv": Die Makros werden nicht aktiviert.

"Aktiv, wenn in PCTools Desktop": Die Makros werden nur in den DESKTOP-Programmen der PC TOOLS wirksam. Ausgenommen ist MAKROS selbst, da eine Aktivierung aller Makros zu einer großen Behinderung bei der Erstellung neuer Makros darstellen könnte.

"Aktiv, wenn nicht in PCTools Desktop": Die Makros werden nur außerhalb der DESKTOP-Programme aktiv. *Damit dies möglich ist, muß DESKTOP resident geladen sein.* Sollte es also Ihre Absicht sein, Makros für andere Programme zu entwerfen, müssen Sie die PCTools resident betreiben, um diese Makros auch verwenden zu können.

"Überall aktiv": Die Makros werden sowohl innerhalb als auch außerhalb der DESKTOP-Programme aktiv. Auch in diesem Betriebsmodus muß DESKTOP resident geladen sein. Mit OK wird die Aktivierung vorgenommen.

3.8.5 Das Edit-Menü

Da das Definieren von Makros in einer Umgebung erfolgt, die NOTIZBLOCK sehr ähnlich ist, entsprechen sich auch die Befehle des Edit-Menüs. Alle Funktionen dieses Menüs sind im NOTIZBLOCK-Kapitel beschrieben.

3.8.6 Das Suchen-Menü

Alle Funktionen des Suchen-Menüs sind im NOTIZBLOCK-Kapitel beschrieben.

3.8.7 Das Konfigurations-Menü

In diesem Menü sind Funktionen enthalten, mit denen Sie Makros löschen oder verändern können. Außerdem ist ein Lernmodus enthalten, mit dem Sie neue Makros komfortabel definieren können.

Alle Makros löschen

Die Makros, die Sie mit MAKROAKTIVIERUNG aktiviert haben, werden "unschädlich gemacht". Die Dateien, in denen die Makros gespeichert sind, sind von dieser Aktion nicht betroffen, lediglich die Ausführung der Makros ist nicht mehr möglich.

Wiedergabeverzögerung

Diese Funktion verzögert gezielt die Ausführung des Makros. Das kann notwendig werden, wenn Ihr Computer nicht mehr mit der Ausführungsgeschwindigkeit des Makros Schritt halten kann.

Geben Sie nach dem Aufruf hinter "*Verzögerung (Zeiteinheiten):*" ein, in welchem Umfang verzögert werden soll. Die Einheit ist dabei 1/18-Sekunde. Wenn Sie die Verzögerung "*0*" übernehmen, wird jede 18-tel Sekunde eine Verzögerung gesendet. Schalten Sie dann die Funktion mit EIN ein und mit AUS wieder aus. Mit OK wird die Anweisung dann ausgeführt.

Lernmodus

Diese Funktion erleichtert Ihnen das Definieren von Makros erheblich, indem es, wie ein Rekorder, alle Schritte, die Sie unternehmen, aufzeichnet und dem Makro zuordnet. *Um von dieser Methode Gebrauch machen zu können, muß DESKTOP resident geladen sein.*

Um Makros aufzuzeichnen, sollten Sie folgende Schritte unternehmen: Aktivieren Sie den Lernmodus, indem Sie ihn aufrufen. Es erscheint ein Haken vor dem Funktionsnamen. Verlassen Sie nun DESKTOP und rufen Sie das Programm auf, für das das Makro programmiert werden soll. Starten Sie die Aufzeichnung mit der Tastenkombination <Alt> und +. Sollte zu diesem Zeitpunkt "*<begdef>*" nicht erscheinen (dies kann manchmal bei deutschen Tastaturen der Fall sein), so geben Sie diesen Befehl einfach von Hand ein. Der Cursor sieht nun aus wie ein Kästchen, um zu dokumentieren, daß die Makrodefinition angelaufen ist. Nun müssen Sie die Tastenkombination drücken, mit der Sie das Makro starten wollen. Nehmen Sie dann alle Arbeitsschritte vor, die das Makro später übernehmen soll. Mit <Alt> und - bzw. Eingabe von "*<enddef>*" wird schließlich die Aufzeichnung beendet. Rufen Sie nun MAKROS auf, um den Lernmodus wieder abzuschalten oder definieren Sie ein neues Makro.

Die auf diese Weise aufgenommenen Makros werden in der Datei LEARN.PRO gespeichert. Da diese Datei überschrieben wird, wenn Sie mit Hilfe des Lernmodus von neuem Makros definieren, sollten Sie diese schnellstens umbenennen.

Einstellung speichern

Die Voreinstellungen, die Sie in im Konfigurations-Menü vorgenommen haben, werden gesichert. Alle Voreinstellungen der Programme NOTIZBLOCK, GLIEDERUNG, MAKROS, und DATENBANK werden dabei in einer Datei gespeichert.

3.8.8 Das Fenster-Menü

Das Fenster-Menü enthält alle üblichen Funktionen, die bei NOTEPADS beschrieben sind.

3.8.9 Drucker-Makros

Im Lieferumfang der PCTools sind mehrere Dateien enthalten, die für verschiedene Druckertypen bereits vorgefertigte Makros bereitstellen. Es sind dies die Dateien EPSON.PRO (für EPSON-Drucker), PROPTR.PRO (für den IBM-Proprinter), HPLJF.PRO (für den HP-Laserjet) und PANA.PRO (für PANASONIC-Drucker). Mit diesen Makros können Texte der Programme NOTIZBLOCK, GLIEDERUNG und DATENBANK formatiert werden.

Um von dieser Möglichkeit Gebrauch machen zu können, müssen Sie zuvor die gewünschte Makrodatei in MAKROS eingeladen und mit MAKROAKTIVIERUNG aktiviert haben. Bewegen Sie den Cursor dann an die Stelle, an der die neue Darstellungsart beginnen soll und drücken Sie die gewünschte Tastenkombination (z. B. <Ctrl>+I um die Kursivschrift einzuschalten). Im Text erscheint dann "|*ITL ON*|", um zu dokumentieren, daß die kursive Darstellung an dieser Stelle beginnt. Steuern Sie dann das Ende der kursiven Passage an und betätigen Sie die Tastenkombination, die die aktivierte Darstellung wieder ausschaltet (in unserem Falle <Ctrl>+J).

Die folgende Tabelle enthält alle möglichen Textformatierungen. In der linken Spalte ist die Tastenkombination angegeben, welche die Darstellung auslöst. In der nächsten Spalte können Sie sehen, welches Formatmerkmal im Text erscheint. Die dritte Spalte gibt darüber Auskunft, um welche Darstellungsart es sich handelt und in der letzten Spalte wird angegeben, bei welchen Druckern die betreffende Darstellungsweise angewendet werden kann. Findet sich in dieser Spalte kein Eintrag, so ist das Makro für alle Drucker verwendbar.

Tabelle 5 Die Drucker-Makros

Tasten-komb.	Markierung im Text	Schriftart	Drucker
Ctrl + A	|SUP OFF|	Hochgestellt aus	alle
Ctrl + B	|BOLD|	Fett	alle
Ctrl + C	|COMP ON|	Komprimiert	alle außer HP
Ctrl + D	|DFT FT|	Draft	nur Proprinter
Ctrl + E	|12 DFT|	Draft 12	alle außer HP
Ctrl + F	|PRO ON|	Proportionalschrift	alle außer HP&PRO
Ctrl + G	|PRO OFF|	Proportionalschrift aus	alle außer HP&PRO
Ctrl + H	|HLV 14.4|	Helvetica 14.4	nur HP
Ctrl + I	|ITL ON|	Kursiv	alle außer PRO
Ctrl + J	|ITL OFF|	Kursiv aus	alle außer PRO
Ctrl + K	|DBL OFF|	Doppelt unterstr. aus	nur Panasonic
Ctrl + L	|DBL ON|	Doppelt unterstrichen	nur Panasonic
Ctrl + M	|TMS 10|	Times Roman 10	nur HP
Ctrl + N	|NLQ|	Schönschrift	alle außer HP
Ctrl + O	|NLQ OFF|	Schönschrift aus	alle außer HP
Ctrl + P	|10 DFT|	Draft 10	alle außer HP
Ctrl + Q	-----		
Ctrl + R	|SUB OFF|	Tiefgestellt aus	alle
Ctrl + S	|SUP ON|	Hochgestellt	alle
Ctrl + T	|SUB ON|	Tiefgestellt	alle
Ctrl + U	|UND ON|	Unterstrichen	alle
Ctrl + V	|COMP OFF|	Komprimiert aus	alle außer HP
Ctrl + W	-----		
Ctrl + X	|EXP ON|	Gedehnt	alle außer HP
Ctrl + Y	|UND OFF|	Unterstrichen aus	alle
Ctrl + Z	|EXP OFF|	Gedehnt aus	alle außer HP

Tabelle 6 Gültige Tastenkombinationen

Taste	Shift + Taste	Alt + Taste	Strg + Taste
a - z	A - Z	Alt+a - Alt+z	Ctrl+a - Ctrl+b Ctrl+d - Ctrl+p Ctrl+r Ctrl+t - Ctrl+z
0 - 9	0 - 9	0 - 9	2, 6
F1 - F10	F1 - F10	F1 - F10	F1 - F10
Alle Grafikzeichen	Alle Grafikzeichen	----	Zahlen oberhalb Buchstabenfeld ausgenommen
Esc, TAB, <RETURN>, Home, End, Cursortasten, PgUp, PgDn, Ins, Del	TAB	----	<RETURN>, Home, End Cursor links, Cursor rechts, PgUp, PgDn

3.9 ZWISCHENABLAGE

Wenn Sie in NOTIZBLOCK, GLIEDERUNG oder MAKROS mit den Befehlen AUSSCHNEIDEN, KOPIEREN oder EINFÜGEN arbeiten, werden die betroffenen Textpassagen in einem Zwischenspeicher, der Zwischenablage, gespeichert. Dieser Zwischenspeicher wird über den Programmteil ZWISCHENABLAGE verwaltet.

Haben Sie DESKTOP resident installiert, so können Sie die Funktionen von ZWISCHENABLAGE auch für alle andere Programme nutzen. Dann können Sie beispielsweise aus einer anderen Textverarbeitung ganze Passagen entnehmen und in NOTIZBLOCK weiterverarbeiten oder sogar Tabellen und Verzeichnislisten übernehmen. Hierfür dienen die beiden Tastenschlüssel <Ctrl>+<Ins> (EINFÜGEN) und <Ctrl>+<Del> (AUSSCHNEIDEN).

Wenn Sie Texte im Zwischenspeicher stehen haben, können Sie diese mit Hilfe von ZWISCHENABLAGE bearbeiten und verändern. Der so modifizierte Text kann dann wieder in eine andere Umgebung kopiert werden. Der Zwischenspeicher hat eine Kapazität von 4 kByte und kann nur Texte (also keine Grafiken!) erfassen.

Nach dem Aufruf öffnet sich ein Fenster, das sehr starke Ähnlichkeiten mit dem NOTIZBLOCK-Arbeitsbildschirm aufweist, weshalb es auch nicht mehr gesondert erklärt wird. Es fehlen lediglich einige Funktionen und die Befehle KOPIERERN und EINFÜGEN sind in einem eigenen Menü untergebracht.

3.9.1 Das Datei-Menü

Das Datei-Menü enthält nur eine Funktion: DRUCKEN. Mit Hilfe dieser Funktion können Sie den Inhalt der Zwischenablage ausdrucken. Die Bedienung entspricht der gleichnamigen Funktion bei NOTEPADS.

3.9.2 Das Kopieren/Einfügen-Menü

EINSETZEN und KOPIEREN bieten das Übertragen von Informationen auf andere Programme bzw. von anderen Programmen. Mit Hilfe dieses Menüs können Sie Texte und Tabellen problemlos unter vollkommen unterschiedlichen Programmen austauschen.

Einfügen

Diese Funktion dient zum Einsetzen des Inhaltes von ZWISCHENABLAGE in andere Programme oder Texte. Dabei wird der Inhalt der Zwischenablage nicht gelöscht, sondern beibehalten.

Um den Text an anderer Stelle einzusetzen, wählen Sie die exakte Stelle aus, aktivieren Sie DESKTOP per Hotkey (Ctrl+Leertaste), wählen aus dem Menü ZWISCHENABLAGE aus (ZWISCHENABLAGE muß resident geladen sein) und rufen Sie EINFÜGEN auf. Der Inhalt der Zwischenablage wird nun ordungsgemäß eingesetzt.

Eine weitaus komfortablere Möglichkeit ist das Einfügen mit Hilfe einer einzigen Tastenkombination: <Ctrl>+<Einfg.>. Sie müssen sich dann nicht mehr durch die ganzen Menüs von DESKTOP und ZWISCHENABLAGE quälen, um zum Ziel zu gelangen. Drücken Sie diese Kombination und der Inhalt der Zwischenablage wird in die gewünschte Textstelle übvertragen.

Kopieren

KOPIEREN hat genau die umgekehrte Aufgabe wie EINFÜGEN: Es kopiert Textstellen aus anderen Programmen in ZWISCHENABLAGE.

Aktivieren Sie ZWISCHENABLAGE per Hotkey und wählen Sie KOPIEREN aus. Sie befinden Sie jetzt wieder in dem Programm, von dem aus ZWISCHENABLAGE aufgerufen wurde. Steuern Sie die betroffene Stelle an und drücken Sie <RETURN>. Markieren Sie nun mit den Cursortasten den gewünschten Bereich und drücken Sie nochmals <RETURN>, um den Text in die Zwischenablage zu kopieren. Sie können die Textstelle selbstverständlich auch mit der Maus markieren.

Auch hier gibt es eine praktische Tastenkombination, die Ihnen eine Menge Arbeit erspart. Sie lautet in diesem Falle <Ctrl> + <Entf.>.

3.9.3 Das Edit-Menü

Die ersten drei Funktionen des Edit-Menüs unterscheiden sich von NOTIZBLOCK, während die anderen drei exakt mit den Funktionen von NOTIZBLOCK übereinstimmen.

Textblock löschen

Diese Funktion löscht einen Textblock aus der Zwischenablage.

Markieren Sie dazu vorher mit TEXTBLOCK MARKIEREN die gewünschte Textstelle und rufen Sie dann diese Funktion auf. Sie können den Block auch mit der Maus markieren, oder einfach indem Sie bei gedrückter <Shift>-Taste mit den Cursortasten über die betroffenen Bereiche fahren.

Textblock markieren

Markieren Sie mit dieser Funktion eine Textstelle, bevor Sie diese weiterverarbeiten, also beispielsweise löschen.

Steuern Sie den Cursor an den Anfang des zu markierenden Textblokkes, rufen Sie diesen Menüpunkt auf und markieren Sie die Länge des Blockes anschließend mit den Cursortasten und <RETURN>. Natürlich können Sie den Block auch, wie schon bei TEXTBLOCK LÖSCHEN beschrieben, mit <Shift> und den Cursortasten sowie mit der Maus markieren.

Markierung widerrufen

Diese Funktion entfernt die Markierung eines Textblockes wieder. Sie können dies auch mit <Esc> vornehmen. Ansonsten rufen Sie einfach diesen Menüpunkt auf, und die Markierung wird entfernt.

Gesamten Text löschen

Löscht den gesamten Inhalt von ZWISCHENABLAGE.

Datei einfügen

Diese Funktion fügt eine Textdatei in die aktuelle Cursorposition ein.

Springen

Nach Angabe einer Zeilennummer springt der Cursor automatisch an den Anfang der betreffenden Textzeile.

3.9.4 Das Suchen-Menü

SUCHEN und ERSETZEN, die beiden Funktionen des Suchen-Menüs, wurden bereits im NOTIZBLOCK-Kapitel behandelt.

3.10 TASCHENRECHNER

In diesem Programmteil sind vier verschiedene Taschenrechner enthalten, die Programmierern, Wissenschaftlern, Finanzmathematikern oder ganz einfach kopfrechenmüden Computerusern auf die Sprünge helfen. Der ALGEBRARECHNER verfügt über die Grundrechenarten und kann Prozentrechnungen vornehmen, der FINANZRECHNER simuliert einen HP 12C-Rechner mit umfangreichen finanzmathematischen Funktionen, der WISSENSCHAFTLICHE RECHNER erlaubt wissenschaftliche Berechnungen und der BOOLESCHE RECHNER ist auf die Bedürfnisse von Programmierern zugeschnitten.

3.10.1 Der Algebrarechner

Beim Algebrarechner haben Sie zwei Möglichkeiten der Bildschirmdarstellung. In der komfortableren werden alle Tasten des Rechners mit dargestellt, die dann auf Mausklick aktiviert werden können. Im anderen Modus wird lediglich das Ergebnisfenster angezeigt. Der Rechner verfügt ebenfalls über eine Memory-Funktion.

Nach dem Aufruf des Algebrarechners erscheint die umfangreichere Form der Bildschirmdarstellung (s. Bild 3-32). Auf der rechten Seite sind die Bedienungstasten des Rechners dargestellt. In der linken unteren Ecke ist das eigentliche Bedienungsfenster des Taschenrechners zu sehen, während sich darüber die simulierte Druckrolle befindet. Das Programm merkt sich nämlich alle vorgenommenen Rechnungen und "druckt" diese auf der "Rolle" aus. Mit den Cursortasten und der Maus können Sie sich dann alte Rechnungen wieder ins Gedächtnis zurückrufen. Die "Druckrolle" hat einen Umfang von 1000 Zeilen. Wenn der Umfang erschöpft ist, werden die ältesten Berechnungen aus dem Speicher entfernt.

Die Bedienung des Taschenrechners ist einfach: Mausbesitzer können die Bedienungstasten durch Anklicken auslösen. Tastaturbenutzer müssen die Zahlen wie die Grundrechenarten "mühsam" von Hand eingeben. Bei Divisionen dürfen übrigens beide Symbole "÷" und "/" verwendet werden, bei Multiplikationen sind die Symbole "*" und "x" zulässig. Mit dem Kommazeichen "," wird das Dezimalkomma gesetzt. Das

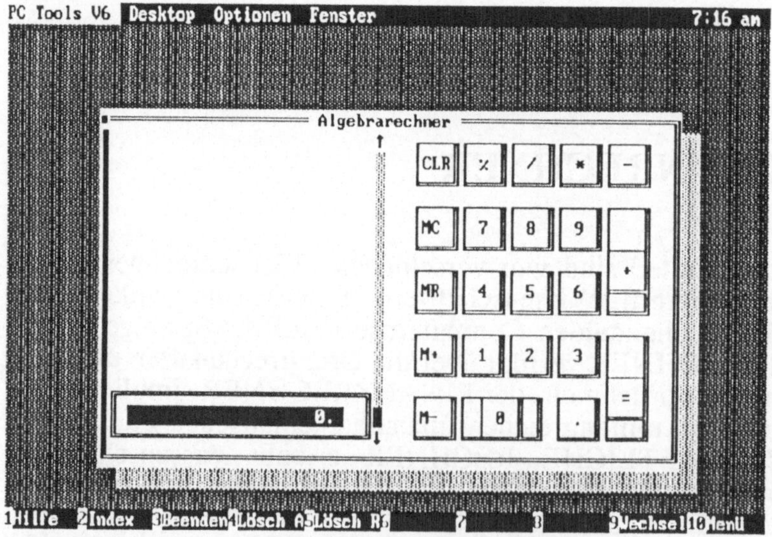

Bild 3-32 Erscheinungsbild des Algebrarechners

Ergebnis der Rechnung erhalten Sie entweder mit dem Gleichheitszeichen oder mit <RETURN>. Mit "*C*" wird das Eingabefenster gelöscht. Um ein Ergebnis in den Speicher aufzunehmen oder aus dem Memory zu entfernen, drücken Sie zuerst "*M*" und dann "+" bzw. "-". Um ein Ergebnis aus dem Speicher zurückzurufen, drücken Sie nacheinander "*M*" und "*R*". Mit "*M*" und "*C*" wird ein Ergebnis aus dem Speicher gelöscht. Die Anzahl der Nachkommastellen können Sie festlegen, indem Sie "*D*" und anschließend die gewünschte Anzahl eingeben.

Eine besondere Möglichkeit des Algebrarechners ist es, die "Druckrolle" nachträglich zu editieren. Wenn Sie eine lange Folge von zusammenhängenden Berechnungen vorgenommen haben und nachträglich feststellen, daß Sie z. B. mitten in der Folge eine falsche Zahl addiert haben, müssen Sie nicht nochmals von vorne beginnen, sondern können nachträglich die richtige Zahl eingeben und auf diese Weise das Ergebnis berichtigen. Dazu müssen Sie zunächst mit Hilfe der Cursortasten bzw. der Maus den zu berichtigenden Wert ins Eingabefenster kopieren. Nun können Sie den richtigen Zahlenwert eingeben. Mit "=" bzw. <RETURN> wird dann die gesamte Berechnungsfolge nochmals durchgerechnet.

3.10.1.1 Das Optionen-Menü

In diesem Menü sind alle Funktionen enthalten, die über die Möglichkeiten eines normalen Taschenrechners hinausgehen und sich die Merkmale und Vorteile der PCTools zunutze machen.

Rechenfeld löschen

Löscht das Bedienungsfenster. Dies kann ebenfalls mit der Funktionstaste <F4> oder der Taste "*C*" geschehen.

Rechenstreifen löschen

Entfernt alle gespeicherten Berechnungen von der "Rolle". Wenn Sie die alten Berechnungen nicht mehr verwenden können oder wollen, können Sie sie mit diesem Menüpunkt oder durch Drücken der Taste <F5> löschen.

Kopieren

Wenn Sie bestimmte Berechnungen in anderen Teilen der PCTools weiterverwenden wollen, können Sie diese mit Hilfe dieses Menüpunktes in die ZWISCHENABLAGE kopieren, von wo aus sie von anderen Programmteilen weiterverwendet werden können. Wenn die Druckerrolle mehr als 100 Zeilen enthält, werden die letzten 100 Zeilen in die ZWISCHENABLAGE kopiert.

Rechenstreifen drucken

Diese Funktion ermöglicht es Ihnen, die imaginäre Druckerrolle im Programm tatsächlich auszudrucken oder sie in einer Datei abzuspeichern.

Nach dem Aufruf müssen Sie entscheiden, an welche parallele (*"LPT"*) oder serielle (*"COM"*) Schnittstelle Ihr Drucker angeschlossen ist oder ob Sie den Inhalt der Rolle stattdessen in einer Datei (*"Datei"*) speichern wollen. Die Rolle wird dann zum späteren Ausdruck aufbereitet und in der Datei CALC.PRT gesichert. Hinter *"Anzahl der Kopien:"* können Sie die Anzahl der Ausdrucke festlegen. Mit DRUCKEN wird der Druckvorgang ausgelöst.

Großformat

Diese Funktion entscheidet über den Darstellungsmodus des Taschenrechners. Normalerweise wird der Rechner mit allen Bedienungselementen dargestellt. Es ist jedoch auch möglich, lediglich das Bedienungsfenster und die Rolle anzuzeigen (s. Bild 3-33). Es bleiben trotzdem alle Funktionen erhalten. Der Vorteil der spärlicheren Darstellung liegt darin, daß auf dem Bildschirm weniger Platz in Anspruch genommen wird.

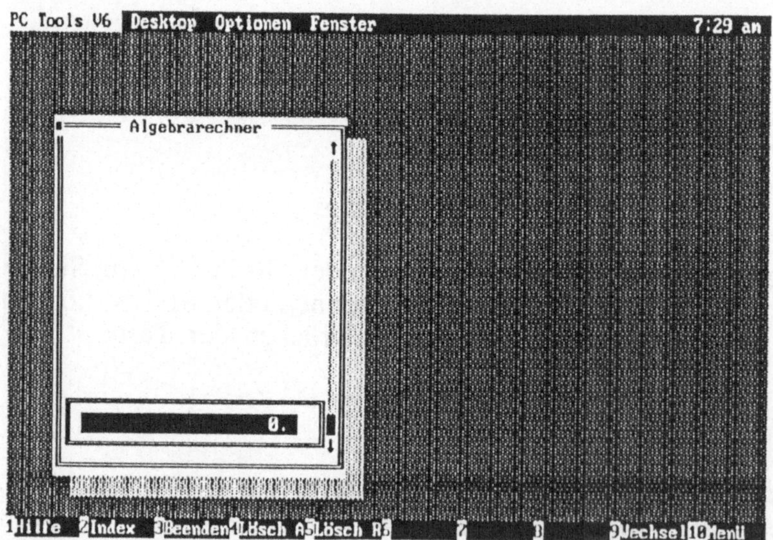

Bild 3-33 Platzsparende Darstellung des Rechners

3.10.1.2 Das Fenster-Menü

Das Fenster-Menü enthält die gängigen Funktionen, die bereits an anderer Stelle erläutert wurden.

3.10.2 Finanzrechner

Das Programm simuliert den Finanzrechner HP-12C von Hewlett-Packard. Dieser Rechner ist für in die Finanzkalkulation nicht "Eingeweihte" relativ uninteressant, da ein umfangreiches Grundwissen nötig ist, um mit diesem Rechner sinnvoll arbeiten zu können. Besonders Wissensdurstige finden im "HP-12C Bedienungshandbuch und Leitfaden für Problemlösungen" von Hewlett Packard vielfältige Problemlösungen und Rechenanleitungen.

Nach dem Aufruf werden, über den gesamten Bildschirm verteilt, die Funktionstasten und das Eingabefenster des Taschenrechners dargestellt (s. Bild 3-34). Die meisten Tasten sind mit einer Mehrfachbelegung versehen, wobei die aktivierte Funktion der Taste invers dargestellt ist. Mit den Tasten "F" (oder F7) und "G" (oder F8) wechseln Sie die Belegungen. Die Funktionstasten auf der linken Bildschirmseite werden durch die links neben den Tasten befindlichen Buchstaben oder mit der Maus aktiviert. Die Tasten der rechten Seite werden über den abgesetzten Zahlenblock des Computers aufgerufen.

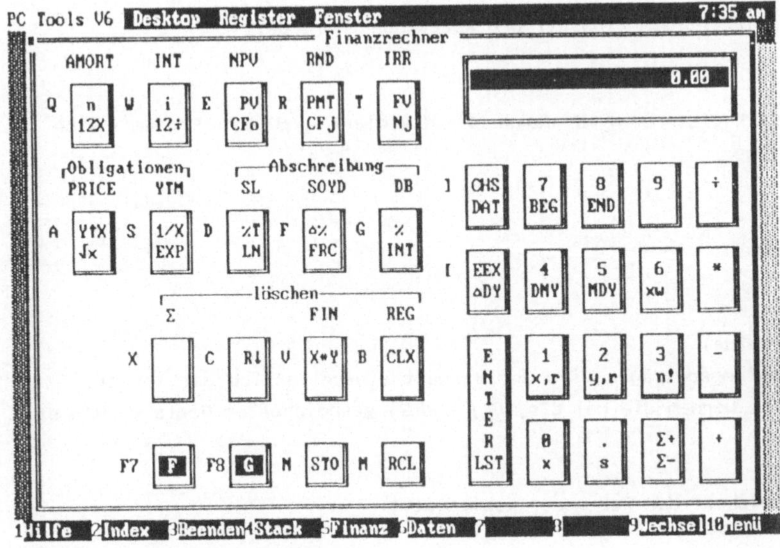

Bild 3-34 Finanzrechner

3.10.2.1 Die Belegung der Funktionstasten

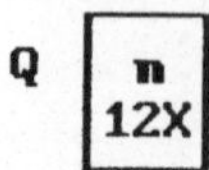

AMORT (amortisation)
Teilt die Zahlungen in x Perioden in Zins- und Tilgungsanteil auf. Es werden die in PMT, i, PV und dem angezeigten x-Register gespeicherten Werte verwendet.

n (number)
Berechnet oder speichert die Anzahl von Perioden.

12x
Der Inhalt des x-Registers wird mit 12 multipliziert und das Ergebnis ins n-Register geschrieben.

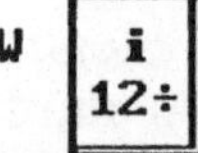

INT (interest)
Einfache Zinsberechnung.

i (interest)
Berechnet oder speichert den Zinssatz pro Abrechnungsperiode.

12÷
Der Inhalt des x-Registers wird durch 12 dividiert und das Ergebnis ins i-Register geschrieben.

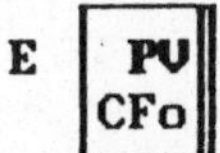

NPV (net present value)
Von maximal 20 Zahlungsbeträgen wird der Barwert einschließlich der Investitionssumme berechnet. Es werden die bei CFo, CFj und Nj gespeicherten Werte verwendet.

PV (present value)
Berechnet oder speichert den Bar- oder Kapitalwert.

CFo (cash flow 0)
Ursprünglicher Zahlungsbetrag. Der Wert wird im x-Register (R0) gespeichert, n wird auf 0, N0 auf 1 gesetzt.

RND

R

RND (round)
Der Inhalt des x-Registers wird auf den angezeigten Wert gerundet.

PMT (payment)

Berechnet oder speichert immer wiederkehrende Zahlungen.

CFj (cash flow j)
Eingabe der Zahlungen j außer der Investitionssumme. Der Wert wird im angezeigten x-Register (Rj) gespeichert, n wird inkrementiert (eins wird addiert), N wird auf 1 gesetzt.

IRR

T

IRR (internal rate of return)
Berechnet den internen Zinsfuß von maximal 20 unterschiedlichen Zahlungsbeträgen einschließlich der Investitionssumme. Es werden die bei CFo, CFj und Nj gespeicherten Werte verwendet.

FV (future value)
Berechnet und speichert einen Zukunftswert einer Kapitalanlage.

Nj (number)
Speichert eine Zahl von 1 bis 99, welche die Anzahl der wiederkehrenden Zahlungen angibt.

PRICE

A

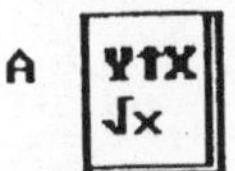

PRICE
Berechnet den Kurswert eines Wertpapiers bei der zum Rückzahlungstag gegebenen Rendite.

Y↑X

Potenziert den Inhalt des y-Registers mit x.

√x

Berechnet die Wurzel des Inhalts des x-Registers.

YTM

S

YTM (yield to maturity)

Berechnet die Renditen bis zum Rückzahlungstag bei gegebenem Kurswert.

1/X

Berechnet den Kehrwert von x.

EXP

Berechnet die Exponentialfunktion für einen Wert im x-Register.

SL

D

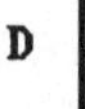

SL (straight line)

Berechnet die lineare Abschreibung.

%T (% of total)

Berechnet den prozentualen Anteil des Inhalts des x-Registers an dem des y-Registers.

LN

Berechnet den natürlichen Logarithmus der Zahl im x-Register.

SOYD

F

SOYD (sum-of-the-years-digit)

Berechnet die digitale Abschreibung.

▲%

Berechnet den protentualen Unterschied des Inhalts des y-Registers zu dem des x-Registers.

FRC (fractional portion)
Zeigt den gebrochenen Wert der Zahl des x-Registers an. Der ganzzahlige Wert wird abgeschnitten.

DB

G [% INT]

DB (declining balance)
Ermittelt die degressive Abschreibung.

%
Berechnet x% des Inhalts des y-Registers.

INT(G) (integer portion)
Zeigt den ganzzahligen Betrag der Zahl im x-Register an.

Σ

X [ ]

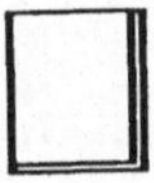

Σ
Löscht die Datenregister R1-R6 und den Stack.

C [R↓]

R↓ (roll down)
Verschiebt die Anzeige nach unten.

FIN

V [X↔Y]

FIN
Löscht das Finanzregister.

X↔Y
Vertauscht die Werte des x- und y-Registers.

REG

B CLX

REG
Löscht alle Register.

CLX (clear x)
Löscht das angezeigte x-Register.

F
Die obere Tastenbelegung wird aktiviert.

G
Die untere Tastenbelegung wird aktiviert.

STO (store)
Speichert den folgenden Wert. Eingegeben werden muß er mit einer Zifferntaste, gefolgt von einem Dezimalpunkt oder einer Finanztaste aus der oberen Reihe.

RCL (recall)
Rückruf des folgenden Wertes aus dem angegebenen Speicherregister in das angezeigte x-Register. Eingegeben werden muß er mit einer Zifferntaste, einer Zifferntaste gefolgt von einem Dezimalpunkt oder einer Finanztaste aus der oberen Reihe.

] 

CHS (change sign)
Wechselt die Vorzeichen von Zahlen oder Exponenten zur Basis 10 im x-Register.

DAT (date)
Addiert oder subtrahiert eine im x-Register gespeicherte Anzahl Tage von dem im y-Register abgelegten Datum.

BEG (begin)
Einstellung einer Zahlungsweise bei Berechnungen von Zinseszinsen mit vorschüssiger, wiederkehrender Zahlung.

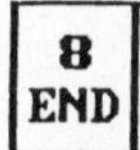

END
Einstellung einer nachschüssigen Zahlungsweise.

Grundrechenarten.

[

EEX (enter exponent)
Eingabe eines Exponenten zur Basis 10.

ΔDY (Δ days)
Ermittelt die Anzahl der Tage, die zwischen den in x und y gespeicherten Daten vergangen sind.

DMY (day-month-year)
Stellt die Datumsschreibweise auf das Format Tag-Monat-Jahr um.

MDY (month-day-year)
Stellt die Datumsschreibweise auf das Format Monat-Tag-Jahr um.

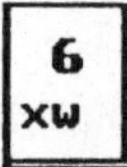

xw (x weighted)
Ermittelt den gewogenen Mittelwert von Werten aus dem y-Register. Die x-Werte wirken als Gewichtung.

ENTER
Überträgt angezeigte Zahlen aus dem x- in das y-Register.

LST (last x)
Der Wert, der vor der letzten Operation im x-Register stand, wird zurückgeholt.

x,r
Linearer Schätzwert (x-Register und Korrelationskoeffizient r im y-Register). Bei Eingabe eines x-Wertes wird der entsprechende y-Wert für die Regressionsgerade berechnet.

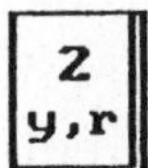

y,r
Linearer Schätzwert (x-Register und Korrelationskoeffizient r im y-Register). Bei Eingabe eines y-Wertes wird der entsprechende x-Wert für die Regressionsgerade berechnet.

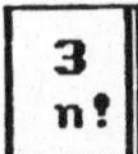

n!
Berechnet die Fakultät der angezeigten Zahl im x-Register.

x
Berechnet die Mittelwerte der in den x- und y-Registern gespeicherten Werte.

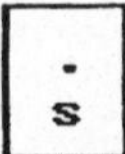

s (standard deviation)
Berechnet die Standardabweichung von x- und y-Werten.

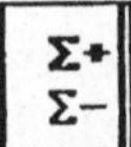

Σ+
Ermittelt statistische Summen der Werte des x- und y-Registers in den Speicherregistern R1-R6.

Σ-
Löscht die Werte des x- und y-Registers aus den Summenspeichern R1-R6.

3.10.2.2 Die Speicherregister des HP-12C

Der Rechner verfügt über drei verschiedene Registerarten: Stapelregister, Finanzregister und Datenregister. Sie können sie vom Register-Darstellung-Menü aus aufrufen.

Kellerspeicher

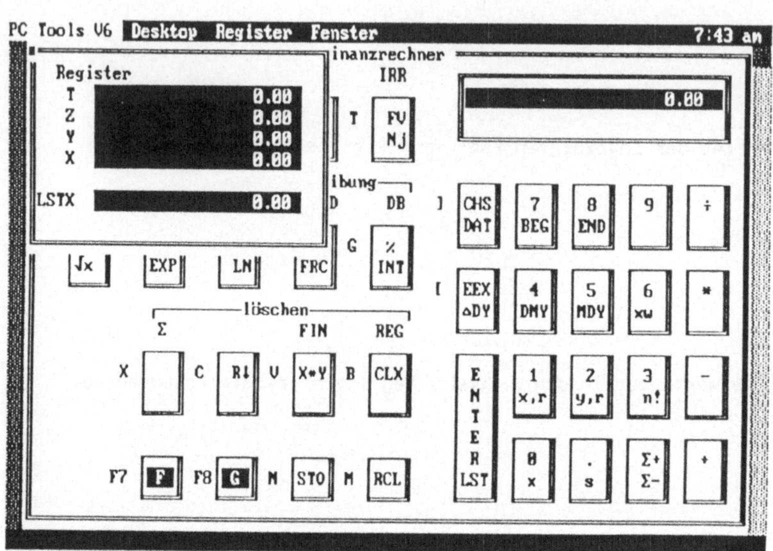

Bild 3-35 Inhalte der Speicherregister

Nach dem Aufruf werden die vier Register T, Z, Y und X des Kellerspeichers und ihre Inhalte in dem Fenster dargestellt (s. Bild 3-35). In diesen Registern werden die vier Grundrechenarten durchgeführt, wobei in den Registern T und Z Zwischenergebnisse abgelegt werden und in den Registern X und Y die zur Berechnung eingegebenen Zahlenwerte gespeichert sind.

Finanzregister

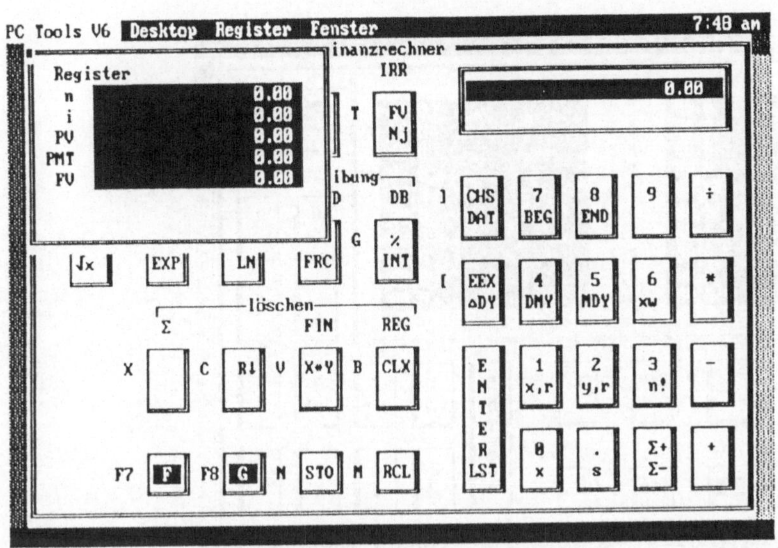

Bild 3-36 Inhalt der Finanzregister

In den Finanzregistern n, i, PV, PMT und FV werden die entsprechenden eingegebenen oder berechneten Werte abgelegt (s. Bild 3-36).

"n": Anzahl der Perioden

"i": Zinssatz

"PV": Barwert/Gegenwartswert

"PMT": Wiederkehrende Zahlungen

"FV": Endwert/Restwert/Zukünftiger Wert

Datenregister

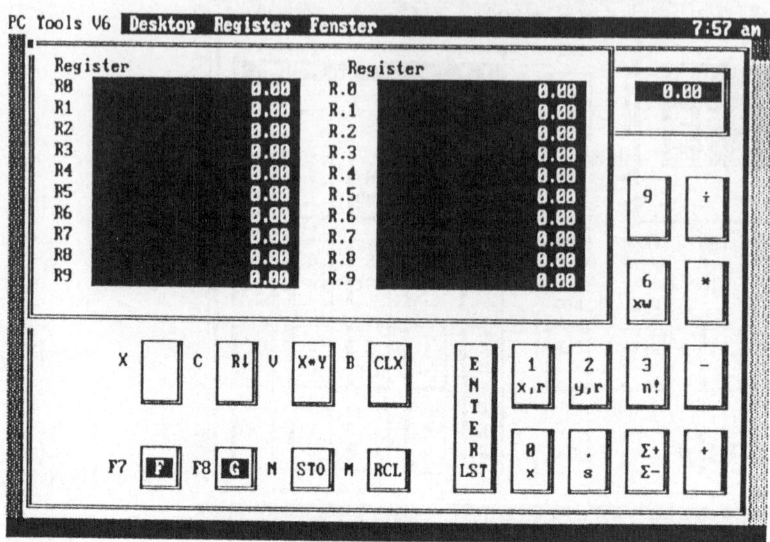

Bild 3-37 Inhalt der Datenregister

Nach dem Aufruf werden die Inhalte der Datenregister R0 bis R9 und R.0 bis R.9 dargestellt (s. Bild 3-37). Sie sind für den Rechner reserviert und dem Benutzer nicht zugänglich.

3.10.3 Der Boolesche Rechner

Dieser Rechner stellt für Programmierer eine wertvolle Hilfe dar. Mit ihm können Sie nämlich schnell und problemlos Zahlenwerte in die bei Computern gebräuchlichsten Zahlensysteme (z. B. ins Hexadezimalsystem) umrechnen und in auch sonst für Programmierer nützliche Operationen anwenden. Der BOOLESCHE RECHNER simuliert dabei eine ganze Reihe von Funktionen des HP-16C von Hewlett-Packard, wobei Sie jedoch wieder einmal auf die Programmierfunktionen verzichten müssen. Aus diesem Grunde hat sich der Funktionsumfang beträchtlich verkleinert. Auch hier gilt wieder: Laien auf diesem Gebiet werden mit diesem Rechner nicht allzuviel anzufangen wissen, der Programmierer jedoch wird diesen Rechner schätzen lernen "bis das der Tod sie scheidet".

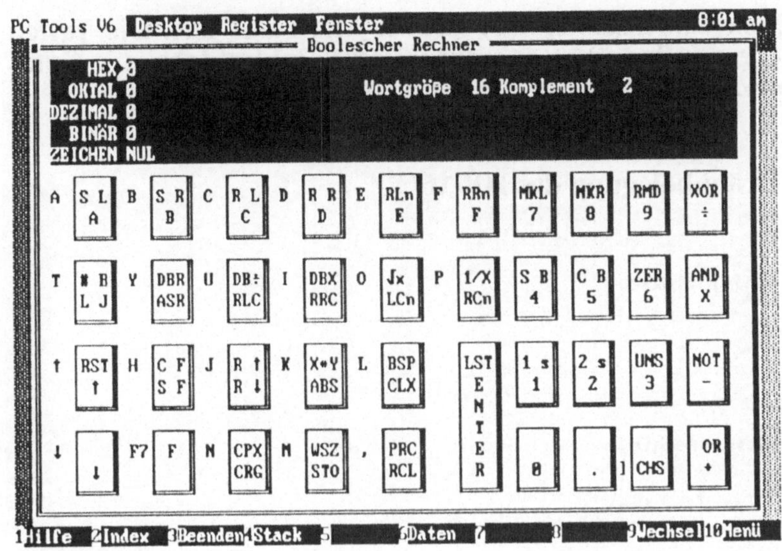

Bild 3-38 Boolescher Rechner

Nach dem Aufruf werden, den gesamten Bildschirm einnehmend, die Funktionstasten und das Eingabefenster des Taschenrechners dargestellt (s. Bild 3-38).

Das Anzeigefenster stellt alle möglichen Zahlensysteme sowie eine Zeichen-Darstellung, die das entsprechende Zeichen des niederwertigen Bytes einer hexadezimalen Zahl darstellt. Sie merken schon, daß die Benutzung dieses Rechners einiges an Grundwissen vorraussetzt, das nicht im Rahmen dieses kompakten Nachschlagewerkes vermittelt werden kann. Zwischen den Zahlensystemen können Sie einfach mit den Cursortasten "Auf" und "Ab" wechseln oder das gewünschte System anklicken. Rechts von den Zahlensystemen im Anzeigefenster wird über die Wortgröße informiert, die maximal 64 Bit betragen kann. Die Standardeinstellung sind 16 Bit. Außerdem können Sie der Anzeige entnehmen, ob Sie sich im Einer-, Zweierkomplementmodus oder vorzeichenlosen Modus befinden.

Die Bedienung der Tasten entspricht deren Handhabung bei den anderen Rechnern. Die meisten Tasten sind mit einer Mehrfachbelegung versehen, wobei die aktivierte Funktion der Taste invers dargestellt ist. Mit den Tasten "F" oder F7 wechseln Sie die Belegungen. Die Funktionstasten auf der linken Fensterseite werden durch die links neben den

Tasten befindlichen Buchstaben oder mit der Maus aktiviert. Die Tasten der rechten Seite werden über den abgesetzten Zahlenblock des Computers aufgerufen.

3.10.3.1 Die Tastenbelegung des HP-16C

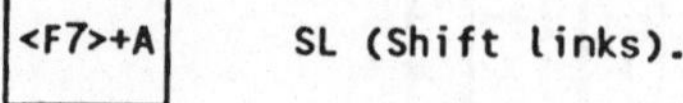

<F7>+B SR (Shift rechts).

<F7>+C RL (Rotiere links).

<F7>+D RR (Rotiere rechts).

<F7>+E RLn (n Bits links rotieren).

<F7>+F RRn (n Bits rechts rotieren).

<F7>+7 MKL (Maske links).

<F7>+8 MKR (Maske rechts).

<F7>+9 RMD (Restwert nach Division).

Taste	Funktion
<F7>+÷	XOR (Exklusives Oder).
T	LF (Linksbündig justieren).
<F7>+T	# B (Anzahl der Bits).
Y	ASR (Arithmetisches Shift rechts).
<F7>+Y	DBR (Doppelter Restwert).
U	RLC (Linksrotation durch Übertrag).
<F7>+U	DB ÷ (Doppelte Division).
I	RRC (Rechtsrotation durch Übertrag).
<F7>+I	DBX (Doppelte Multiplikation).
O	LCn (Linksrotation von n Bits durch Übertrag).
<F7>+O	Quadratwurzel.
P	RCn (Rechtsrotation von n Bits durch Übertrag).
<F7>+P	Kehrwert (1/x).
<F7>+4	SB (Bit setzen).
<F7>+5	CB (Bit löschen).

<F7>+6	ZER (Führende Nullen).
<F7>+X	AND (Und-Verknüpfung).
<F7>+↑	RST (Anfangszustand wiederherstellen).
H	SF (Flag setzen).
<F7>+H	CF (Flag löschen).
J	Abwärts rollen.
<F7>+J	Aufwärts rollen.
K	ABS (Absolutwert).
<F7>+K	XY (X- und Y-Register vertauschen).
L	CLX (X-Register löschen).
<F7>+L	BSP (Rücktaste).
Enter	Eingabe.
<F7>+ Enter	LST (Letztes X-Register).
<F7>+1	1s (1-Komplement-Modus).

Taste	Funktion
<F7>+2	2s (2-Komplement-Modus).
<F7>+3	UNS (Vorzeichenloser Modus).
<F7>+-	NOT (Logische Verneinung).
↓	Zeile nach unten.
<F7>	Aktiviert die F-Funktion.
N	CRG (Register löschen).
<F7>+N	CPX (Vorspann löschen).
M	STO (Zahl speichern).
<F7>+M	WSZ (Wortgröße).
,	RCL (Zahl abrufen).
<F7>+,	PRC (Genauigkeit).
0	Zahl Null.

.	Punkt.
]	CHS (Vorzeichen ändern).
<F7>++	OR (Inklusives ODER).

3.10.3.2 Die System-Flags des HP-16C

Der Rechner verfügt neben zwei Systemflags (Flag 1 und Flag 2) über vier Flags, die folgende Zustände anzeigen:

- Führende Nullkontrolle: Flag 3.
- Übertrag: Flag 4
- Übertrag größer als Bereich: Flag 5
- Aufforderung zur Eingabe: P-Flag

3.10.3.3 Die Register des HP-16C

Der Boolesche Rechner verfügt über zwei gründsätzlich verschiedene Arten von Registern: Kellerspeicher und Datenregister. Sie können über das RegisterDartellungs-Menü aufgerufen werden.

Kellerspeicher

Stackregister nach dem LIFO-Prinzip ("*last in first out*"). Es besteht aus den Registern T, Z Y, X, LSTX. Im LSTX-Register ist eine Sicherheitskopie des X-Registers gespeichert. Bei unerwünschten Operationen können Sie auf diese Weise den alten Wert ins X-Register kopieren. Mit R und R bewegen Sie sich von Register zu Register.

Datenregister

Zehn Datenregister (R0-R9) warten gespannt darauf, daß Sie diese mit Zahlen belegen. STO kopiert den Inhalt des x-Registers in das anzugebende Datenregister, wohingegen RCL den Inhalt wieder ins x-Register schreibt. Sie können mit den Grundrechenarten den Inhalt eines Datenregisters und des x-Registers verknüpfen. Dazu müssen Sie zuerst STO, dann den Operanden und dann die Registernummer eingeben. Der neu erhaltene Wert wird dann wieder ins Datenregister geschrieben. Der Inhalt des x-Registers bleibt dabei unverändert.

3.10.4 Wissenschaftlicher Rechner

Das Programm simuliert die meisten Möglichkeiten des wissenschaftlichen Rechners HP-11C von Hewlett-Packard. Die Programmierfunktionen dieses Kalkulators wurden aber nicht mit übernommen. Dieser Rechner ist nur interessant für Benutzer, die sich mit wissenschaftlichen Berechnungen auseinandersetzen müssen; denn auch hier ist ein umfangreiches Grundwissen Vorraussetzung für eine effektive Nutzung des Rechners. Der Rechner benutzt die sogenannte "umgekehrte polnische Notation", bei der Sie zuerst die Zahlen für die Kalkulation und erst dann den Operator eingeben müssen.

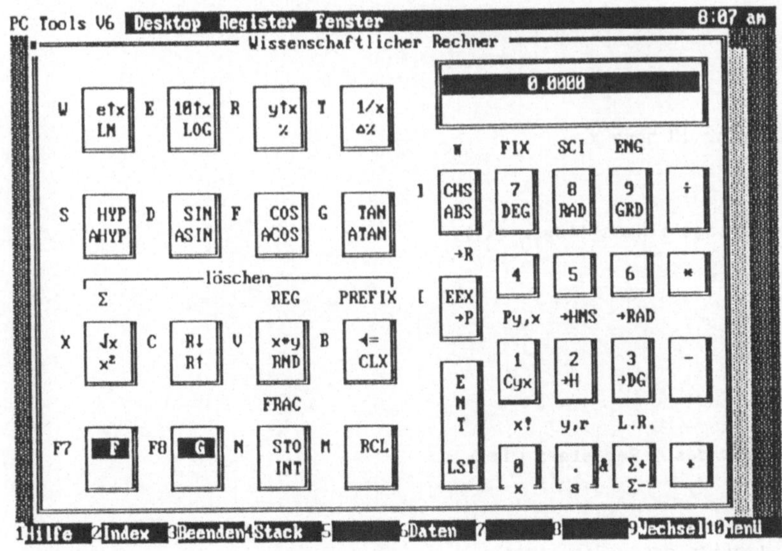

Bild 3-39 Wissenschaftlicher Rechner

Nach dem Aufruf werden, über den gesamten Bildschirm verteilt, die Funktionstasten und das Eingabefenster des Taschenrechners dargestellt (s. Bild 3-39). Die meisten Tasten sind mit einer Mehrfachbelegung versehen, wobei die aktivierte Funktion der Taste invers dargestellt ist. Mit den Tasten "F" (oder <F7>) und "G" (oder <F8>) wechseln Sie die Belegungen. Die Funktionstasten auf der linken Fensterseite werden durch die links neben den Tasten befindlichen Buchstaben oder mit der Maus aktiviert. Die Tasten der rechten Seite werden über den abgesetzten Zahlenblock des Computers aufgerufen.

3.10.4.1 Die Belegung der Funktionstasten des HP-11C

e↑x

Berechnet die Exponentialfunktion e hoch x.

LN

Berechnet den natürlichen Logarithmus einer Zahl (ln (x)).

10↑x

Berechnet die Funktion 10 hoch x.

LOG

Berechnet den Zehnerlogarithmus ($\log_{10}$ (x)).

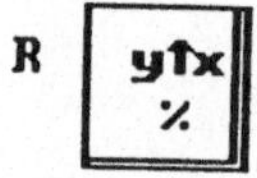

y↑x

Potenziert den Inhalt des y-Registers mit x.

%

Berechnet x% des Inhalts des y-Registers.

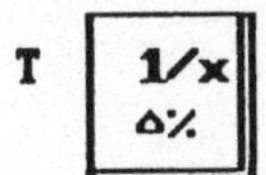

1/x
Berechnet den Kehrwert von x.

Δx
Berechnet den protentualen Unterschied des Inhalts des y-Registers zu dem des x-Registers.

HYP
Berechnet die hyperbolischen Funktionen auf Basis der Funktionen SIN, COS und TAN (hyp SIN, hyp COS, hyp TAN).

AHYP
Berechnet die inversen hyperbolischen Funktionen auf Basis der Funktionen SIN, COS und TAN.

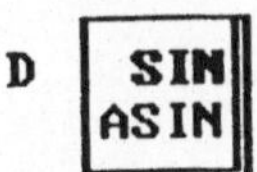

SIN
Berechnet den Sinus von x.

ASIN
Berechnet das Bogenmaß zu SIN(x).

COS
Berechnet den Cosinus von x.

ACOS
Berechnet das Bogenmaß zu COS(x).

G TAN ATAN

TAN

Berechnet den Tangens von x.

ATAN

Berechnet das Bogenmaß zu TAN(x).

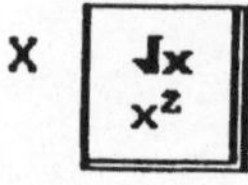

√x

Berechnet die Wurzel von x.

x^2

Berechnet das Quadrat von x.

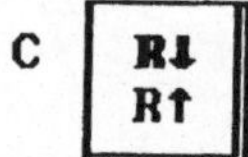

R↓

Holt den Inhalt des Stapelregisters.

R↑

Legt den Inhalt des x-Registers auf das Stapelregister ab.

X↔Y

Vertauscht die Werte des x- und y-Registers.

RND

Der Inhalt des x-Registers wird gerundet.

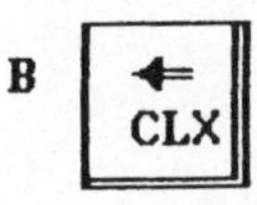

<--
Löscht schrittweise den Inhalt des x-Registers.

CLX
Löscht den Inhalt des x-Registers.

F
Die obere Tastenbelegung wird aktiviert.

G
Die untere Tastenbelegung wird aktiviert.

STO
Speichert eingegebene Zahlen.

INT
Ganzzahlige Anzeige einer Dezimalzahl (die Nachkommastellen werden abgeschnitten).

RCL
Aufruf des Inhalts einer Speicherzelle durch Angabe der Nummer der Speicherzelle.

π

] 

CHS

Wechseln des Vorzeichens bei der Zahl oder im Exponenten.

ABS

Ausgabe des Absolutwertes einer Zahl.

π

Irrationale Zahl Pi (3.141592654...).

FIX

DEG

Schaltet ins Gradmaß um.

FIX

Gibt die Anzahl der Dezimalstellen an.

SCI

RAD

Schaltet ins Bogenmaß um.

SCI

Darstellung der Zahl im wissenschaftlichen Modus (Angabe einer Ziffernfolge mit Zehnerpotenzen, z.B. 2711.72 wird zu 2.71172 03).

ENG

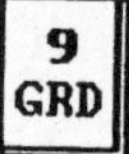

GRD

Schaltet ins Gradmaß um.

ENG

Darstellung der Zahl im Ingenieurmodus. Die Exponenten werden in Dreiergruppen (03, 06, 09...) dargestellt und die letzte Ziffer wird gerundet.

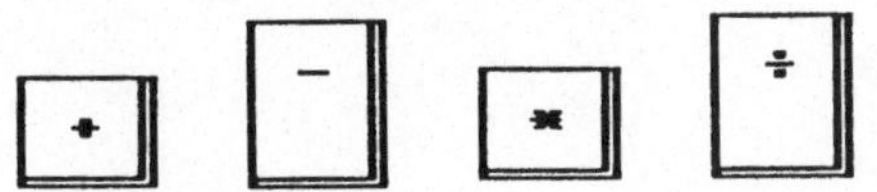

Grundrechenarten.

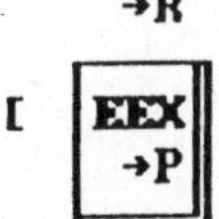

EEX

Die Eingabe des Exponenten einer Zahl kann nach Drücken dieser Taste erfolgen.

→P

Wandelt die rechtwinkligen Koordinaten x und y in Polarkoordinaten um.

→R

Wandelt die Polarkoordinaten in rechwinklige Koordinaten (x und y) um.

Cyx

Berechnet die Kombinationsmöglichkeiten von y verschiedenen Objekten, die jeweils x Elemente enthalten.

Py,x

Berechnet die Permutationen von y verschiedenen Objekten, die jeweils x Elemente enthalten.

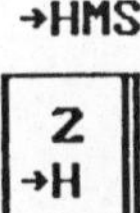

→H

Wandelt die Zeitangabe in Stunden, Minuten und Sekunden in Stunden (in Dezimalschreibweise) um.

→HMS

Wandelt die Zeitangabe in Dezimalschreibweise in Stunden, Minuten und Sekunden um.

→RAD

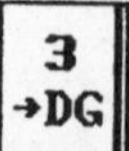

→DG

Wandelt Bogenmaß in Gradmaß um.

→RAD

Wandelt Gradmaß in Bogenmaß um.

x

Berechnet den Mittelwert verschiedener x-Werte.

x!

Berechnet die Fakultät von x.

y,r

s

Berechnet die Standardabweichung.

y,r

Berechnet den y-Wert der linearen Regression und den Regressionskoeffizienten r.

L.R.

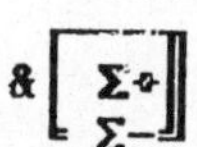

Σ+

Summiert die Werte in den x- und y-Registern auf.

Σ-

Subtrahiert die Werte in den x- und y-Registern auf.

L.R.

Berechnet die lineare Regression.

ENTER
Überträgt angezeigte Zahlen aus dem x- in das y-Register.

LST
Der Wert, der vor der letzten Operation im x-Register stand, wird zurückgeholt.

3.10.4.2 Die Speicherregister des HP-11C

Der Rechner verfügt über zwei verschiedene Registerarten: Kellerspeicher und Datenregister. Sie können diese vom Register-Display-Menü aus aufrufen.

Kellerspeicher

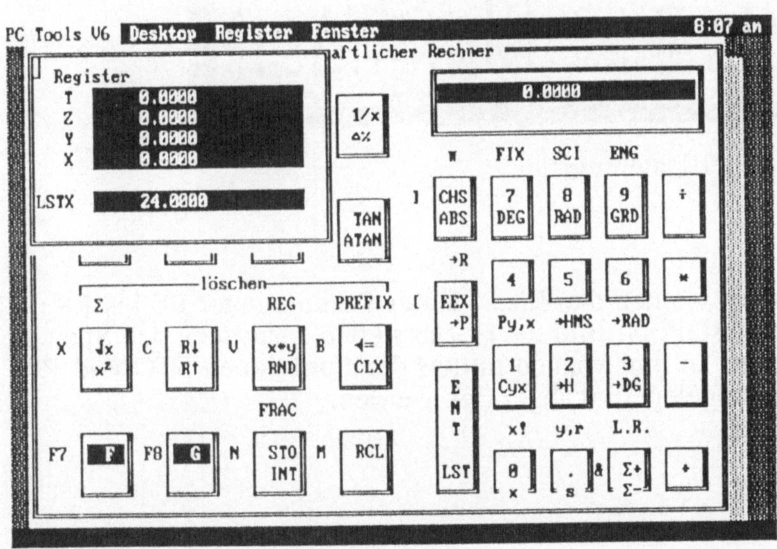

Bild 3-40 Inhalt des Kellerspeichers

Nach dem Aufruf werden die vier Register T, Z, Y und X des Kellerspeichers und ihre Inhalte in dem Fenster dargestellt (s. Bild 3-40). In diesen Registern werden Zwischenergebnisse und Ergebnisse von Berechnungen gespeichert. Im x-Register befindet sich stets der Inhalt des Eingabefensters. Mit den Funktionen R↑ und R↓ werden die Registerinhalte verschoben, mit X Y werden die Inhalte des x- und des y-Registers ausgetauscht.

Datenregister

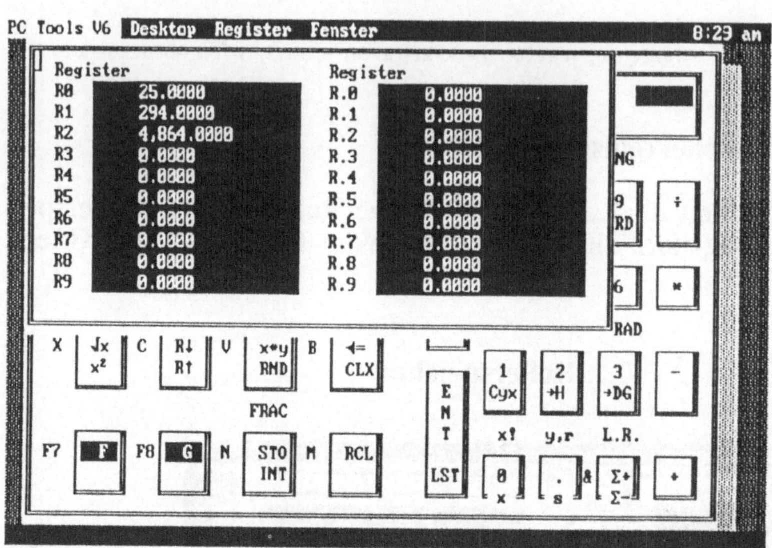

Bild 3-41 Inhalt der Datenregister

Nach dem Aufruf werden die Zustände der Datenregister R0 bis R9 und R.0 bis R.9 dargestellt (s. Bild 3-41). Sie stellen sozusagen den Speicher des Rechners dar. In ihm können mittels der Funktionen STO und RCL wichtige Werte abgelegt und abgerufen werden.

3.11 HILFSPROGRAMME

Die HILFSPROGRAMME sind ein Sammelsurium kleiner nützlicher Funktionen, die Sie sicher bald in Ihr Herz schließen werden. Enthalten ist eine Funktion zur Definition von Hotkeys (s. zentrale Begriffe), eine Tabelle mit allen ASCII-Codes, eine Funktion zur Modifizierung der Bildschirmfarben und eine Funktion, die DESKTOP aus dem residenten Modus entfernt.

3.11.1 Hotkey Selektion

Diese Funktion dient zum Verändern der Hotkeys für den Aufruf von DESKTOP, EINFÜGEN und KOPIEREN und der Wählautomatik.

Entscheiden Sie nach dem Aufruf, welcher Schlüssel verändert werden soll. Drücken Sie nun die Tastenkombination, die an die Stelle der Alten treten soll. Wenn Sie mit den Schlüsseln zufrieden sind, werden diese mit <Esc> übernommen und die Funktion wird verlassen.

3.11.2 ASCII-Tabelle

Diese Funktion stellt eine Tabelle mit allen ASCII-Codes dar. Es werden die Zeichen und die zugehörigen Nummern im Hexadezimal- und Dezimalcode dargestellt. Für die ersten 32 Zeichen, die ja Steuerzeichen sind, wird zusätzlich in der rechten Spalte die Control-Sequenz mit der Code-Bezeichnung angezeigt.

Mit den Cursortasten und der Maus können Sie sich in der Liste fortbewegen. Wenn Sie eine Taste drücken, steuert die Funktion die Bildschirmseite der Tabelle an, auf der der entsprechende Code abgebildet ist. Sie können auch mit niedergehaltener Alt-Taste den ASCII-Code eingeben und auf diese Weise erfahren, welchen Code er repräsentiert.

3.11.3 Systemfarbeinstellung

Mit Hilfe dieser Funktion können Sie die Farben der Menüs, Masken und Fenster von DESKTOP verändern.

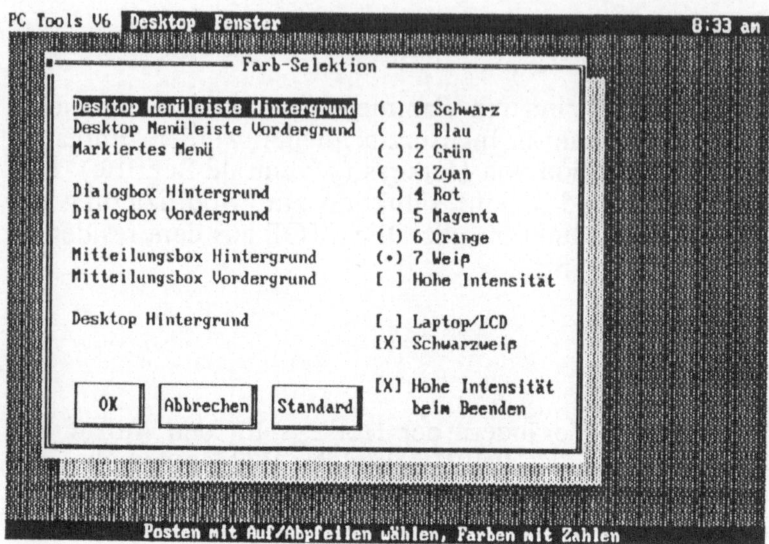

Bild 3-42 Einstellung der Farben

Nach dem Aufruf öffnet sich ein Fenster, in dem die Bildschirmbereiche, die Sie verändern können, und die möglichen Bildschirmfarben dargestellt sind (s. Bild 3-42).

"Desktop Menübalken Hintergrund": Hintergrundfarbe des Menübalkens.

"Desktop Menübalken Vordergrund": Schriftfarbe des Menübalkens.

"Selektiertes Menü": Farbe des farblich hervorgehobenen Buchstabens der Menü-Fenster.

"Dialogbox Hintergrund": Hintergrundfarbe der Dialogfenster.

"Dialogbox Fordergrund": Schriftfarbe der Dialogfenster.

"Mitteilungsbox Hintergrund": Hintergrundfarbe der Meldungsfenster.

"Mitteilungsbox Vordergrund": Schriftfarbe der Meldungsfenster.

"Desktop Hintergrund": Hintergrundfarbe des Arbeitsfensters. Sie haben die Wahl zwischen der Farbe bei Laptops mit LCD-Monitoren, einer Schwarz-Weiß-Darstellung und der normalen Darstellung.

Um eine Farbe zu verändern, wählen Sie den entsprechenden Punkt aus. Sie können nun eine von acht Farben für diese Stelle auswählen. Die Auswahl erfolgt mit den Tasten 0 bis 7. Die Farbveränderung wird sofort am Bildschirm angezeigt.

"*Hohe Intensität:*" Wenn Sie diesen Menüpunkt aktivieren, werden alle Farben noch etwas kräftiger dargestellt. Sie können für jeden Bildschirmbereich einzeln festlegen, ob er in satterer Farbe dargestellt werden soll oder nicht.

"*Hohe Intensität wenn Beenden*"*:* Aktiviert auf CGA- und EGA-Monitoren den Controller, der die hohe Farbenintensität verwaltet. Auf Monitoren, die sowohl blinkende Farben, als auch eine intensivere Farbendarstellung unterstützen, können Sie zwischen beiden Modi wählen. DESKTOP benützt für gewöhnlich die Hervorhebung durch Farben und schaltet die blinkenden Buchstaben ab. Wenn Sie auf einem solchen Monitor aus DESKTOP zu einem anderen Programm schalten, werden Sie blinkende Buchstaben erhalten. Um diesen Fehler zu korrigieren, ist diese Option einzuschalten.

Sie können die Funktion mit der <Esc>-Taste verlassen. Die Farbveränderungen werden dann in das Arbeitsfenster übernommen.

3.11.4 PCTools DESKTOP entfernen

Diese Funktion dient zum Entfernen von DESKTOP aus dem residenten Modus. Nach dem Aufruf erscheint folgendes Fenster:

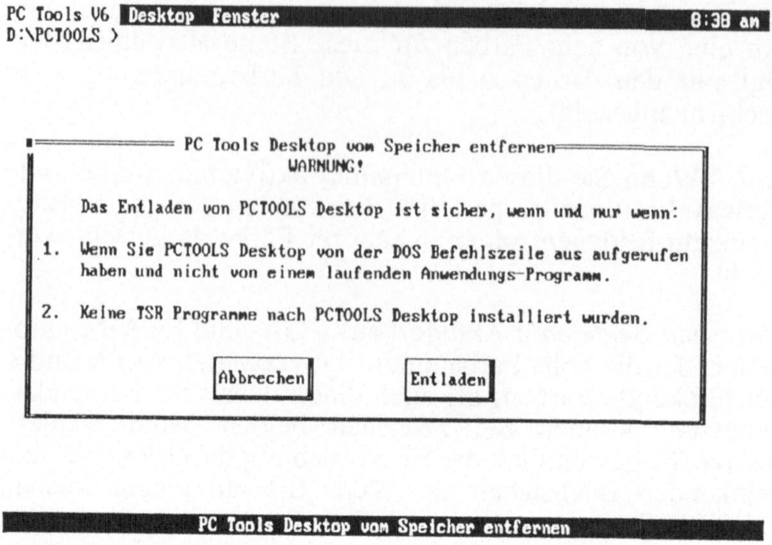

```
PC Tools V6  Desktop  Fenster                                    8:38 am
D:\PCTOOLS >

PC Tools Desktop vom Speicher entfernen
WARNUNG!

Das Entladen von PCTOOLS Desktop ist sicher, wenn und nur wenn:

1. Wenn Sie PCTOOLS Desktop von der DOS Befehlszeile aus aufgerufen
   haben und nicht von einem laufenden Anwendungs-Programm.

2. Keine TSR Programme nach PCTOOLS Desktop installiert wurden.

        Abbrechen                    Entladen

PC Tools Desktop vom Speicher entfernen
```

Bild 3-43 Warnung vor dem Entfernen von PCTools

Es enthält den Hinweis, daß Sie DESKTOP nur aus dem residenten Modus entfernen sollten, wenn Sie das Programm nicht mit dem Tastenschlüssel <Ctrl> +Leertaste aus einem anderen Programm heraus aufgerufen haben und wenn nach DESKTOP keine anderen residenten Programme mehr geladen wurden. In diesem Falle sollten Sie zuerst die anderen residenten Programme entfernen.

Eine weitere Möglichkeit um DESKTOP aus dem residenten Modus zu entfernen ist, von MS-DOS aus den Befehl KILL zu Hilfe zu nehmen.

4 Sachwortverzeichnis